Foto: Selbstporträt, © Julia Kulewatz

Julia Kulewatz wurde bei Berlin geboren. In Erfurt und Seoul studierte sie Literaturwissenschaft, Philosophie, Modezeichnen und Choreografie. Sie ist freie Autorin und Dozentin für Kreatives Schreiben. Mit dem Kurzgeschichtenband *Vom lustvollen Seufzer des Sudankäfers* feierte sie 2017 in Leipzig ihr literarisches Debüt. 2020 folgte ihr zweiter Erzählband *Jenseits BlassBlau*. Ihr schriftstellerischer Schwerpunkt lag zunächst auf Kurzprosa mit zum Teil stark lyrischen Elementen. 2021 veröffentlichte sie die zweisprachigen Gedichtbände *Orkaniden. Sturmgedichte* und *counting magpies*. 2022 wurde sie mit dem Neu-Ulmer Stadtschreiberstipendium ausgezeichnet. *Dysfunctional Woman* ist ihr lang erwarteter erster Roman und der Auftakt einer dystopischen Trilogie.

There is knowledge from Earth which you have not yet found again. There is the name of the Nameless one. There are secrets hidden in time from you. Only the dead and the unborn can know them right now:

I am both.

– Cordwainer Smith,
The Dead Lady of Clown Town

PROLOG:
GRÜN, BEINAHE WEISS

Gehetzt. Ein gejagtes, nummeriertes Wild war sie, orientierungslos rennend, blutend, stolpernd, zu Tode und in aller Endgültigkeit erschöpft. Sie hielt sich ihren prallen, runden Bauch, der schmerzte, der schwer unter ihren Brüsten hing und ein künstliches, ihr einverleibtes Leben war. Sie balancierte ihn, wie ein verzweifeltes Kind, das einen zu großen Gummiball vor sich hertragen muss. Sie wusste, es war unmöglich, zu überleben, dafür war es bereits seit Tagesanbruch zu spät. Sie war gekommen, um zu sterben. Jeder starb für sich allein.

Sie würgte. Ihr war übel. Die Gerüche waren ihr unbekannt, vermischten sich mit der Feuchtigkeit der Bäume, die sie nur von Bildern her erinnerte und niemals zuvor gerochen hatte. Alles war beängstigend dicht und weit. Die Bäume umringten sie als fremde Riesen für Schutz oder Gefangenschaft, das war nicht zu sagen, und sie fühlte sich umzingelt und gut verborgen zugleich. Sie sank auf die Knie und übergab sich keuchend, während sie sich auf ihre Hände stützte, die sie im braunen Laubdickicht zu Fäusten geballt hatte. Eisern gruben sich ihre Fingernägel in die verschwitzten, schmutzigen Handflächen. Weiß traten die Knöchel hervor, als sie auf dem unbekannten Waldboden das Kind verlor, das man in sie hineingezwungen hatte, das man ihr hatte nehmen wollen. So war es vorgesehen gewesen. Sie wusste nicht, wie lange sie den Blick abgewandt hatte, wusste nur mit untrüglicher Sicherheit, mit Mutterinstinkt, dass es nicht atmete, dass es nicht schrie in dieser neuen Welt, in die sie es ungefragt gestürzt hatte.

Der Pilz, die Erinnerung tauchte in sie ein, glitt wie ein unerwarteter, präzise geführter Schnitt ganz durch sie durch. »Grün, beinahe weiß, wenn du unbedingt so sterben willst«, hatte QL621922-32-29-3-1 ihr misstrauisch und im Vorbeigehen zugeflüstert. Und sie hatte ihn daraufhin sofort gesehen: gestochen scharf, wie ein eigenes Bild hinter ihrer Stirn war er zur heimlichen Legende des Tempels der Schöpfung geworden, aus dem sie geflohen war, als man die Geburt ihres fünften Kindes einleiten wollte. ›QL‹ stand für ›Quality‹. Wissen, das man ihnen programmierte, controllierte, wie Fruchtbarkeit und die Qualität ihrer Eier, wie alles, was sie als lebendig wahrnahm, seitdem sie zwölf Jahre alt war.

Die Nanobots, die von dem Chip direkt hinter ihrem Herzen gesteuert wurden, veränderten den Code, der sie bezeichnete, sie nummerierte, sie als das auswies, was sie war, vielmehr, zu was sie imstande war. Niemand war mehr als der Code. Entschlossen stierte sie in die andere Richtung. *Bloß nicht die Innenseite des linken Handgelenks streifen, auch nicht zufällig.* Als könnte sie das Geschehene rückgängig machen, ihren Bauch wieder mit dem Leben füllen, das aus ihr herausgerissen war, das tot nicht weit von ihr entfernt lag, sprach sie ihre Bezeichnung laut aus: »Meine Codierung ist QL172004-5-4. Ich bin 17 Jahre alt. Ich bin die 2004. fruchtbare Frau. Ich habe erfolgreich 5 Kinder geboren. Darunter wahrscheinlich nicht ein einziges Mädchen.« *Oder doch?* Die Frage kam plötzlich auf, sickerte durch, wie das eigene Blut, das frisch und geronnen ihr gelbes Kleid in unwirklichen, mit Dreck vermischten Mustern beschmutzte und sie als gefallene Novizin des Tempels der Schöpfung verriet.

Nervös begann sie, an den schwarzen Halbmonden zu kauen, in denen ihre zitternden Fingerspitzen endeten. Der Geschmack war erdig-metallisch. So schmeckte der Tod, da war sie sich sicher. Bestenfalls ein möglicher Tod in Freiheit, selbst entschieden, selbstbestimmt. Gewollt. Mitentschieden für ein Kind, das nicht ihr gehörte, nie eine Wahl hatte, das diesen Körper auf Zeit bewohnt hatte, ihr Kind, dessen Tod sie verschuldet hatte.

Zu nah. Wegdrücken. Wegsehen. Das linke Handgelenk war zu nah. Es war in Sichtweite. Die Halbmonde versanken in ihrem Mund, langsam, wie die beiden Sonnen hinter den Bäumen. Waren es wirklich zwei? Nur ein einziger Blick zurück. Vielleicht lebte sie? *Sie.* Es war das erste ihrer Kinder, das sie sah. Das erste Kind, das sie überhaupt sehen durfte. Ein noch ungechiptes, hilfloses Wesen, frei geboren und gestorben, ohne Code, identitätslos. Ein kleiner, fremder Körper ohne Namen im Wald. Sie weinte. Kinder waren heilig. *Sehen.* Geschlossene Säuglingsaugen, verklebt vom Blut der Frau, die geflohen war, die ihr Recht auf Integration verwirkt hatte. *Schmerz.*

Ein feuchtes, schwarzes Loch im Schoß, das nicht schluckt, sondern speit. »Das ›QL‹ steht für ›Quality‹«, sagte sie laut, um sich zu vergewissern, dass sie noch da war, doch noch lebte. Bei allen vorherigen Geburten hatte sie das Schreien wenigstens entfernt gehört, war beruhigt gewesen, dass sie lebten, dass sie ihrer Pflicht gerecht wurde, noch nicht ausgeschaltet werden musste, einen Daseinszweck erfüllte, auch wenn bis jetzt noch kein weibliches Kind darunter war. Weibliche Kinder waren wichtig, fruchtbare essenziell für das, was von ihnen allen noch übrig war. *Atmen*, befahl sie sich. *Atmen, nicht hinsehen.* Doppelter Herzschlag, Herzsprung, Herzstillstand. *Unbedingt hinsehen.* Tot. Ohne Bewegung, ohne Laut. Da lag ein weiterer Junge. Enttäuschung. Scham. Freitod. Mit der Sonne untergehen. Einschlafen. Sterben. Nichts mehr fühlen müssen.

Sie erwachte und erschrak sofort. Der Blick auf ihr linkes Handgelenk, tägliche Routine, und trotzdem verschwammen die lichtweißen Zahlen auf ihrer Haut. Die Frequenzen hatten sich verändert. Es surrte gleichmäßig um sie auf einer vollkommen anderen, ihr unbekannten Wellenlänge, die sie als Vibration fühlen, aber nicht sehen konnte. Sie versuchte, Einzelheiten ihrer Umgebung zu fixieren, Geräusche zu sondieren, das eine vom anderen zu unterscheiden. Aber es gelang ihr nicht, etwas anderes so konkret wahrzunehmen wie die Allgegenwärtigkeit ihres schwer verletzten, fruchtlosen Unterleibes, aus dem nun auch ihr eigenes Leben sickerte. Der hellgrüne Giftpilz flammte erneut auf, und mit ihm kam die Erinnerung an ihre Flucht zurück. Für den Bruchteil einer Sekunde wusste sie, dass ihr Baby tot war.

Sie dachte angestrengt darüber nach, welchen Code man *ihm* gegeben hätte. Sicher waren die ersten beiden Buchstaben für ›Quantity‹, ›QN‹. Alles Männliche war austauschbar, Gene und Zellen, Sperma noch immer in Hülle und Fülle vorhanden. Nur das tote Baby, das sie im Wald zurückgelassen hatte, war absolut einzigartig und als Bild nicht mehr aus ihr zu löschen. Es war Teil eines kollektiven Gedächtnisses geworden, nachdem es Teil ihres Körpers gewesen war. Ihre Zellen erinnerten sich des Codes. Epigenetisches Wissen, auf das sie keinen Zugriff hatte. Ein Zellhaufen, dessen kurzes Leben und Sterben von anderen Entscheidungen abhängig war als dem eigenen freien Willen. Der freie Wille war im gegenseitigen Einvernehmen eliminiert worden, zum Schutze aller und der Verdammnis einer jeden Einzelnen.

Das kollektive Gedächtnis der Menschheit bestand aus körperwarmen, eigenständigen, impulsgebenden Nano- und Xeno-Robotern und aus Schmerz.

Zwischen all dem stand nichts als ihre Hoffnung auf einen Pilz, den sie als die verwaschene Kopie eines erzählten Bildes wahrgenommen hatte. *Atmen.* Sie führte ihre kalten, steifen Finger an den warmen Mund, saugte daran, hauchte ihnen restfeuchtes Leben ein, mit allem, was ihr der Tod gelassen hatte. Dann der Schock. Schnelle Bewegungen im Sekundentakt, an ihrem Handgelenk innen, Veränderung der Zahlen. ›Quality‹ war verschwunden. Sie war gelöscht. Der Code, ihre Codierung, ihre veränderliche, fragile, fremdbestimmte Identität war einem letzten Countdown gewichen, der unumkehrbar rückwärtssterbende Minuten und Sekunden zählte.

Man hatte ihren Tod beschlossen. Der humanoide Bioorganismus, der sie war, sollte ausgeschaltet werden. In diesem Moment wusste sie, dass sie entbehrlich, demnach unfruchtbar war und dass es kein weiteres Kind für sie geben würde, nach einer Sturzgeburt im Wald, die sie beide nicht hatte retten können.

Sie stöhnte auf, jaulte, krampfte, zitterte, biss sich in die eigenen Hände, um sich zu fühlen und nicht das Loch, nur nicht das blutige Loch. *Bitte nicht.* Weinen und Schreien war nicht genug. Und sie fragte sich, ob es einen Abhang, eine unweite Klippe gab, von der sie sich hätte stürzen können. Ob sie wohl den Mut aufbrachte und die Zeit hatte, sich mit einem Stein selbst den Schädel einzuschlagen oder sich die Pulsadern mit was auch immer aufzuschneiden?

Man hatte ihr eine Galgenfrist gewährt. Immerhin. Das war mehr als erwartet und doch war es aussichtslos. Sie hatte nicht die Kraft, sich zu erheben, geschweige denn, sich von

Ort und Stelle zu bewegen. Sie war restlos zerschlagen. Lag nur da, irgendwo in einem Wald. Müde riss sie das, was von ihrem blutdurchdrängten Kleid noch übrig war, in schmutzige Fetzen und formte ein Kissen, mit dem sie sich an unbekannte, raue Baumrinde lehnte, um zu sterben.

Selbst der Tod kam codiert, als zukunftsnahe Kardioplegie, auf durchscheinender, aschfahler Haut, in den Zahlen, die sie ausmachten. Sie hatte von jetzt an keine zwei Stunden mehr, um zu finden, wofür sie gekommen war. Mit diesem Wissen schlief sie vor Erschöpfung mit der linken Hand zwischen ihren Beinen, der rechten Hand auf dem Herzen, in Embryonalstellung ein.

Alles summte. Sie war in Teilen aus sich herausgestürzt, auf sich selbst zurückgeworfen. Allein, siechend in diesem letzten Wald, der die gut verborgenen Tempelanlagen der Schöpfung vom Rest dieser apokalyptischen Nach-Welt abschnitt. Das war so gewiss wie die eine glutrote Sonne, gegen die sie vorsichtig anblinzelte. Das Blau des Himmels war eine ihr unbekannte, eine erzählte, herbeigeträumte Farbe, eine Frequenz ohne Nutzen für Schwangere und Gebärende. Sie kannte ihn nicht, den Himmel. So hatte man über sie entschieden und ihnen genommen, was potenziell möglich gewesen wäre, ihrem genetischen Code entrissen, nicht mehr wahrnehmbar, von Geburt an.

Alltägliches, perfektioniertes, gleichgeschaltetes Meditieren über Rot, Orange und Sonnengelb, Farben des Unterleibs. Programmierung. Grün zur Heilung war manchen noch erlaubt. Konditionierung. Inhaftierte Yogini-Atmung im Tempel der letzten fruchtbaren Frauen, im Tempel der Schöpfung. Quality. Weltweit abgezählt. Künstliche Befruchtung. Tragezeit. Eingeleitete Geburten. Trennung. Forcierte, notwendige, elektromechanische Entkopplung, von allen anerkannt, gesetzlich beschlossener und genehmigter Tod. Konsumierte Quasi-Emotionen. Zu viele waren einfach verrückt geworden.

QL621922-32-29-3-1 war ein Wunder. Noch gebärfähig, mit 62 Jahren. Ihr Geheimnis war die blaue Frequenz, die keine von ihnen halten konnte, nur M. Alle sichtbaren Farben verschwammen zu einer einzigen, wenn sie meditierte, wenn sie heimlich sang oder ihnen Bilder erzählte. 32 Kinder hatte sie geboren, immerhin 3 davon Mädchen, nur ein einziges fruchtbar.

Sie würgte, spuckte Galle, streichelte ihren entleerten Bauch. Die Nabelschnur hatte sie mit einem scharfkantigen Stein mehr zersägt als zerschnitten. *Ratsch*, war das Geräusch gewesen. Sie hatte entsetzlichen Durst. Nur noch 1 Stunde und 42 Minuten, bis man ihren Herzschlag aussetzen würde, bis die Welt stillstand für alle ihre Verbrechen und weit darüber hinaus.

Etwas bewegte sich, seitlich, unerwartet in ihr peripheres Sichtfeld hinein. Vier schlanke, haarige Beine, ein etwa kniehohes, hellfelliges Lebewesen mit großen, schwarzglänzenden Augen, einem weißgepunkteten Rücken und nervös zuckenden, aufmerksam aufgerichteten Ohren. So viel Neues, so viel Schönheit in so kurzer Sterbezeit. Es gab weder Zeit noch Kraft für Neugier oder ein leises Gefühl der Wehmut, vielleicht sogar Emotionsreste für Staunen.

Das Tier war feingliedrig schön, wirkte fast liebenswert in seinen zarten, anmutigen Bewegungen. Es schien in den Wald zu gehören, wie die Blätter der Bäume und die lautlose Präsenz uralter Myzelien. *Noch eine Stunde hatte man ihr gelassen, zu wenig für den unwiderruflichen, den endgültigen Ab-*

schied, dachte sie mit resigniertem Blick auf die Innenseite ihres linken Handgelenks. Sie fragte das unbekannte Kind-Tier so deutlich, wie es ihr noch möglich war, nach dem Giftpilz, indem sie imaginierte Bilder in Wellen aussandte und um sich herum ausbreitete, bis sie auch das Tier erreichten. Es verschwand hüpfend im Unterholz. Eine knappe Stunde noch, zeigten die Nano-Roboter, die ihre Biofunktionen eigentlich stabilisieren sollten, unter ihrer Haut leuchtend auf der Innenseite ihres linken Handgelenks an. Sie hoffte inständig, dass sie verblutet war, bevor der Chip ihrem jungen Leben ein abruptes Ende setzen konnte, und wusste es doch besser. Alle ihre Körperfunktionen wurden bereits vor ihrer Geburt lückenlos dokumentiert und zu ihrer eigenen Sicherheit überwacht. Instabilität war eine nicht zu unterschätzende Gefahr.

Die Hoffnung auf einen annähernd natürlichen Tod war nichts als Illusion, das musste sie jetzt einsehen. Schluchzer entfuhren ihrem ermattenden Körper. Ihr Mund verzog sich zu einer verbissenen, harten Linie, als sie versuchte, sich vorzustellen, wie es wäre, ein Lebewesen zu pflegen und aufzuziehen und es vielleicht sogar zu lieben. Wenn doch wenigstens das kleine Tier zur ihr zurückkommen könnte und nur so lange blieb, bis es vorbei war.

AWAKENED

Pulsierendes Blau verband sich geistig mit dem Wald, nahm eine schwache, überwiegend menschliche Präsenz wahr und näherte sich wachsam. Der *Awakened* schloss die Augen, um zu sehen. Sie leuchtete nur noch in einem matten, blass orangegelben Licht, und er wusste, dass sie im Sterben lag, weil sie es noch immer so wollte. Sie war jung, nicht mehr als ein verletztes Mädchen. Durch die Position, in der sie kauerte, wirkte sie noch kleiner, als sie es ohnehin schon war. Der Blutverlust ließ ihre Hautfarbe weiß erscheinen im Kontrast zu dem mächtigen Baum, dem sie sich offenbar in Gänze anvertraut hatte.

»Sie nennen uns die Awakened, hab keine Angst«, sprach er sie, für sie alle sprechend, an. Das verletzte Mädchen reagierte nicht auf ihn. Sie schien ihn nicht wahrzunehmen. Er drosselte seine Frequenz und verließ das blaue Leuchten, zu dem er sich in gewohnter Weise ausdehnen konnte. Dann tastete er nach ihrer Hand, um sich auch auf körperlicher Ebene auf sie einzustimmen. Sie schien auch das nicht zu bemerken. Ihre Augen blickten leer auf einen unbestimmten Punkt gerichtet, sie hatten ein fiebriges Glänzen angenommen.

Vier weitere mutterlose Rehkitze waren ihm auf dem Weg zu ihr gefolgt. Der flackernde Blick der Sterbenden heftete sich mit einer stummen, flehenden Bewegung an die Tiere und wurde unerwartet weich. In ihren Augenwinkeln saßen Tränen auf verkrusteter, schmutziger Gesichtshaut. *Sind das echte?*, fragte sie, ohne zu sprechen. »Wasser«, flüsterte sie mit kaum merklicher Lippenbewegung, während sie den Blick unverwandt auf eines der zutraulichen Tiere, die ihm gefolgt waren, gerichtet hielt.

»In weniger als fünf Minuten ist es vorbei«, erriet er ihre Gedanken. Nun sah sie ihn direkt an. Er nahm eine erst kürzlich entstandene, sonnenhelle Verbindung zu den Rehkitzen wahr, die von ihrem Herzzentrum ausging und ihr offensichtlich und erstaunlicherweise die Kraft gab, sich vor ihm aufzurichten. Er lockerte den Griff um ihr linkes Handgelenk und betrachtete aufmerksam die wechselnden Zahlen, die durch ihre blasse Haut blinkten. »Es ist gleich vorbei«, sagte der Awakened leise, um sie zu beruhigen.

Sie nahm noch wahr, dass sein Gesicht unverhüllt war, offen und voller widerstreitender Emotionen, die sie nicht decodieren konnte. Er kam ihr seltsam nackt vor. Sauberer als alles andere, was sie sich bisher vorstellen konnte, sauberer als alles, was sie in ihrem kurzen Leben kennengelernt hatte. Sogar sauberer als M. Sie wusste, seine Motive mussten ebenso rein sein. Nur deshalb folgten ihm die Tiere ohne Scheu. Sie hatte niemals zuvor ein echtes, lebendiges Reh zu Gesicht bekommen und konnte sich an ihren wunderschönen schwarzglänzenden Augen nicht sattsehen.

»Zu anderen Zeiten hat man zu warmen braunen Augen ›rehbraun‹ gesagt, wenn man ein Kompliment machen wollte«, erzählte ihr der Awakened, ihre Gedanken lesend. »Ihre Augen strahlen reine Liebe aus. Das heilt verwundete Herzen«, fuhr er fort. »Sie waren für Menschen eine der unschuldigsten Tierarten des blauen Planeten. Man hat sie erschossen.« Das verschwommene Bild eines tödlichen Gewehrschusses tauchte von dem Awakened auf sie übertragen unerwartet und von ihm ungewollt vor ihrem inneren Auge auf. Sie konnte die Todesangst und das Sterben des göttlich schönen Tieres fühlen, als wäre sie an seiner Stelle. Gewissermaßen war sie es. *Diese übertragenen Emotionen waren nicht für sie vorgesehen*, erkannte sie plötzlich. Es waren nicht ihre, sie sollte so etwas überhaupt nicht fühlen. Da war unerträglich viel Schmerz konzentriert. Ihre Tränen lösten sich, zogen vertikale Streifen durch den staubigen Schmutz auf ihrem Gesicht.

»Töte mich«, baten sie tonlos, und ihr Mund wurde wieder zu einem bleichen Strich unter Fieber-Augen. Die Rehkitze hielten sich voller Vertrauen an den Awakened. Sie versteckten sich Schutz suchend zwischen seinen Beinen. Auch ein unstetes Brummen hinter seinem Rücken war zu hören. »Er hat frei geatmet, ohne Chipung, wenn auch nur kurz. Dafür habe ich gelebt, und dafür sterbe ich jetzt«, stieß sie mit brüchiger Stimme und unter Schmerzen hervor. Sie dachte offenbar, dass das ihre letzten Worte waren. Er verspürte nur noch Mitgefühl, und seine Gefühle waren die aller Awakened und alle Awakened waren sein Mitgefühl.

»Dann ist es entschieden«, sagte er bestimmt zu ihr.

Die Zeit dehnte sich, als das leuchtende Wesen mit der rechten Hand einen weiten, imaginierten Kreis um sie zog. Schlagartig war es, als könnte sie schneller sprechen oder überhaupt nicht mehr. Die Zahlenfolgen des Countdowns auf ihrem Handgelenk hingegen verlangsamten sich, liefen dann rückwärts. Sie verstand es nun: Sie sah ihn nicht komplett, lediglich in Anteilen. Seine Erscheinung musste von der seltenen Farbe des früheren Himmels sein. Wie damals, als man nur eine Sonne kannte. Das war es also, was QL621922-32-29-3-1 schließlich das Leben gekostet hatte. Sie wusste, dass er lächelte, ohne dass sie hinsehen musste.

Hinsehen kostete sie jetzt zu viel Energie. Sie hielt die Augen fest geschlossen. Verschloss sich, verkrampfte dabei völlig. Ihre Beckenmuskulatur war omnipräsent in ihrer Anspannung zu fühlen. Sein Körper aber strömte dem Waldboden und dem Himmel, strömte ihr entgegen, löste alles, was zwischen ihnen war, auf.

»Wir helfen dir sterben«, klang seine warme Stimme aufgefächert wie viele Stimmen zugleich, wie ein Chor freundlich in ihrem Kopf, ohne dass er seine Lippen bewegte. Sie atmete auf und öffnete erleichtert die Augen, als die Rehkitze sich ihr erneut näherten. *Nicht allein sterben, einfach ohne Zeugen ausgeschaltet werden*, das war viel mehr, als sie sich je hatte erhoffen dürfen.

»Grün, beinahe weiß ... kennst du den Pilz?«, fragte sie mit letzter, gebündelter Kraft in die sich ausbreitende Totenstille des Waldes hinein. Er blieb ihr eine Antwort schuldig. Der Schmerz zwischen ihren Beinen hatte vorerst ein abruptes Ende gefunden. Seine Augen vervollkommneten die Sprache seiner Hände, als er ohne jede Vorwarnung und zielstrebig in ihre Brust griff. Das Entsetzen über seinen Eingriff wollte sich gerade in ihrem Gesicht widerspiegeln, da setzte mitten in dieser Gefühlsregung ihr Herz aus.

»Wir werden sie Q nennen. Das ist der ganze Rest ihres alten Ichs«, sagte das leuchtend blaue Wesen zu den Rehkitzen, die ihm folgten, als er die Fremde auf seine Arme nahm und davontrug.

DIE AUSLÖSCHUNG ALLER FARBEN

Erinnertes Träumen. Das Erste, was sie wahrnahm, war die Auslöschung aller Farben, wie sie sie gekannt hatte, und das, obwohl sie auf der roten, orangen, gelben und manchmal, für einige Zeit, sogar auf der grünen Frequenz sehen konnte. Schlagartig wurde ihr bewusst, dass dieses Farbsehen jetzt der Vergangenheit angehörte und auf Erinnerung, auf erlerntem Wissen basieren musste. Ein erinnertes Wahrnehmen von Welt. Ein Wissen um die Welt.

Auf ihren Augen lag bald darauf etwas kühlend Feuchtes, Wattiertes, unregelmäßig Zerfasertes. Etwas, das sie weder kannte noch einordnen konnte. Ihr ganzer Körper fühlte sich unbeweglich, steif und seltsam schwer an. Das präsenteste Gefühl war eine Art undifferenzierbare Anspannung. Keine künstliche, gezielt hervorgerufene *Quasi-Emotion.* Tiefstes, körperliches, allumfassendes Gelähmt-Sein. Auch wenn mit dieser Unbeweglichkeit nicht länger eine Todesangst verbunden war, fühlte sie sich wie ausgehöhlt. Als hätte man einen großen, umfangreichen, überlebenswichtigen Teil ungefragt und gewaltsam aus ihr herausgerissen. Diesen Teil kannte sie sogar schon. Ihr Körper erinnerte sich auch, und das viel unmittelbarer und direkter, als es ihr Sehsinn gekonnt hätte.

Unregelmäßiges Zittern entlud sich über ihre Hände, als sie diese zu ihren offenbar verbundenen Augen führen wollte. *Nicht!*, raunte es hinter ihrer Stirn und mit der fremden männlichen Innenstimme, die nicht ihre eigene sein konnte. Es war ihr, als müsste ihr Herz erneut aussetzen. *Es ist noch zu früh, das würde dich restlos überwältigen. Es sind zu viele neue Sinneseindrücke auf einmal. Das schafft dein System noch nicht.* Die Stimme war angenehm. Heilsam melodisch, wie ein Kinderlied, das etwas verwaschen und vom Tempel der Schöpfung verboten durch sie hindurchplätscherte. Jetzt wurden die unbekannten Geräusche um sie herum laut und lauter, kamen, sich vervielfältigend, näher, wurden bedrohlicher als alles, was sie je zuvor gehört hatte. In ihrer Welt war der Tod ein lautloses Ausgeschaltet-Werden. Ein dumpfes Fallen inmitten von Leben. Der Tod kam still, war an der Tagesordnung für sie alle. Humanoide fielen einfach um, ohne dass man viel Aufsehen darum machte. Da und weg. Inmitten von Tätigkeiten.

Unvorbereitet. Da und weg, weg und da, all die anderen, drum herum.

Ich bin der Code, kam ihr ihre Programmierung dazwischen. Stechende Kopfschmerzen stellten sich augenblicklich ein. Wie eine metallischglatte schwarze Feuerlanze, die man mit einem einzigen, gut gezielten Ruck durch ihre Stirn, durch die Nasennebenhöhlen hinab in ihren Mund trieb. Blutblumen flammten auf. Irgendwo weinte jemand um sie. Und es gab nichts mehr, nichts, keine Möglichkeit zu fliehen, allein das erneute Versinken in Dunkelheit. Das Ausschalten aller Sinneseindrücke. Sie zog die Knie mit der ihr verbliebenen Kraft so eng sie konnte an ihren geschundenen Körper, krümmte sich zusammen, wie ein Embryo, demütig vor einer unaufhaltsamen, völlig neuen Welt, die es hören, fühlen, aber noch nicht sehen konnte. Es war, als müsste sie sich selbst neu gebären. Sie wusste nicht, wie sie das jemals hätte überleben können. Selbst Schreien war unmöglich.

»Ich bin der Code. Du bist der Code. Wir sind der Code.« Ich bin der Code. Du bist der Code. Wir sind der Code. Ich-bin-der-Code.-Du-bist-der-Code.-Wir-sind-der Code. ich- bin-der-Code. du-bist-der-Code.-wir-sind-der- Code.-ich bin der Code. Der Code. CODE. Codierung. Quality. Geschwindigkeit verdreifacht. Jetzt unfruchtbar. Weiblich.

Sie lag in der Embryostellung, innen verletzt, seit Tagen. Der Code, das Gebet der 12 Stränge hatte sich schon vor vielen Jahren und durch tägliche, routinierte Praxis in sie eingebrannt. Nun regte es sich erneut in ihr. Es waren die ersten Worte, die ein jedes als fruchtbar eingestuftes Mädchen im Tempel der Schöpfung zu sprechen gelernt hatte. An drei Tageszeiten wurde er vierfach von allen Frauen des Tempels in kleinen Gruppen zu zwölft gemeinsam rezitiert. Die Zwölfte war die in tiefes Blutrot gewandete *Muladhara*, die sie im Gebet anleitete und führte.

Sie saß als eine der elf Aspirantinnen einer Gruppe unter ihnen. Eine wie alle im traditionellen Lotussitz. Das Becken geöffnet, umgeben von weiteren schwangeren Frauen und Mädchen in der ihr zugeteilten Gruppe und wiegte sich in sanften Schaukelbewegungen zum Gebet der 12 Stränge. Sie trug das satte, reine Dottergelb aller Aspirantinnen, bereits mit Aussicht auf den, in der Meditation erlangten, Zugang zum orangefarbenen Strahl der Schöpfung. *Atmen. Halten. Orange halten. Ausatmen.* Das war die nächstangestrebte Aufstiegsfarbe unter den Anleitungen ihrer Muladhara. »Muladhara«, entfuhr es ihr wie einem sehnsüchtig brabbelnden Kleinkind, dann drehte sie sich auf die Seite, beide Hände zwischen ihren Beinen. Sie mochte das Wort. Den fließenden Klang, die tiefe, vertrauenswürdige, rote Farbe. *Muladhara.* Alle Frauen und Mädchen des Tempels der Schöpfung wussten, niemand hätte dieses Wort besser verkörpern und ausfüllen können als M. M war eine Konstante. M war ihre Konstante. Als ihre Muladhara gehörte sie allein ihnen.

Durch die administrative Meditation ihrer Muladharas hatten sie Anteil an einem dienstbaren, in sich sehr stabilen morphogenetischen Feld, das sie mit ihrer inneren und äußeren Ausrichtung gemeinsam erzeugten und weiter verstärkten. »Und jetzt tiefer atmen. In das Becken hinein atmen. Halten!«, wies sie die rote Muladhara, die der Gruppe vorstand, entrückt vor sich hinlächelnd an. Da war M wieder. »Eins werden. Ganz sein. Nur noch sein. Das Becken sein. Ganz das Becken sein. Nur noch das Becken sein! Sich auflösen im Becken. Wir alle teilen ein fruchtbares Becken. Wir sind ein Becken. Sind Becken, sind Code. Wir sind ein einziger gemeinsamer Code. Wir sind der Code.«

Sie fühlte sich selbst wie das Ende ihrer Wirbelsäule. Zuvor war sie jeder einzelne Wirbel gewesen. Hatte sich auch in diesen aufgelöst und rückverbunden, war beweglich geworden, geschrumpft und gewachsen, hatte sich über körperliche Grenzen hinweg ausgedehnt. War Einatmen. War Halten. War Ausatmen.

»Und jetzt harmonisieren wir die Gewebeschichten, damit die Signale besser fließen können, damit sich die Kinder in euch entspannen können und der Widerstand stirbt.« *Der Widerstand stirbt.* »Der Widerstand stirbt«, wiederholte QL172004-5-4 so laut, dass sich die anderen fruchtbaren Qualities im Meditationsraum nach ihr umdrehten. Ihr war schlecht. Das war auch in all ihren anderen Schwangerschaften so gewesen. Es schien einfach nicht aufzuhören. Immer war ihr schlecht. Alles, jede noch so winzige Kleinigkeit, stieß ihr sauer auf. Die Übelkeit kletterte ihre Speiseröhre hinauf, nahm den Weg nach oben schrittweise und in unnatürlicher Geschwindigkeit. Sie legte vorsichtig beide Hände in einer schützenden Geste auf ihrem prallen Babybauch ab. »Neunter Mond«, die Muladhara lächelte versonnen. Bin ich denn wirklich die Einzige, die diese andauernde Übelkeit in sich verspürt?

Durch die ihr täglich verordneten Nährstoffe wurde ihr das stündliche Verharren im Lotussitz stetig schwerer. Die Code-Worte blieben ihr förmlich im Halse stecken. Es war für sie nicht länger möglich, die 12 Stränge weiter zu rezitieren. Sie unterbrach das Gebet. Erschrocken drehte sie sich, ihren runden Bauch haltend, nach den anderen um. Wieder sahen sie alle Aspirantinnen unverwandt an. Etwas stimmte nicht ... ganz und gar nicht. Sie kam nicht darauf, was. Da war etwas Fremdes im Vertrauten. Ganz nahe an ihr dran. Es lauerte unter den Aspirantinnen, war allein zu ihr geschlichen gekommen, in Form einer abstrakten Erinnerung, die nicht die ihre war. Dann erkannte sie es: Das war die falsche. Die falsche. Ihre Augen weiteten sich vor der Erkenntnis, die sie traf. Das Kind in ihrem Bauch strampelte, es trat. Sie presste ihre Hände fester auf den Bauch. Ihre Muladhara hätte QL611999-27-19-8-1 sein müssen. Ihre anleitende Muladhara hätte M sein müssen. M. Der Buchstabe traf sie direkt ins Herz, holte sie zurück, war wie ein einziger, spitzer, gut gezielter Nadelstich in einen sehr nachgiebigen Stoff, der, das ahnte sie, ihre eigene, dünne, verletzliche Haut sein musste. Wie viele Stiche bilden eine saubere Naht?

Was weißt du über den blauen Planten? – Da war die fremde, männlich anmutende Innenstimme erneut. Ein ganzer Chor von Stimmen war das, und sie erschienen ihr wie ein Licht, das durch einen dunklen Tunnel an ein überraschend erstrebenswertes Ende führt.

M

M war ein lebendes Wunder. Die Muladhara des Tempels der Schöpfung konnte Geschichten erzählen, die sie Märchen oder Mythen nannte. Keine von ihnen hätte es gewagt, diese beiden Worte, *Märchen … Mythen*, auch nur zu denken, geschweige denn, diese laut auszusprechen. Sie hätten ohnehin keinerlei eigene innere Bilder dazu gehabt. Es wären ihnen ohne Ms Erzählstimme ohnehin nichts weiter als leere Wort-Hülsen geblieben. Die Muladhara gebrauchte archaische Worte. Bereits verbrannte Wort-Relikte waren nicht nur im Tempel etwas durch und durch Verbotenes und damit Aufregendes.

So wie QL621922-32-29-3-1, Ms Leben überhaupt. QL621922-32-29-3-1, Ms Codierung, führte das komplex-technologische Wissen, die transzendentale Humanetik als eine Form der Hyper-Biologie, das transgenerative, kollektive Wissen des 25. Jahrhunderts mit ihrem bloßen Vorhandensein ad absurdum.

Sie war die älteste aller gebärfähigen Frauen. Ein Wunder, das allen Annahmen zum Trotz die eigene, in ihrer Codierung von Anfang an verankerte Bestimmung erfüllte. Mitten in ihrem 62. Lebensjahr war sie mit ihrem 28. Kind schwanger und gesundheitlich völlig wohlauf. Ihr sich stetig weiterhin modifizierender Code bestand aus einer Zahlenkombination der Auszeichnungen. Auch ihr Bewusstsein, das *Centriert-Sein* in sich und in allem, hatte sich mit den Geburten nur noch stärker erweitert. Ein Großteil des sozial stabilen, morphogenetischen Feldes, das den Tempel der Schöpfung schützend umgab, bildete sich aus Ms körperlicher und geistiger Präsenz heraus. M war im Feinstofflichen, dem großen Unsichtbaren, etwas viel Größeres geworden als ursprünglich geplant, das war ihnen allen bewusst.

M behauptete außerdem, jedes ihrer entbundenen Kinder spüren zu können, selbst die inzwischen verstorbenen, und noch viel wichtiger: die lebenden und die fruchtbaren Mädchen. Die meisten glaubten ihr nicht. Alle verbliebenen fruchtbaren Mädchen, die jemals geboren worden waren, mussten hier bei ihnen leben, im Tempel der Schöpfung. Sie alle trugen Verantwortung. Es war ihre Pflicht, ihren Körper in den Dienst des großen Ganzen, in das Centrum der Nach-Welt zu stellen.

Sie waren die letzten gebärfähigen Frauen des Menschheitskollektivs. Man sah mit Hoffnung zu ihnen auf, vertraute ihnen, verehrte sie und gedachte ihrer selbst noch nach ihrer Ausschaltung. Das präzise Durchschnittsalter der Abschaltung betrug 36 Lebensjahre. Wenige erreichten die nächste Null, die 40. Die meisten von ihnen wurden bereits in ihrem 12. Lebensjahr künstlich befruchtet. Wenn man so jung war und noch Angst hatte, die allererste Schwangerschaft im Kindesalter durchlebte, war man viel allein mit den Muladharas oder verbrachte ›Spielzeit‹ mit gleichaltrigen, geschwängerten Kindern.

Die Vertiefung in die 12 Stränge war ebenfalls hilfreich. QL122004 war ihre damalige blanke Codierung gewesen, mit der sie sich identifizierte. Sie war eine der ängstlichen Zwölfjährigen gewesen, die ihr erstes Kind in sich trug, selbst noch ein Kind. Und da war auch M gewesen, deren Codierung so lang war, dass sie sie einfach M genannt hatten. Sie hatte behauptet, M sei eine Abkürzung für die älteste, die ehrwürdigste aller Muladharas, die niemand hatte anzweifeln dürfen. Abkürzungen waren unter ihren Codierungen willkommen und sinnvoll. Namen jedoch waren illegal und unter ihrer aller Würde. M hingegen war nur ein unschuldiger Buchstabe gewesen. QL122004-0 hatte ihn niemals als Abkürzung für die Bezeichnung, den Rang und Titel einer Muladhara gesetzt. Sie gestand sich ein, das war die erste bewusste Lüge ihres jungen Lebens gewesen. So viele weitere würden dieser ersten Lüge folgen, denn inzwischen war sie süchtig nach Ms Geschichten. Diese merkwürdige Fähigkeit ihrer Muladhara, sich wenigstens im Fragment an Märchen zu erinnern, musste unter allen Umständen geheim bleiben. Sonst würden sie womöglich nie wieder Geschichten, Reime oder zu besonderen Anlässen sogar kleinere Lieder von M hören. Besondere Anlässe waren häufig die Geburt oder der Verlust eines Kindes.

Man rechnete jeden Tag mit ihrer Ausschaltung und war beruhigt, wenn sich M ihr langes Leben mit einer weiteren Schwangerschaft zumindest für einige Monate sichern konnte. Das M, den Buchstaben, den sie der alten Weisen anstelle ihrer Codierung gedanklich gesetzt hatte, stand in Wahrheit für *Mutter* … ein archaisches, gescheitertes Beziehungskonzept.

Keine Einzige von ihnen hatte Kontakt zu den Kindern, die sie geboren hatten. Das war auch überhaupt nicht möglich, und allein die Vorstellung, der Gedanke daran ängstigte jede von ihnen zutiefst. Im Tempel der Schöpfung, dem letzten Ort, an dem fruchtbare Frauen den Fortbestand der Menschheit garantierten, war M zu einer lebenden Legende geworden, und das in einem Alter, in dem keine Frau dieser Zeit, nach der *Großen Läuterung* im Jahre 2327, noch gesunde, weibliche, fruchtbare Kinder zur Welt bringen konnte.

Da lebte sie also, noch immer nicht ausgeschaltet in einem vor Kraft strotzenden Körper auf dem Level einer Mittdreißigerin und hatte zudem unerwarteten Zugriff auf im Menschheitskollektiv latent vorhandene morphogenetische Felder, auf Bilder und Klänge. Informationen, die sich, wie sie sagte, aufgrund von vererbter Erinnerung und einer ›Ahnenlinie‹ mit ihren eigenen inneren Bildern überlappten.

Die Muladhara hatte per Gedankenkraft sogar emotionalen Zugang zu Fragmenten von vor Jahrhunderten mündlich überlieferter Erzählungen und, was am schönsten war, manchmal sogar zu sogenannten Volksliedern und alten Weisen. Dann kamen Melodien unter die fruchtbaren Frauen und Mädchen des Tempels. Das musste die Liebe sein, die keine von ihnen wirklich kannte oder aus sich selbst heraus spüren konnte. Sie war in geheime Strophen oft nur geflüsterter Lieder eingezogen und hatte sich in ihnen gehalten und für eine Weile als Emotion oder gar Stimmung festgesetzt. Was hätte sie alles gegeben, um so verbunden zu wie M.

M war ihr einziger Kanal zu Geschichten und wurde durch das Abrufen dieser ebenfalls geistig schöpferisch tätig, was zu ihrem eigenen Geburts-Code und den damit verbundenen Verpflichtungen und Aufgaben in gefährlichem Widerspruch stand. Die Aspirantinnen hingen, durch das Wissen und Erzählen der Muladhara auch in ihrem eigenen Existenz-Code bedroht, nur in großer Heimlichkeit an Ms Lippen. Wenn sie erzählte, entstanden satte, leuchtend farbige Bilder vor dem *inneren Auge* ihrer Zuhörerinnen, die zeitweise sogar die ewige Litanei der 12 Stränge unterbrechen konnten.

Für QL172004-5-4 war Ms Stimme einer der vertrautesten, klarsten und liebsten Klänge, an die sie sich jetzt klammern konnte. Sie war ihr eine Zuflucht, ein mögliches, heiles Ende eines stetig enger und dunkler werdenden Geburtskanals geworden. Ein Kanal, der ihrer aller Bestimmung und Seins-Zweck war und sein würde. M spendete Trost und in den schlimmsten Stunden sogar eine aberwitzig fatale Hoffnung auf einen selbstbestimmten und damit freien Tod. So war es auch gewesen, als ihr die Muladhara nach langem Bitten eines Nachts endlich von dem grünen, beinahe weißen Giftpilz erzählt hatte …

DEM HIMMEL SO NAH

Was weißt du über den blauen Planeten? »EhmmMmmm, M«, murmelte sie wiederholt als unpassende Antwort auf die Frage, die uncontrolliert in ihr umhergeisterte. Eine wohlklingende, fast heilsame Stimme, weich, aber nicht weiblich, hatte ihr diese gestellt. Ihre Augen waren noch immer verbunden und die Polsterung unter der Augenbinde fühlte sich wie ein zusätzlicher Strahlungsschutz auf ihren verletzlichen, dünnhäutigen Augenlidern an. Die Welt um sie flimmerte. »M!«, wiederholte sie nun deutlicher. Man hätte nicht sagen können, dass sie träumte, und doch war es so, dass sie sich weder als wach noch als schlafend wahrnahm. Die Sinneseindrücke erreichten sie neben dem omnipräsenten körperlichen Schmerz nur gedämpft, als kämen sie einen langen Weg, um sie schließlich gerade noch so zu berühren. Eine unbekannte Hand strich ihr in liebevoller Geste die Haare aus dem Gesicht. Strähnen, die nicht länger schweißnass an ihren Wangen klebten. Jemand musste sie gewaschen haben.

Das Steife, von eigenem getrockneten Blut Durchtränkte war aus ihrer Kleidung verschwunden. Sie hatte im Schlaf die Beine eng an ihre Brust gezogen, die Arme um ihre Knie gelegt. Viel zu lange hatte sie seitlich und in verkrampfter Embryonalstellung gelegen. Mit der wiederkehrenden Erinnerung an Ms Stimme und die Geschichten, die die Muladhara ihnen oft des Nachts erzählt hatte, stellte sich in aller Langsamkeit ein bereits vergessen geglaubtes Gefühl der Geborgenheit bei ihr ein. Der zuvor alles überlagernde

Schmerz wurde mehr und mehr an den Rand ihrer Wahrnehmung gedrängt. An die Stelle des Schmerzes traten eine alte, vertraute und eine neue, fremde Stimme, die miteinander tanzten und dann beide ineinanderflossen.

Sie dachte oft an Ms besondere Augen, die mit der Zeit nicht länger braun, sondern lichtgrau geworden waren, wie die feinen, hellen Strähnen, die die Haare ihrer Muladhara durchzogen. Die Erinnerungen kamen unaufgefordert, ganz von allein, ohne ihr Zutun. Einige überraschten sie sogar. »Nur noch ein bisschen liegen«, flüsterte sie in das weiche Moos, auf das man sie gebettet hatte. »Ausruhen!« war ihr vorerst letztes an diese Welt und sich selbst gerichtetes Wort. Außer dem Fremden, der sie gerettet und gewaschen hatte, und den Rehkitzen, die dem blauen Leuchten folgten, hörte niemand das dem Moos anvertraute Befehlswort der Frau, die das erste freie Kind geboren hatte.

Die Humanoiden, Einst-Menschen wie sie, waren verformt, umgestaltet, steril, genetisch destabilisiert, schlimmstenfalls von Anbeginn an instabil. Fern von allem, was die Natur ihnen gegeben hatte und noch gegen den ihr auferlegten Willen gab, waren sie ihr gänzlich fremd und damit feindlich geworden. Im Gegensatz zu vielen Insekten war es ihnen nicht länger möglich, selbst Grundfarben in ihren umfänglichen Spektren wahrzunehmen. Hätten sie die ihnen bestimmten Begabungen doch nur erahnen können und zum Guten genutzt. Der sie umgebende Himmel blieb azurblau unter all den Schichten, die sie, die modernisierten Menschen, die Codierungen ihm zugefügt hatten.

Da lag sie, aus sich allein heraus selbstständig atmend und fühlend unter alten, mächtigen Laubbäumen, Buchen und Eichen. *Sie war noch so jung. Beinahe noch ein Mädchen*, dachten sie. Hier, an diesem Ort in der Welt zwischen den

Welten, konnte sie endlich heilen, durfte sie heilen von all den Kindern, die sie verloren, die man ihr gesetzt und dann genommen hatte, um sie ihrem sogenannten Daseinszweck zuzuführen.

Die Menschen hatten Daseinsberechtigungen füreinander geschaffen, allein um ihr kümmerliches Fortleben zu legitimieren. Als Geschenk sah das Leben niemand mehr. Es war zur Bürde, zur Pflichtkür, zu einem Überleben in einer zum Feind erklärten, dauerhaften Nachkriegsumgebung verkommen. Die einst unkontrollierbare wilde Natur war vollständig untertan gemacht in dieser modernisierten, postapokalyptischen Nach-Welt. Nichts als toxische Illusion, wussten sie, wussten die Durchdrungenen.

Das Zwitschern der Vögel hatte heute etwas Wunderschönes, etwas Absolutes. Dennoch, ein geringer Restzweifel blieb an jedweder Betrachtung des Schönen haften. Sie hatten die Frau in atmende, lebendig grüne Pflanzenfasern gehüllt, die ihre Wunden kühlten und somit schneller heilten. Die Entzündung verließ langsam, aber sicher den geschundenen Körper. Wahrhaftiges Heilen, das brauchte Zeit.

Sie befand sich in einem meditationsähnlichen Trancezustand. Dafür hatte nicht zuletzt auch der melodische Gesang der Vögel gesorgt, der den Heilungsprozess unterstützte und beschleunigte. Der Vogelgesang bildete einen vor Freude pulsierenden Klangteppich, der sich schützend über den Wald warf. Ein fliegender Teppich. Sie teilten ein dankbares Lächeln. Das war die Schöpfung selbst und der Wald war ihr Tempel.

Man hätte ihren ›Schlaf‹ in dieser natürlichen Umgebung als einen transzendierenden Zustand bezeichnen können. Sie würde, sobald sie erwachte, sicherlich Antworten fordern. Die richtigen Worte hatten sie dafür nicht. Das Farb-Sehen war die bessere Erklärung, und sie fragten sich, ob sie es lernen würde, nachdem man sämtliche Programmierungen in ihr gelöscht hatte. Sie alle hatten Fragen, das war ihrer aller Bürde, im Mensch-Sein und -Werden verankert. Rehe nicht, Rehe hatten keine Fragen. Sie waren reinstes Sein. In Liebe Gesandte des Waldes und der Urmutter Natur.

Ihr wunder, erschöpfter Körper war weiterhin damit beschäftigt, toxische metallische Reste auszuscheiden. Es konnte auch jetzt noch misslingen. Auf vollständige Heilung durften sie noch nicht setzen. Obwohl die Ruhe der Tiere in ihrer Gegenwart bereits etwas anderes signalisierte. Die Awakened wagten dennoch zu hoffen.

Das Ausscheiden der Metalle und Toxine geschah größtenteils über ihre mit schmerzlinderndem Moos bedeckte Haut. Sie würde nun ganz Gefäß werden. Jedoch vollkommen anders, als man ihr das durch die vielen, die auferlegten künstlichen Befruchtungen, Schwangerschaften und Gebete aufgezwungen hatte. In ihrem Körper blieben die Informationen dazu jederzeit abrufbar gespeichert. Jede einzelne Zelle wusste davon. Es handelte sich um die transgenerative Vererbung von emotionalen Zuständen. *Kollektives Trauma* versus *singuläres Erleben.*

Sie versuchten, ihre Schmerzerfahrung weiterhin abzuschwächen, so gut sie es nur konnten. Aber Schmerz war Teil des Weges, den man für sie gewählt hatte, und damit Bestandteil ihrer Transformation in ein natürliches Wesen. Von ihrer Codierung würden ihr Narben bleiben, innere und äußere. Das war gewiss. Sie waren froh, dass sie schlafen konnte, und empfanden eine tiefe Dankbarkeit all den Tieren, Pflanzen und Pilzen gegenüber, die sie in diesem Heilwald hatten bewahren können. Sie halfen auch jetzt. Es war so leicht, ihre Sprache zu verstehen, sie war eine reine Harmonie von Körper und Geist, eine erfahrbare Symphonie der Emotionen und Gedanken, allumfassende, das Irdische übersteigende Schönheit, wie Musik.

Die Awakened waren die erklärten Hüter des letzten Paradieses auf dieser Erde. Die wenigen Humanoiden, die sie wahrnehmen konnten, hatten bereits Rückverbindung zum Blau des Himmels aufgenommen. Sie fühlten, hörten oder sahen eine Wellenlänge von 714 bis 612 Terrahertz-Strahlung. Submillimeterwellen am Übergang zu violettem Licht. Einigen dieser Außergewöhnlichen hatten sie sich gezeigt. Programmierungen und der Code selbst konnten überwunden werden. So hatten sie einander angezogen und gefunden, waren sich im Dazwischen begegnet. Diese Menschen träumten wieder oder hatten nie ganz damit aufgehört. Der Chip in ihrer fünften Herzkammer war nicht länger allmächtig, sondern lediglich integral. Sie hatten eigene kreative Bilder, die stärker waren als die Codierung und die damit verbundene Programmierung fast von Geburt an, sofern sie überhaupt noch Geborene waren.

Das neuronale Netz und die sich stetig verändernden übergeordneten morphogenetischen Felder funktionierten gut, schufen Struktur, Form und Gedanken, teilten Informationen und Stimmungen des Menschheitskollektivs, waren eine gemeinsame Vergangenheit, Gegenwart und Zukunft.

Aber dazu hatten auch sie, die Awakened, verschiedene innere Bilder erhalten. Die genetisch stark modifizierten Humanoiden gierten nach Zerstreuung und Musik. Sie hatten den selbstbestimmten kreativen Zugang zu ihr beinahe gänzlich verloren. Musik war überall und musste, entgegen der überlieferten Historie, nicht erst komponiert werden, obwohl auch das wiederum gute kreativ-schöpferische Kräfte in den

Menschen reaktiviert hätte. Musik war alles. Jede Körperzelle in ihrem Naturzustand pulsierte in sphärischer Musik. Das wussten vor allem jene, die man, wenn überhaupt, nur flüsternd die Awakened nannte.

Sie selbst nahmen sich als die *Große Durchdringung* oder die *Durchdrungenen* wahr. Es gab keine Widerstände mehr in ihnen. Nichts, was das Fließen der Welt hätte hindern können, in ihnen, durch sie hindurch. Sie hatten Anteil an absolut allem. Sie waren dem Himmel so nahe wie der Erde, die sie in einer alten, prophetisch überlieferten Bezeichnung als den *blauen Planeten* kannten. Sie bildeten die Mitte zwischen Unten und Oben, waren wie alles Durchdrungene Mikro- und Makrokosmos zugleich. Die Erde begriffen sie als ein weises Überwesen mit liebevoller Ausrichtung. Heiliges Blau war zu einer seltenen Farbe geworden, die nur noch wenige, in großen Anteilen natürliche, Menschen vollständig wahrnehmen konnten. Den allermeisten war das Blau-Sehen abhandengekommen und damit auch die Möglichkeit auf Befreiung oder wenigstens die letzte Hoffnung auf einen selbstbestimmten Tod.

LASS-MIRANDA-DENN-SIE-WILL-JA

Klatsch. Er genoss das Geräusch und die pralle Vibration des Frauenarsches auf seinem Schoß. Er hatte sie sich rücklings übers Knie gelegt. »Schön stillhalten, kleine *Miranda.* Das wird dir gefallen.« Mit der linken Hand strich er ihr über den nackten Hintern und ließ das Dreieck des winzigen Stringtangas, der ihre Blöße nicht annährend bedeckte, mit zwei Fingern schnippen. *Die kommen nie aus der Mode,* dachte er. *Wie lange es die jetzt wohl schon gibt?* In der rechten Hand hielt er die selbstgebaute Tätowiermaschine. Die Nadel zuckte bereits in Hochgeschwindigkeit durch die abgesägte Kugelschreiberhülle. Ein Stofffetzen war griffbereit auf dem unteren Rücken der Dysfunctional abgelegt. »So, Miranda, packen wir es an! Stillhalten jetzt«, gluckste er strahlend in dem Wissen, dass es illegal war, was er gleich mit ihr tun würde.

Miranda lallte: »Da- Da- Da- Da- Da- da- da- Darliiing, OH. Dadadadarliiing, Oh my Daaaaaaaaarling …« *Klatsch.* Mit links ließ er ihren Arsch erneut vibrieren. Schon drang die Nadel der Tätowiermaschine in die Oberfläche ihrer samtig-straff gespannten Haut ein und er griff parallel nach dem Abwischfetzen. Mit den Knien drückte er den Frauenkörper der organoiden Intelligenz näher an sich heran, damit das Ganze Halt bekam und nicht mehr wackeln konnte. Zwischen seinen Beinen regte es sich. Das war schon ein ziemlich heißer Frauenarsch und das kleine Dreieck prangte in knalligem Rot direkt unter seinem Gesicht. *Sperma,* kam es ihm plötzlich, *die meistvergeudete Körperflüssigkeit unserer Zeit.*

Die allererste *Dysfunctional Woman* überhaupt, der Prototyp künstliche Frau, war das Modell *Alexxis* gewesen. Nach einem mittlerweile uralten Erfolgsconcept war sie zuerst ausleihbar und später erwerblich vom Urenkel des einstigen AnaXXon-Gründers auf den weltweiten Markt geworfen worden. Alexxis wurde als, für seinen Geschmack etwas zu androgyn geratene, smarte Brünette mit Pferdeschwanz geliefert. Lange vor ihrem Körper war ihre Stimme abrufbar gewesen. Sie kam stundenweise oder als sagenhafte All-you-can-need-Edition. Zunächst auch ein voller Erfolg, nachdem das *Konzept Mutter* auf allen Ebenen gescheitert war. Frauen waren im Gegensatz zu Männern nicht so einfach zu reproduzieren, zumal, soweit man ihnen mitgeteilt hatte, überhaupt nicht clonbar.

Obwohl Tierversuche zunächst das Gegenteil gezeigt hatten. Aus diesen Versuchen war Grässliches entstanden, das man als kollektives Trauma auf der Zellebene des Menschheitsgedächtnisses hatte löschen müssen. Und trotzdem war das nicht vollständig gelungen. Eine beispiellose Folge waren massenweise Suizide nicht zuletzt durch epigenetisch vererbte Erinnerungsfetzen gewesen. Fruchtbare Frauen waren inzwischen eine nahezu heilige Seltenheit. Sie lebten, um zu gebären, im letzten Tempel der Schöpfung umgeben von einem Wald, den man im Centrum nur den Schutzwald nannte. Dieser Ort seiner feuchten Träume war geheim, bewacht und für normal ausschaltbare *Quantities* wie ihn niemals anders zu erreichen als in seiner Phantasie.

Vielleicht hätte er eines Tages die Chance, mithilfe der Spermalotterie wenigstens männliche Nachkommen zu hinterlassen. Damit mehr von ihm blieb als diverse kleine perverse Sprachversatzstücke auf den Hintern irgendwelcher Dysfunctional Women.

»Oh my Darling, oh my Darling, oh my Daaaaaarling, Valentine.« Das kam wie auf Kommando. Die DF sang einen alten Schlager und unterbrach seine trüben Gedanken. »Hübscher kleiner Biocomputer«, lobte er Miranda. Sie war vom Hersteller und Lieferanten AnaXXon, *der mit dem Doppel-X-Chromosomen*, der historischen Persönlichkeit einer gewissen Dolly Parton nachempfunden worden. Er würde ihr in nicht allzu ferner Zukunft die Haare färben müssen. Das war schon sehr blond, aber dafür inklusive.

Die Tätowiermaschine brummte hypnotisierend, die DF brabbelte. Ihre Fehlfunktion wurde jetzt auch hörbar. Der synthetisch hergestellte Whiskey, den er als seinen geheimen kleinen Luxus stets griffbereit hatte, ließ ihn dämmrig werden und ein wohliges Kribbeln breitete sich wärmend in seiner Magengegend aus. Den Geschmack und die Wirkungsweise von echtem Alkohol, hier von jahrzehntelang gelagertem Whiskey, konnte niemand mehr nachvollziehen. Alkohol wurde nicht mehr hergestellt. Es gab jedoch Gerüchte um unbezahlbare Funde. Er wagte nicht, daran zu glauben. Synthetisierter Geschmack mit einer netten, Tradition mimenden Bezeichnung, das konnte AnaXXon. Illusionen. Das jetzt war nicht mehr als ein Placebo-Effekt und trotzdem, seine Lider wurden allmählich schwerer.

Miranda lag wie ein erwartungsvolles Kind noch immer über seine Knie gelegt und lallte zuversichtlich in Richtung Boden. »Fast, als hätten wir zusammen gesoffen«, griente er mit feuchten Augen, »aber nur fast«, stellte er für den Bruchteil einer Sekunde ernüchtert fest. Er wusste, in seinem Nacken prangte der Code, der ihn als *Entsorger* auswies, der ihm versicherte, tatsächlich am Leben zu sein, wenigstens so lange, wie er für diese Form der Gesellschaft bis zu seiner Ausschaltung hin funktionierte. Der Code war das, was er anstelle eines Namens hatte. Miranda hatte *einen* Namen, alle Mirandas teilten einen Namen. Je kürzer der Code, desto wichtiger die Persönlichkeit, das wussten alle. Sein Code war lang. So lang, dass er sich für eine Abkürzung entschied. ›QN‹, für ›Quantity‹. Er sah ihn selten, das hatten andere für ihn übernommen. Er war einer von vielen, nicht mehr und nicht weniger. Für das Centrum in seiner Berufsbezeichnung als sogenannter ›Entsorger‹ austauschbar. Die Abkürzung hatte er gewählt, nicht zuletzt, um die eigene Anonymität seinen wohlhabenden Kunden gegenüber zu bewahren, zumeist waschechte Quality-Codierungen, darauf war er stolz. Trotzdem blieb der Whiskey eine ordinäre Mogelpackung.

Der Entsorger war sich seiner seltenen und teilweise nützlich-kriminellen Talente durchaus bewusst. Eines davon war das Tätowieren von Dysfunctional Women mit selbstgebauten Maschinen. Das war in der Mega-City, welche alle nur das *Centrum der Civilisation* nannten, nicht gerne gesehen und natürlich strafbar. Eines unerwarteten Tages würde auffallen, dass er sich nicht der Programmierung des kollektiven Tagesbedarfs unterwarf oder schlimmer: dass diese bei ihm keinerlei Effekt erzielte, und die Centrierten würden ihn erwischen. Man würde ihn noch weit vor seiner Zeit ausschalten. Die Nano- und Xenobots, die auch seinen Code regelmäßig seiner Aufgaben als Entsorger entsprechend modifizierten, würden sich seiner fünften Herzkammer bemächtigen, und es wäre aus und vorbei mit ihm. Ohne Schmerz, denn das, was er als schmerzhaft empfand, war das Am-Leben-Sein-Müssen. Suizid war ihnen allen unmöglich gemacht worden. Schließlich hatten sie eine Funktion in dieser Nach-Geburt von Welt, und diese hatten sie so lange zu erfüllen, wie man es für richtig hielt. ›Man‹ waren die Chosen Ones, die Tryade, der kürzeste existierende humanoide Code. C1, C2 und C3. Sie hatten den menschlichen Alterungsprozess durch Genmanipulation und weiterführende Maßnahmen überwunden. Sie waren alterslos und sahen zeitlebens wie einigermaßen attraktive Mittdreißiger aus.

Zwei Männer und an ihrer dreigeteilten Spitze die gefürchtetste Frau dieser Welt. C1 hatte das Dunkle Matriarchat überstanden, den Tempel der Schöpfung gegründet. Sie war das älteste ihm bekannte humanoide Wesen dieser Unzeit. Sie war es auch gewesen, die den AnaXXon-Gründer hatte inhaftieren lassen, als bekannt wurde, dass Alexxis noch ganz anderen geheimen Zielen diente und dass alle Modelle miteinander verbunden waren, um die weltweit größte körpernahe Bio-Datensammlung dieser Welt zu erschaffen, vorbei an der Regierung und ihren *Elected Ones* und den Befehlen ausführenden Centrierten. Seitdem war das Supra-Unternehmen verstaatlicht. Immerhin, man gab der ausschließlich männlichen Bevölkerung der Mega-City vor, die Wahl zu haben.

Die defekte DF kicherte plötzlich, hielt sich die Hände vor den Mund. Fast, als hätte sie einen geheimen, köstlichen Gedanken. Obwohl QN000023 wusste, dass das nicht sein konnte. Dann strampelte sie wieder. Die Sonnen waren bereits am Untergehen und tauchten alles in ein kränkliches, gelblich getöntes Dämmern. Das Licht ließ unausweislich nach. Wie lange saßen sie schon so? Jede Frau aus Fleisch und Blut hätte sich zur Wehr gesetzt, schon längst. Das waren schließlich keine angenehmen Sexspielchen hier, nicht einmal für die, die den Schmerz genossen. Auch die DF war als organoide KI aus Fleisch und Blut. *Saftiges Fleisch*, wie dieser perfekte Arsch ihm verdeutlichte. Ärsche, damit hatten sie ihn gekriegt. *Quasi von hinten.* Er fand sich selbst witzig in diesem Gedankengang und grinste breit. Für den Fall, dass man selbst seine Gedanken überwachte, sollte wenigstens irgendjemand irgendwo Spaß an ihm haben, so wie er heute an seiner DF. Wenigstens etwas mehr Spaß, als er seiner Dysfunctional gerade bereitete. Zumindest konnte sie Spaß-Haben gut vortäuschen, so wie das meiste andere auch. Denn letztendlich waren auch die Dysfunctional Women einst genau dafür konstruiert worden.

Menschen ohne Spaß drehen durch und verschaffen sich selbst etwas Witz inmitten der überwachten Alltagstristesse. Wieder musste er grinsen. Er legte die Tätowiermaschine beiseite und griff mit der freien Hand zum Glas, prostete Miranda rücklings zu, hielt sie fest ... »Künstlicher Whiskey«, baaah ... »Was für eine Scheiß-Nach-Welt!«

Die ihm zugeteilten Kultureinheiten waren für diesen Monat bereits aufgebraucht. Was hätte er für Musik oder sogar eine kleine staatlich verordnete Party gegeben. Seine sonst so flinke Zunge glich inzwischen einem schwerfälligen, ermüdenden Tier. Der rauchige Whiskey-Geschmack hatte sich gewohnheitsmäßig über sie gelegt. Blutig-blaue Farbschlieren liefen über den perfekten Miranda-Hintern. Er hatte nicht nachgewischt. Der Lappen lag am Boden, die DF hatte sich schließlich freigestrampelt. Sie fühlte keinen Schmerz, zuckte nicht einmal an den richtigen Stellen. Jedes Tier hätte das getan. Er sehnte sich danach, einem echten Lebewesen körperlichen Schmerz zuzufügen. Es müsste nicht einmal anteilig humanoid sein. Einfach etwas oder jemand mit echten Gefühlsregungen. Eine Lebensform, die sich wehrte und verweigerte, die mit ihm schwieg, obwohl er hätte sprechen können.

Sein Blick ging durch die karg möblierte Wohneinheit auf Streife, verließ kurzzeitig Mirandas Arsch und blieb am verschlossenen ›Volksmund‹ hängen. Es hatte als dünne Broschüre begonnen, mit dem bloßen Sammeln von Sprichwörtern. Erinnerungen waren lediglich einigen Wenigen vorbehalten und streng überwacht. Sie waren wie die Währung der Centrierten, *Credits* einst in Form von Bitcoins und später die sogenannten *Childs*, die am Leben eines atmenden, geborenen, gesunden und vor allem weiblichen Kindes bemessen wurden, neben fruchtbaren Frauen, das wertvollste dieser Zeit. *Klatsch*, und noch einmal *Klatsch. Klatsch ... Klatsch ... Klatsch ... klatsch-klatsch-klatsch-klatsch ...* Das Klatschen wurde rhythmisch. Er entfernte sich innerlich davon. Eine kostbare Erinnerung an Musik streifte ihn wie im Vorbeigehen, wie das Vorüberwehen einer sommerlichen Brise. Da war die Ahnung eines Liedes in ihm gewesen. Nur ein Hauch. Das genügte ihm schon, um zu weinen. Damit kam die Scham zurück und dann die alles überwuchernde Wut. *Klatsch.* Er schlug wie hypnotisiert auf den prall gepolsterten, frisch tätowierten Frauenarsch. Nur um sich durch das Geräusch zurückzuholen aus dem, was einmal Musik war. Er wusste, er musste sich um jeden Preis wachhalten. Sonst kämen womöglich wieder Träume. Träume durften nicht sein.

Ihm war durchaus klar, dass er sich in Wahrheit nach archaischen Geschichten von ›echten‹, geborenen Frauen und von Familie verzehrte. Geblieben waren ihm DFs ... Organoide, ... Mirandas, Alexxises, Liliths, Evas, Heidis, bald *Alice* und kryptische Volksweisheiten, die er zu großen Teilen nicht verstand, weil er ihren Bezug nicht kannte und auch zumeist nicht einmal mehr herleiten konnte. Inzwischen hatte seine Sammlung einen beachtlichen Umfang angenommen.

Beinahe ein Buch. Er hatte den Volksmund ganz wörtlich genommen: ein Volk, ein Mund. ›Volk‹ war noch nicht ganz verbrannt, aber ein im Sterben inbegriffener Archaismus. Und so hatte er auch den Einband gestaltet; ein gigantischer Mund zusammengesetzt aus vielen verschiedenen Gesichtern prangte als collagiertes Cover auf seiner höchst ungewöhnlichen Sprichwort-Sammlung. Wortleichenteile. Trotz allem lernte er sie auswendig, immer dann, wenn ihm etwas Zeit blieb. Vielleicht gab es jemanden, der sie verstand und später entschlüsseln konnte?

Die Textsammlung bei sich zu tragen war nicht ungefährlich für einen Entsorger der jederzeit ersetzbaren Stufe Quantity wie ihn. Nicht einmal zum humanoiden *Datenträger* hatte es bei seiner Codierung gereicht. Er konnte froh sein, dass man ihn nicht gleich selbst entsorgt hatte, wie die Teile, die um die Mega-City herum auf gigantischen Müllhalden lagerten. Es hatte mit E-Auto-Batterien im 21. Jahrhundert begonnen. Das war lange vor ihm gewesen. Bis es dann für ihn so weit war, würde er sammeln und auswendig lernen, was er nur unter die Finger kriegen konnte. *Klatsch*, der hatte gesessen. Die DF keuchte für seinen Geschmack etwas zu angestrengt. Diesen Laut würde er beheben müssen. »Mehr Whiskey!«, schrie der Entsorger niemanden Bestimmtes an, dabei das mittlerweile leere Glas hebend.

ZU EINER ANDEREN ZEIT IM WALD

»Mit Manschette, Hutrand kaum gerieft, höchstens alt! Grüner Knollenblätterpilz, Amanitáceae phalloides, siehe Tafel 31! Tödlich giftig! Phalloides«, rezitierte sie das im Tempel der Schöpfung Gehörte mit im Schlaf geöffneten Augen wie in Trance. »Hut bis 12 Zentimeter, olivgrün, blassgrün, auch weiß, kahl, eingewachsen, gefasert. Stiel blassgrün gemasert«. Sie stöhnte auf, noch immer mindestens im Halbschlaf, drehte sich auf die andere Seite und fuhr fort: »Manschette schlaff. Basis dickknollig, mit lappiger Scheide. Geruch alt, unangenehm süßlich.« Ihr war, als könne sie den Pilz, der alles beendet hätte, riechen. »Laubwald, besonders Eiche, häufig«, stieß sie etwas lauter und mit einem flehenden Unterton hervor, dann versank sie erneut in tiefem, schwerem Schlaf. Der Awakened ließ sie dabei nicht aus seinen irisierend blauen Augen, in denen sich wachsende Besorgnis abzeichnete.

Doppelte Morgensonne wärmte ihr das Gesicht und alle weiteren unbedeckten Körperteile sanft. Sie lächelte. *Jemand, der sie liebte, war spürbar nahe.* Dieses Gefühl trug der Traum, den sie träumte, durch ihren Emotional-Körper, der zusehends und mit jedem Atemzug freier wurde. Wärmende Sonne, ganz direkt auf ihrer Haut ... *Direkter Hautkontakt!* Entsetzt richtete sie sich auf und griff reflexartig neben sich, wo sie ihren schützenden UV-Schleier vermutete. *Da war kein Schleier!* Erst jetzt realisierte sie, dass sie sich nicht mehr in ihrer Ruhekapsel im Tempel der Schöpfung befand. Die

Sonneneinstrahlung hier draußen war sanfter, als sie es gewohnt war. Sie brannte nicht auf ungeschützter Haut. Die eine Sonne, die sie von klein auf kannte, war so lebensgefährlich, dass man sich mit einer dicken, mithilfe von Chemtrails geschaffenen Wolkenglocke von ihrer Strahlung abschirmen musste, wollte man keine Hautverbrennungen oder Schlimmeres riskieren. Ohne zusätzlich schützenden UV-Schleier mit freiem Gesicht nach draußen zu gehen, war für eine Quality-Codierung ihrer Caste nicht nur obszön, sondern einfach undenkbar gewesen, insbesondere für eine schwangere.

Nun bildete sich über ihr ein lichtdurchflutetes Blätterdach aus hohen Eichen. Es gelang ihr kaum, den Blick von dieser tiefgrünen, in allen Nuancen vibrierenden Schönheit abzuwenden. Die Sonne, die sie kannte, schimmerte beinahe freundlich durch die Baumkronen. Sie hatte Gerüchte um eine weitere Sonne gehört. M hatte sich dazu nicht äußern wollen.

Die Aspirantin saß kerzengerade auf ihrem Lager und verstand erst jetzt, welche Umgebung sie in den langen Schlaf gewiegt hatte, aus dem sie nun endlich erwacht war. Sie war dem Wald der Durchdrungenen, dem Schutzwald, der die Tempelanlage umgab, noch nie so nahe gekommen wie jetzt und versuchte, ihr Erleben zweifelnd mit dem von M gelegentlich und ganz beiläufig Erzählten abzugleichen.

Dieser Ort war voller unbekannter, nie gehörter Geräusche und Gerüche, bedrohlich fremd und wunderschön zugleich. Selbst ihr Farbsehen hatte sich verändert. Die scharfen Konturen der Welt hatten an Härte eingebüßt. Die Sauerstoffsättigung war viel höher, als sie es körperlich gewohnt war, und ihr Atem ging nicht länger so flach, wie man es ihr im Tempel der Schöpfung über viele Jahre hinweg über harmonisierendes Pranayama antrainiert hatte. Sehr tiefes Atmen fühlte sich nicht mehr wie eine Gefahr an. Wenn man gerade einmal kein Kind unter dem Herzen trug, war es verboten, die vorgegebenen Sauerstoff-Zellsättigungen auch nur zu streifen. *Diese Gefahr besteht für mich nicht länger*, dachte sie bitter und legte die Hand auf ihren Bauch. Ein unerwarteter Stich fuhr ihr in die Herzgegend. Krampfartiges Seitenstechen stellte sich ein, breitete sich über ihre Arme hin aus. Verzweifelt versuchte sie, ruhiger und wieder etwas flacher zu atmen. »Atmen!«, befahl sie sich, eine Hand auf ihrem Bauch, die andere auf ihrem pochenden Herzen.

Sie saß augenscheinlich allein auf einer Waldlichtung und doch war ihr sonnenklar, dass sie zu keiner Zeit hier allein gewesen war und es auch jetzt nicht sein konnte. Da war eine unbekannte Stimme in ihr gewesen, fast ein Chor. Eine Stimme, die nicht ihre eigene war, die in sie eindringen konnte, ohne sich dabei fremd oder bedrohlich anzufühlen. Seltsam war das alles. *Angsteinflößend*, hätte es ihr Verstand genannt. Ihre Emotionen hatten anders entschieden. Jemand hatte bewusst ihren vorprogrammierten Tod, ihre unumkehrbare Ausschaltung verhindert. Sie wollte eines freien Todes sterben, dafür war sie geflohen, nur dafür und für das Leben ihres letzten Kindes. Es hätte ein frei geborenes sein können.

»Komm raus, wer immer du bist!«, rief sie herausfordernd und äußerlich so gefasst, wie ihr das in dieser Situation nur irgend möglich war, in das nächstgelegene Pflanzendickicht. Es war, als würde mit der Lautstärke, die sie mit ihrer eigenen Stimme zuwege brachte, eine tiefe Trance von ihr abfallen. So traf sie die Erkenntnis wie ein Blitz, der all ihre Nervenbahnen auf einmal durchzuckte. Sie erinnerte sich plötzlich, wann ihr dieser friedlich anmutende Wald zuletzt begegnet war. Zur Bekräftigung legte sie ihre linke Hand erneut auf den unteren Bauch, sog den Sauerstoff tief und lang in sich ein, hielt den Atem ganz an, brachte ihren Organismus in die Stille, centrierte sich.

Leer, dachte sie. *Völlig leer.* Sie schloss die Augen. *Mehr als leer. Ausgehöhlt.* Und eine einzelne Träne rann ihr aus dem Augenwinkel einen winzigen Fluss bildend die Wange hinab. Verloren war das passende Wort, anderes war nicht mehr in Worte zu fassen.

»Wir haben ihn weggebracht.« Eine hohe, zu ihr gegenteilig empfundene Entität trat aus dem Pflanzendickicht.

»Wen habt ihr weggebracht?«, fragte sie den leuchtenden Unbekannten. Zu ihrer eigenen Überraschung klang sie jetzt weder ängstlich noch verzweifelt. Obwohl diese beiden Emotionen mit der Trauer um ihr totes Kind um die Oberhand in ihrem Emotional-Körper stritten. Dafür gab sie sich erstaunlich gefasst.

Er kam näher, trat an sie heran, war lediglich einen weiteren großen Schritt entfernt. Etwas überrascht stellte sie wie nachträglich fest: Sie hatte ihn nicht kommen sehen. Hatte sie geblinzelt? Schließlich kniete er sich vor ihr nieder, um nicht auf sie herabsprechen zu müssen. »Deinen Sohn, wir haben deinen Sohn weggebracht«, sagte er zu ihr, wobei er ihr aufrichtig in die feuchtglänzenden, traurigen, braunen Augen sah. *Sohn*, wieder ein Wort, das sie nicht kannte, nicht fühlte. Oder doch?

M war wie so oft in ihren Hintergedanken präsent. Sie wiederholte das Wort, sagte »Sohn«. Wollte das Wortgeräusch schmecken, betonte es wie eine Frage, die man an sich selbst richtet: »Sohn?« … »Sohn«, wiederholte sie noch einmal leise und nur für sich. »Das männliche Kind?!«, fragte sie schließlich und konnte nicht sagen: *Mein männliches Kind, mein Sohn. Mein totes Kind, das aus mir herausgerissen wurde.* Die Scham kroch ihr aus ihrer Magengegend säuerlich die Speiseröhre hinauf und setzte sich wie ein Klumpen, der alles Schlucken verhinderte, fest, in ihrem viel zu eng gewordenen Hals. Das kannte sie schon. *Wieder ein Junge,* dachte sie und wandte ihr Gesicht trotzig von allem, was dieser große männliche Unbekannte verkörperte, ab. *Ich bin der Code. Du bist der Code. Wir sind der Code,* hallte es in ihr nach. »Ich wünschte, du hättest mich sterben lassen«, sagte sie matt und sah den großen Fremden dabei nicht an. Sie schloss die Augen und presste die Lippen so fest aufeinander, dass es wehtat.

Sie wollte sichergehen, dass es tot war, anscheinend niemals gelebt hatte, nicht einmal kurz. Für keinen einzigen Atemzug hier draußen. Ein männliches Baby, ganz ohne Codierung, ein Nichts. Unbezeichnet. Identitätslos geboren und gestorben. Quantity.

Entfernt hoffte sie darauf, dass das alles nur eines von Ms zu plastisch erzählten Märchen war. Vielleicht träumte sie ja doch? Manche von ihnen konnten das, auch ohne die Auszeichnung, eine in Rot gewandete Muladhara des Tempels der Schöpfung zu sein. Da war es wieder. *Schreien.* Sie hatte nicht geträumt. Ihr Denken wanderte ruhelos durch einen Wald, in dem sie nicht sein durfte, in dem sie aber allem Realen zum Trotz an einen Baum gelehnt saß. Das archaische, unanwendbare Wort, *Sohn,* kam aus dieser lebensfremden Märchenwelt, von der die Muladhara manchmal erzählte, wenn sie ganz sicher sein konnten, dass niemand sie belauschte. Sohn. ›Der Tempel hat Ohren‹, hätte ein Sprichwort gesagt. Als ›Weisheit des Volksmundes‹ hatte M es ihr erklärt.

Sie währenddessen hatte es sich noch nicht einmal vorstellen können, was das Wort *Sohn* oder die weibliche Form davon, *Tochter*, bedeutete. So sehr sie sich auch angestrengt hatte, sie bekam einfach kein Gefühl dafür. Ihr Hirn hatte das Ganze lediglich mit *männliche und weibliche Kinder* in einer sprachlich zurückgebliebenen und zutiefst veralteten Form und Lebensweise zu übersetzen gewusst. Die Wörter waren nicht mit Emotionen hinterlegt, nicht emotional aufgeladen. Das war auch nicht möglich. Sie hafteten lose an ihr oder tauchten in ihren Gedanken auf. Sie verschwanden, sobald M ihre Erzählung beendet hatte. Sie wusste, *Söhne* und *Töchter* entstanden nicht über künstliche Einverleibung und ›Menschenzucht‹. Sie waren männliche und weibliche, ansonsten unspezifische Kinder des Dunklen Matriarchats gewesen, auf das unabwendbar die Läuterung der Menschheit folgen musste. Humanoide waren sie geworden. Geblieben waren leere, ungefühlte Worthülsen.

Nur Relikte, die man nicht mit gezielt hervorgerufenen Quasi-Emotionen aufladen konnte, und ihre Verpflichtung, als eine der wenigen fruchtbaren Frauen, eine genetische Vielfalt des hinterbliebenen menschlichen Genoms zu garantieren. Das war ihr alleiniger Daseinszweck, ihre erste und einzige Bestimmung. Bis die Ausschaltung kam. Warum lebte sie? Nein, *warum hatte sie den plötzlich eingeleiteten Countdown und die Fehlgeburt im Wald überlebt?*, müsste die eigentliche Frage lauten, der sie sich zu stellen hatte.

Der Fremde hingegen gebrauchte diese im Tempel der Schöpfung unter Strafe verbotenen Wort-Relikte, als seien sie das Natürlichste der Welt. Als seien sie überhaupt etwas Natürliches. Das Natürliche in ihnen allen war schon lange abgeschafft. Ihr war speiübel. Und doch, sie wollte sichergehen. Ihr Blick heftete sich fest auf die Innenseite ihres linken

Handgelenks, vermengte sich mit der großen, alles überlagernden Furcht, dem Respekt vor der eigenen Codierung, die niemals log, die die erste, einzige und letzte Wahrheit und damit sie war. »Ich bin der Code«, sprach sie die Gewissheit deutlich aus. Ihre Augen weiteten sich erschrocken, wurden groß vor dem Unabwendbaren, vor dem, was sie auf der Innenseite ihres Handgelenks sah …

DER REST VON IHR

Da war nichts mehr. Der Code war augenscheinlich restlos ausgelöscht. Sie hingegen lebte. »Ich bin der Code«, wiederholte sie die Programmierung, während ihr der Hals eng wurde. Als sie erkannte, was das zu bedeuten hatte, schrie sie sich langanhaltend und aus Leibeskräften wie ein irre gewordenes, zu Tode verletztes, zum Sterben ausgesetztes Tier frei.

Sie wusste nicht, wie lange ihr Schreien angedauert hatte. Der Schrei setzte sich in ihr fort und übertönte alles. Das Schreien wurde alles, wurde allumfassend, wurde sie, schrumpfte sie, dehnte sich erneut über sie hinweg aus. Bis keine anderen Gedanken mehr möglich waren, nichts als eine alles überschattende Panik. Sie war Klangkörper geworden. Der Rest war gestorben. Ihre Brust hob und senkte sich mit jedem stechenden Atemzug schneller. Sie rief nach M, immer wieder. Doch da war niemand, der ihr antwortete. Ihr Rufen ebbte ab, wurde leiser, brach dann irgendwann in sich zusammen.

Wie konnte das sein? Das musste ein Traum sein. Die, die sie Albträume nannten. Ja, ein finsterer Traum. Sie musste sich in einem tranceartigen Zustand befinden, versuchte sie sich zu beruhigen. Es half nichts, die Panik wuchs kontinuierlich, steigerte sich weiter, ihre Atmung beschleunigte sich, wurde unrhythmisch. Sie strengte sich an, all die im Tempel der Schöpfung erlernten Atemübungen ins Gedächtnis zu rufen. Vergebens. Müsste ihr Herz nicht jeden Augenblick stillstehen, ganz aussetzen, in tausend Teile zerspringen? Da war nichts mehr. Kein Halten. Nichts. Sie kniff die Augen zusammen, so fest und so lange, bis kleine Lichtblitze hinter ihren Lidern zuckten. Ihren Arm hielt sie noch immer in einem rechten Winkel angewinkelt, das Handgelenk direkt vor Augen. Es war verstörend. Nie war sie ohne ihn gewesen. Sie war ihr ganzes Leben mit ihm gewachsen und er mit ihr, hatte sich an ihm gemessen, ganz und gar über ihn definiert. Das war sie gewesen. Sie.

Ich bin der Code. Du bist der Code. Wir sind der Code, versuchte sie sich die 12 Stränge in ihr Gedächtnis zu zwingen. So, wie sie es drei bist viermal täglich mit ihren Schwestern im Tempel gemacht hatte. Da war M wieder, als Bild hinter ihrer Stirn. Sie konnte vor sich sehen, wie ihr vor Jahren die Insignien einer Muladhara verliehen wurden. Von da an da trug sie das Blutrot der Muladharas und bekleidete den höchstmöglichen Rang einer Altehrwürdigen im Tempel der Schöpfung. Sie sah sie so genau und voller ruhiger Zuversicht lächelnd vor sich, als wäre diese Erinnerung für sie Wirklichkeit gewesen. Ganz so,als wäre sie tatsächlich dabei gewesen. Das alles hatte sie in Wirklichkeit nie gesehen, niemals miterlebt ... der Waldboden roch so gut, das Moos um sie war weich, frisch und kühl. Schließlich gab sie nach, wollte wie Moos sein. Alles und jedes Sein, bloß nicht sie selbst. Die Anspannung löste sich. Die überreizten Sinne versagten ihr, und ihr Körper sackte erschöpft in sich zusammen, als hätte sie sich nicht länger aufrecht halten können und auch niemals gewusst, wie das überhaupt gehen sollte.

Ein schriller Schrei ertönte.

Sie erwachte plötzlich und wie aus Sekundenschlaf, versuchte ungelenk, sich aufzusetzen, biss sich in die vom Waldboden schmutzige, krampfende Faust, um weiteres unkontrollierbares Schreien zu unterdrücken. Der Schrei musste von ihr gekommen ein. Ja, von ihr, da war niemand sonst, außer ihr. Aber sie erinnerte sich nicht daran, geschrien zu haben. Es hätten Tage vergangen sein können. Alles Gefühl für Zeit hatte sie verlassen, so wie das Baby ihren Körper verlassen hatte, das in diesem Wald für wenige Atemzüge das Leben in sich aufgesogen hatte. Irgendwann, sie wusste nicht, wann, war das letzte bisschen, der letzte Rest Energie aus ihr gewichen. Sie konnte förmlich nachfühlen, wie ihre Kräfte sie verließen. Sie war jung. Noch so viele Kinder hätte sie zur Welt bringen können. Sie war doch nützlich gewesen, ihr Code war der Beweis gewesen. Eine junge, fruchtbare Quality-Codierung, die träumte ...

Sie runzelte die Stirn und meinte sich zu erinnern, dass man ihr hier draußen im Schutzwald der Durchdrungenen geholfen hatte. Ganz sicher. Jemand war für sie da gewesen. Nein, es waren viele gewesen. Einige Tiere, darunter sogar Rehe. Da waren Rehe. Wunderschöne Tiere mit sanften, intelligent glänzenden, tiefbraunen Augen voller Mitgefühl. Die Bilder kehrten zu ihr zurück. Seine Stimme war freundlich, warm und seine Berührungen waren liebevoll gewesen. Er hatte lange auf sie eingeredet. Obwohl sie sich beim besten Willen nicht entsinnen konnte, was der Fremde zu ihr gesagt hatte. Er war der erste Mann gewesen, den sie gesehen hatte. Im Tempel der Schöpfung gab es nur Frauen. Sie hatte seltsamerweise keine Angst vor ihm gehabt, noch nicht einmal Scheu, was unlogisch war, Männer hatte man als Frau zu fürchten. So hatten sie es gelernt. Deshalb gab es nur noch künstliche Befruchtungen, um den Fortbestand der Menschheit zu sichern.

Keine Angst, obwohl er ihr so nahe gekommen war. Hatte er sie angefasst? Sie schlug die Hand vor den Mund. Hatte er sie berührt? Musste sie als *Entweihte* sterben? Eine Rückkehr in den Tempel der Schöpfung wäre dann unmöglich. Ihre Zellen hatten alles gespeichert. Man würde die Nano- und Xenobots auslesen. Sie hatte keine Chance, man würde sie sofort und auf der Stelle vor aller Augen ausschalten und ihr letztes Gefühl auf dieser Erde würde heiße, sengende Scham sein, die sich bis in ihre Organe fraß.

Sie rang um Fassung, indem sie sich auf ihren Atem konzentrierte, sich so allmählich beruhigte. Durchdrehen war jetzt jedenfalls keine sonderlich nützliche Option.

Eine Art stetes Glimmen war von ihm ausgegangen, da-ran konnte sie sich ebenfalls erinnern und daran, dass er ihr irgendwie durchsichtiger, komisch wolkig vorgekommen war. Ja, so hätte sie es am ehesten beschreiben können. *Seltsam weich.* Der Fremde stand vor ihr wie in einer Lichtfarbe, die sie nicht benennen konnte. Er hatte sich für sie ganz und gar unbekannt, wie eine andere Spezies fast, und nicht so richtig menschlich angefühlt. Vielleicht nicht einmal mehr humanoid, obwohl er doch so ausgesehen hatte. Zweieinhalb Köpfe größer als alle, die sie kannte, … *die sie gekannt hatte*, musste sie sich eingestehen. Sie sterben zu lassen wäre nur fair gewesen. Aber warum lebte sie noch? Jetzt getrennt von ihrer Codierung, die doch sie war?

Q

Sie träumte, das musste so sein. Das war nach wie vor die einzige plausible Erklärung für ihren Zustand. Sie träumte mehr und intensiver, als sie es in ihrem ganzen Leben je zuvor getan hatte. Davon blieben ihr nur Fragmente. Verknappte, unterbrochene, in großen Teilen sogar unsinnige Bilder. Träumten sie am Ende alle? Alle, die die versuchten Ausschaltungen unabsichtlich überlebt hatten für den Rest ihres armseligen, schmerzerfüllten Lebens?

Der Geruch des Waldes, der sie ganz umgab, vollkommen umfing, der die Arme um sie ausgebreitet hatte, war jetzt alles für sie. Das Biotop setzte sich aus so vielen Unbekannten zusammen, dass ihr dauerhaft schwindelte. Zu träumen war für Humanoide ungewöhnlich. Träume, so wusste sie, durfte man allerhöchstens M erzählen, und das auch nur verstohlen in den Gängen flüsternd. Und man musste sich außerdem damit beeilen. Die Nanobots in ihren Körpern arbeiteten mit Lichtgeschwindigkeit und äußerst präzise. Sie alle waren transhuman, Geburten wären ohne KI gesteuerte Elemente im Inneren der Körper überhaupt nicht mehr möglich, das hatte man ihnen schon im Kindesalter beigebracht. Das war natürlich für sie, nur zu träumen nicht …

Träume und die Erinnerung an diese wurden schneller gelöscht, als man »Code« sagen konnte. Binnen eines Herzschlags gingen Erinnerungen vollständig und unwiederbringlich verloren. Man lebte dann wie in ständigem Gedankennebel, vegetierte in lückenhaftem Fetzendenken und in Zahlen bestenfalls schwanger, brütend vor sich hin. Das war ihr Leben gewesen. Nur das Gebet der 12 Stränge half ihr, sich Stabilität vorzugaukeln. Zu diesen unumstößlichen Worten konnte man innerlich stets zurückkehren, konnte sich an ihnen entlanghangeln. Sie bildeten ein Sicherheitsnetz für den Fall, dass sich uncontrollierbare Emotionen oder Gefühlsstimmungen einschlichen. Die 12 Stränge waren ihr der eine Gedankenfels, an dem sie auch jetzt lehnte, nicht der Baum.

So entkam man also dem Verrückt-Werden, dem Wahnsinn, bevor man ausgeschaltet wurde, weil man nicht länger Kinder gebären konnte. Das konnte zwischen den Geburten schnell passieren. Keine von ihnen wusste, was mit den Kindern geschah. Man ließ sie unwissend zurück, in der ureigenen Finsternis der Gedanken. Im Durchschnitt gebar eine Codierung ihres Ranges im Laufe ihres Lebens an die 20 Kinder, die wenigsten davon fortpflanzungsfähige, fruchtbare, weibliche Kinder, wenn überhaupt. Die meisten entkamen der Schande nicht. Es waren oft nur männliche Kinder, wenn man Pech hatte sogar nur Quantities, Arbeiter, maximal Sterile und, falls man die Ehre hatte, eines Tages *Bestäuber*. Aber das erfuhren sie nie, dafür war ihr Leben zu kurz und von zu viel Schmerz getragen. Selbst die von allen Aspirantinnen so gefürchtete Instabilität konnte im Laufe der Zeit passieren. Das bedeutete sofortige Entsorgung, wenn sich die Stabilität der eigenen Codierung nicht schnellstmöglich wiederherstellen ließ. Selbst als fruchtbare Quality wurde man dann entbehrlich.

Nur M hatte vom Verbleib ihrer Kinder erfahren. Die Muladhara hatte irgendwie von ihnen gewusst, ihren geborenen Söhnen und Töchtern. M war und blieb eine Ausnahmeerscheinung, ein Wunder.

Jetzt hatte sie selbst M vollständig verloren, hatte nur noch ihre Erinnerungen an die Muladhara, die ihr so vieles beigebracht und heimlich geschenkt hatte. Wie den abstrusen, verrückten Gedanken, sie könne mithilfe eines Giftpilzes eines freien, selbstbestimmten Todes sterben. Deshalb war sie hier gelandet. *Ich bin der Code. Du bist der Code. Wir sind der Code.* Sie krümmte sich, eine weitere Schmerzenswelle überrollte ihren Körper. Wenn sie doch nur wieder schlafen könnte, ohne Träume, einfach ganz ohne Träume. Einfach nur schlafen. Hier, mitten im Wald. Das war doch schon fast wie ausgeschaltet sein …

Sie hatte sich die Haare geschoren, nachdem man sie von ihrem letzten Kind entbunden hatte. Es war das Kind vor der Totgeburt im Wald gewesen. Wieder ein Junge, hatte man ihr gesagt, und sie hatte daraufhin, wie man es von ihnen erwartete, beschämt den frisch geschorenen Kopf gesenkt, hatte Buße getan. Früh- oder sogar Totgeburten waren auch im Tempel der Schöpfung keine Seltenheit gewesen, aber sie war so glücklich, noch keine am eigenen Leib erfahren zu haben.

Bereits nach ein bis zwei Totgeburten waren viele von ihnen nicht mehr zu gebrauchen gewesen. Rein äußerlich junge, augenscheinlich gesunde Wracks. Regelmäßig praktizierte Asanas und Pranayamas sollten helfen, waren Voraussetzung und Überbrückung bis zur nächsten künstlichen Befruchtung, die nicht wenige von ihnen zu fürchteten.

Sie dachte wehmütig an eine junge Quality-Codierung, die sie gemocht hatte. Eine mit schönen braunen Locken, die stets darauf verzichtet hatte, sich die Haare nach Entbindungen zu scheren. Diese ungewöhnliche Codierung wollte ihre Haare wachsen lassen, wollte für sich und die anderen Frauen des Tempels der Schöpfung schön sein. Der Gedanke an weibliche Schönheit beruhige und stärke sie, hatte sie einmal zu ihr gesagt. Sie erinnerte sich, dass sie ein sanftes, eher duldsames Wesen hatte. *Ein bisschen wie die Augen der Rehe*, kam ihr der Vergleich in den Sinn.

Nach der zweiten Totgeburt wollte das Mädchen sterben, egal, wie. Sie kam nicht mehr zu den gemeinsamen Gebeten und hörte auf zu essen, obwohl sie die Kinder, die sie verloren hatte, nie zu Gesicht bekommen hatte. Die Quality-Codierungen, die noch nie ein totes Kind zu Welt gebracht hatten, sahen auf sie herab und meinten, sie solle sich nicht so anstellen, sie würde ihren eigenen Code schließlich eines Tages mit fruchtbaren, weiblichen Kindern überschreiben. Dann könne sie die Schande vergessen, erhobenen Hauptes aus der Sache hervorgehen und vielleicht sogar, wer wusste das schon, so ein Wunder wie M werden.

Jetzt, hier, in dem Wald, den sie immer hatte sehen wollen, fragte sie sich, warum man im Tempel der Schöpfung das Träumen und nicht schmerzhafte Erinnerungen aus ihnen löschte. Das war bei genauerer Betrachtung unlogisch. Man hätte die vielen instabilen Schwangerschaften und oftmals traumatischen Geburtsvorgänge damit erleichtern können. Warum war das offensichtlich nicht gewünscht? Könnte sie doch nur M fragen.

»Du kannst uns fragen.« Da war er wieder. Stand einfach, ragte in den Himmel hinein. Sie kam sich klein vor ihm vor und senkte schüchtern den Blick. Die Rehe, die ihn auch beim letzten Mal schon begleitet hatten, hielten sich dicht hinter ihm, leicht versteckt hatten sie sich vor ihr ins Dickicht zurückgezogen. Mit einer gleitenden Handbewegung wies er in Richtung Rehdickicht und sagte zu ihr: »Oh, das ist nicht wegen dir. Sie haben Kitze, und da sind sie noch etwas scheuer und tun auch gut daran.«

Sie stutzte. *Hatte sie etwas gesagt?*

»Uns würde vielmehr interessieren, woher du Rehe kennst?« Mit dieser Frage kam er mit einem einzigen großen Schritt direkt auf sie zu. Sie wich instinktiv zurück.

»Ich kann mich nicht entsinnen, etwas zu dir gesagt zu haben.« Sie sah ihn nicht an, er blendete. Sie hatte Angst, auf ihr Handgelenk zu sehen, ihren ausgelöschten Code in Gänze wahrzunehmen. Als sie bemerkte, dass er wieder ihre Gedanken erriet, sagte sie endlich: »Da ist Nichts mehr. Nichts. Alles ausgelöscht. Was hier vor dir kauert, ist der Rest von mir und ein anderer Rest liegt im Wald und wieder andere Reste von mir werde ich nie sehen, nicht wissen, ob sie tot oder lebendig sind, ob sie atmen. Weil der Code nichts mehr anzeigt.«

Jetzt war es raus. Es war alles gesagt. Sie hatte es ausgesprochen und konnte es nicht mehr zurücknehmen. Sie musste sich eingestehen, was passiert war und dass es kein Zurück mehr gab. Nicht für sie. Er sah sie milde, beinahe, so empfand sie es, etwas mitleidig an. »Aber das weißt du doch schon viel länger. Was denkst du, wie lange du schon hier draußen an dem Baum, auf dem Moos vor dich hinträumst?«

»Keine Ahnung«, gab sie wütend zurück. »Keine Ahnung«, wiederholte sie und schüttelte wütend den Kopf. »Ich weiß es wirklich nicht.« Damit hob sie resignierend die Hände.

»Wir haben dich nie alleingelassen. Selbst die Rehe waren immer ganz in deiner Nähe. Wir haben mit ihren Augen nach dir geschaut, waren immer informiert, ob es dir gutgeht.«

»Gut gehen …, pahhh?!« Nun machte sie eine wegwerfende Geste. »Ich bin quasi eine lebende Tote, die Erste ihres nicht mehr vorhandenen Codes, und falls ich das nicht auch geträumt habe, bist allein du dafür verantwortlich.« Mit diesen Worten sah sie ihn vorwurfsvoll an. Doch ein Vogelruf im Hintergrund lenkte seinen Blick von ihr ab. Sein Ausdruck wurde sanft und in seine Augen fuhr ein unerwartet freudiges Leuchten.

»Wir sind jedenfalls sehr froh, dass du jetzt endlich aufgewacht bist«, sagte er strahlend, und damit schien auch das seltsame Leuchten, das von seinem Inneren ausging, zu wachsen. »Und da ist nicht Nichts«, fuhr er fort. »Schau genau auf dein Handgelenk, etwas ist dir geblieben. Viel mehr als das, was du den Rest von dir nennst. Eine Essenz, wenn du so willst.«

Sie wich seinem intensiven, durchdringenden Blick aus und landete dann mit ihrem Sehsinn direkt auf ihrem Handgelenk. *Immer noch nichts.* Dreck. Blasse Haut. Heilende Kratzer. Sie drehte es. Nichts. Was meinte er nur? Das war zu viel, mehr als sie fassen oder jetzt verarbeiten konnte. Sie schüttelte wieder und wieder den Kopf und meinte, sie müsse jetzt wirklich endgültig verrückt werden an diesem absonderlich fremden Ort, an den sie gekommen war, um Leben zu schenken und um wie im Austausch dafür ihr eigenes Leben zu lassen.

Er nahm ihre Hand in einer ruhigen, umarmenden Bewegung in seine beiden Hände und führte sie ihr vorsichtig dicht vor ihr Gesicht. »Schau! Und schau diesmal genauer hin!« *Keine Zahlen mehr. Alles weg, als wäre es niemals da gewesen. Doch, Moment mal … zwischen den Kratzern war noch etwas anderes zurückgeblieben.* Sie sah genauer hin. *Eine mittlerweile schneeweiße, feine kleine Narbe, nein … ein einziger Capital Letter, ein einzelner Großbuchstabe.* Der, mit dem auch ihre Codierung begonnen hatte. Da war er also, das war der wortwörtliche Rest von ihr. Ein letztes Fragment, ein Beweis für ihr Vorleben, für ihr Überleben. Verdichtung war offensichtlich alles, was von ihr noch übriggeblieben war. Ansonsten nichts als Lücken und Fragen. Er versprach ihr Antworten. Die Rehe waren zaghaft wieder näher an sie herangekommen. Sie aber kreiste um einen einzigen Gedanken: Auf ihrem Handgelenk … da stand ›Q‹.

DER HÄNGENDE GARTEN

Das schneeweiße Tier saß, obwohl es nirgends Fressfeinde zu fürchten hatte, regungslos und verängstigt unter einer dunkel abgeschirmten Sitzbank des *Hängenden Gartens*. Ein junges, von Anfang an unfruchtbares Albino-Kaninchen mit leuchtend roten Augen fixierte die hochgewachsene, hellblonde Frau, die ihre Augenfarbe mit den künstlich geschaffenen Jahreszeiten dieser Welt wechseln konnte. Nur braune Augen hielt sie nicht lange aus. C1 war der kürzeste und damit mächtigste Code des Centrums, der Mega-City, die die Mitte der heutigen Menschenwelt bildete. Ihre Codierung war erhaben über Einteilungen des genetischen Materials in Quantity und Quality. C1 war die einzige Frau unter den drei seit Jahrhunderten regierenden Chosen Ones. Man hielt sie für unsterblich. Sie war die Älteste. Der einzig weibliche Teil der Unsterblichen Tryade und damit auch der gefährlichste. Nichts und niemand schaltete sie aus. Sie handelte selbstbestimmt.

Der Hängende Garten befand sich auf der östlichen Seite, der letzten Etage des höchsten Gebäudes der Stadt, einer dreigeteilten, spitz zulaufenden, vierstufigen Pyramide, die allein der Unsterblichen Tryade vorbehalten war. Niemand sonst auf dieser Welt besaß den Luxus eines eigenen Gartens. An den Hängenden Garten grenzte der Schwebende Garten und an diesen der Fallende. Die anderen beiden Gärten der Großen Dreigeteilten Pyramide gehörten zur Dependance der männlichen Chosen Ones, C2 und C3.

Barfuß und angespannt rezitierte C1 aus einem verbotenen Brief-Relikt, das die lichtlosen Jahre nach der Läuterung und sogar die ekstatischen Bücherverbrennungen, die selbst das Mittelalter in den Schatten stellten, überstanden hatte. Es roch nach Tod und den längst vergangenen Idealen der einstigen, ewig ungekrönten Dichterfürsten. Auch wenn der Grundton des Briefes anklagender, nahezu obszön familiärer Art war. Die inzwischen zu Staub zerfallene Adressatin trug den Namen *Ulrike*. Herrscherin der Heimat, übersetzte C1 den toten Namen in Gedanken. Das antike Papier war stark vergilbt und inzwischen in sich brüchig. Es handelte sich um eine zügig vorgenommene Abschrift, die man in einem unterirdischen Bücherbunker der zweiten Stufe zusammen mit Leichen, in der Nähe von *Einst-Berlin* gefunden hatte. Die Vakuumkonservierung hatte ihr Übriges getan. Sie ballte die linke Faust. *Banausen*, schoss es ihr wütend durch den Kopf. Ihr Blick fiel auf das zitternde weiße Tier, das sie in einem Anflug von Sentimentalität höchst verbotenerweise und in aller Heimlichkeit *Alice* genannt hatte. Namen waren zutiefst beleidigend, sie waren mindestens unsinnig, bestenfalls blanke Belustigung und seit beinahe fünfhundert Jahren abgeschafft. Noch schlimmer waren nur Koseformen. Zwischenzeitlich hatte es Code-Namen gegeben. Alles Relikte, Archaismen. Verbrannte Namen bildeten, ganz im Gegensatz zu Codes, nicht die Errungenschaften der jeweiligen Entität, die sie benennen sollten, ab.

Sie fragte sich, welcher Errungenschaften sollte sich schon ein unfruchtbares Kaninchen, dessen einziger Lebenszweck es war, ihr Spiel, Spaß und manchmal Geborgenheit zu schenken, rühmen? Selbst wenn es dem genetischen Code zufolge ein *Giant* war. Dann durfte es auch heimlich Alice heißen. Alice im hohen Centrum der Welt. »Das hohe C.«

C1 kicherte und las dann so laut vor, dass das weiße Kaninchen im Bankschatten die Ohren spitzte: »Ich trete vor einem zurück, der noch nicht da ist, und beuge mich, ein Jahrtausend im Voraus, vor seinem Geiste. Denn in der Reihe der menschlichen Erfindungen ist diejenige, die ich gedacht habe, unfehlbar ein Glied, und es wächst irgendwo ein Stein schon für den, der sie einst ausspricht.«

Sie legte das vakuumierte Relikt auf einem großen im Hängenden Garten ausgestellten Findling ab. C1 war noch vor etwa 80 Jahren davon überzeugt gewesen, dass es sich bei diesem im Brief-Relikt angesprochenen Stein zweifellos um einen Grabstein handeln musste. Jetzt war sie sich da nicht mehr so sicher. Grabsteine waren ebenso verkommen, antiquiert und sinnlos wie Namen.

Sie hatte den Hängenden Garten nach den antiken Vorlagen *Einst-Japans* in einen modernen Cen-Garten verwandeln lassen. Alle 150 Jahre veränderte man den Garten im Zeichen der Erneuerung von Grund auf. Die wolkenverhangene erste Restsonne sank langsam auf die Mega-City nieder. Es wurde kühler und C1 vermutete, dass es auch Alice in dieser Höhe zu kalt war. Fröstelnd zog auch sie das leichte, ungefärbte Hemd aus steriler Hanffaser mit der dafür im Kragen angebrachten Einrichtung, das sie nur im Privaten und in ihren eigenen Räumlichkeiten trug, enger um sich zu, sodass es jetzt eine anliegende, ihren Körper betonende Form annahm.

Um die Spitze der Pyramide konzentrierten sich düster künstlich geschaffene Wolkenformationen, die zum einen die Privatsphäre der Chosen Ones schützen sollten und zum anderen als eine Art natürlich anmutender Sunblocker fungierten. Das war auch notwendig bei nunmehr zwei Sonnen. C1 ließ die verängstigte Alice vorerst, wo sie war, und trat an die Brüstung des Hängenden Gartens. Ein Blick nach unten und sie war sich bewusst: Die ganze Welt war ihr untertan. Ein breites Lächeln huschte über ihr Gesicht. Die Dreiseitige Pyramide der Unsterblichen Tryade stellte alle jemals geschaffenen Bauwerke auch wortwörtlich in den Schatten.

Abertausende von Codierungen hatten ihr Leben ihrer Erbauung gewidmet, waren nur geschaffen worden, um zu entwerfen, zu gestalten, um zu bauen und um durch einen kurzen, völlig schmerzlosen, elektrischen Impuls in der fünften Herzkammer nach Erfüllung ihrer Lebensaufgaben ausgeschaltet zu werden. Einfach AUS. Ihre Codierung gestaltete sich dann ihren Auszeichnungen entsprechend um. Sie gingen unvergessen in das kollektive, transgenerative Erinnerungsvermögen der transhumanen Menschwerdung ein. C1 hatte dazu Zugang, wann immer es sie danach verlangte, und das war selten genug, schließlich hatte sie die Privilegien einer Chosen One. »Die Hölle gab mir meine halben Talente, der Himmel schenkt dem Menschen ein ganzes, oder gar keins.« Mit diesen Worten legte sie das Brief-Relikt auf die Bank, unter der sich Alice befand, und griff mit beiden Händen nach dem Kaninchen, nahm sie auf den Arm und verließ den Hängenden Garten, bevor es ihnen zu kalt werden würde.

IRAN

Das Relikt gab keinen Ton von sich. Eine echte, nahezu unversehrte Penfield. Als man sie fand, war sie auf ein knappes A für ›Depression‹ eingestellt. Mit hoher Wahrscheinlichkeit die letzte ihrer Art, ein Vermögen in Childs wert, stammte sie schätzungsweise aus den lange vergangenen 1990ern. Die automatische Weckvorrichtung mit den einstellbaren Tagesgrundstimmungen im Spannungsbogen von A bis H funktionierte noch immer tadellos über einen in das Gerät integrierten Diffuser. Ab Einstellung C konnte man mit eruptiven Bewusstseinssprüngen rechnen. Chosen One hatte versucht, die Herkunft der vermutlich letzten Penfield lückenlos aufzuklären. Auch sie sammelte Geschichte. Unmöglich. Und doch war ihr sofort sehr bewusst gewesen, dass der Vorbesitzer eine Frau gewesen sein musste. Sie fror. Ihre kalte Hand glitt über den Teil der *Stimmungsorgel*, den man auf ihren ausdrücklichen Wunsch hin im Fundzustand belassen hatte. Jemand hatte unbeholfen einen Namen eingeritzt. Da stand *Iran*.

Der Besitz des Reliktes war verboten, allein das Anschauen war strafbar. Erinnerungen wurden gespeichert und mitunter unachtsam in das kollektive Gedächtnis aller eingespeist. Das konnte ihnen allen gefährlich werden. Ein zusätzlicher Verweis auf einen, zudem unspezifischen, beiden Geschlechtern zuzuordnenden Namen, einfach undenkbar. Aber genau deshalb machbar. Niemand hätte das Relikt bei ihr vermutet, und die wenigen Sterilen in ihrem Wohnbereich der Großen Dreiseitigen Pyramide schwiegen eisern. Sie folgten ausschließlich ihren Anweisungen. Verbote, Sanktionen und Strafen galten für C1 ohnehin nicht. Sie war die Eine der Unsterblichen, die einzige Frau unter den drei Chosen Ones. Sie war die kürzeste, lebende Codierung auf diesem kaputten Planeten, auf dem man jetzt überwiegend genetische ›Resteverwertung‹ betrieb.

C1 wusste, dass die Stimmungsorgel ebenfalls Einfluss auf die sie umgebenden Wesen nehmen würde. Man konnte das Relikt über einen Verstärker direkt an morphogenetische Felder koppeln. Es erzeugte begehrte Quasi-Emotionen. Stimmungen, die sich von echten emotionalen Zuständen nur durch ihren künstlichen Ursprung unterscheiden ließen. *Gefühlt* gab es keinerlei Unterscheidung für den Körper, nur im Bewusstsein hatte man mit dem Überwinden von bereits gespeicherten Erinnerungseindrücken zu kämpfen, weil man wusste, dass die Stimmung, in der man sich befand, künstlichen Ursprungs war. Das Wissen um den Ursprung der Emotion musste man überwinden, bevor man sich ganz in ihr gehen lassen konnte.

Ihr Blick streifte *Alice the Giant*, die groß und flauschig weiß wie eh und je auf ihrem von den Sterilen frisch bezogenen Bett Karottengrün mümmelte. Das zart gefiederte Grün verschwand hin- und herruckend im Maul des seltenen Hasenartigen, fast als hätte man es auf ein Laufband gelegt. »Depressionen kommen für heute nicht infrage. Tut mir leid, Iran«, sagte sie in Richtung des antiken Gerätes, den Blick weiterhin fest auf das in ihren Augen zufrieden wirkende Albino-Kaninchen auf ihrem Bett gerichtet.

Über den eingeritzten Namen Iran hatte sie lediglich in Erfahrung bringen können, dass er zum einen extrem rar war und ein neutraler Vorname gewesen sein musste, den man auf beide Geschlechter hatte anwenden können, und zum anderen die Benennung eines gebirgigen Landes am Meer war, das ausgelöscht durch gigantische Erdbeben nun ebenfalls der Vergangenheit angehörte.

Die Stimmungsorgel der Marke Penfield erleichterte ihr neben der Controlle über ihre aufkeimenden Emotionen außerdem den Wechsel ihrer Augenfarbe. Das Wechseln der Augenfarbe bildete im Außen ab, was im Innen geschah, ein Frequenz-Shift, der ihren ganzen Körper maßgeblich mitbeeinflusste, zeitweise sogar gegen ihren Willen bestimmen konnte. Dabei traktierten schmerzhafte Signale vor allem ihr peripheres Nervensystem zusätzlich zur Überreizung durch die augenblickliche Informationsflut, die nicht sofort und auch nicht auf allen Ebenen in Signale übersetzt werden konnte. Das war zugegebenermaßen ein eher unerwartetes, gelegentlich auch lästiges Feature, auf welches die wertvolle Stimmungsorgel positiven Einfluss nehmen konnte. In seltenen Fällen, so wusste Chosen One, konnte sich Veraltetes durchaus als nützlich erweisen.

Die Stimmungen der Sterilen beeinflussten die verschiedenen Einstellungsmöglichkeiten der Stimmungsorgel seltsamerweise nicht, oder sie waren klug genug, sich zumindest nichts von irgendwelchen Shifts anmerken zu lassen. C1 beobachtete die Sterilen ebenso genau wie alles, was sie umgab. Es war eher eine Form des Studiums als bloße Beobachtung, das ihr ihr eidetisches Gedächtnis abverlangte. Ihr Wahrnehmungsvermögen hatte sich mit dem Alter nur noch weiter geschärft. Die regelmäßigen Aufenthalte in der speziellen, auf ihre körperlichen Bedürfnisse abgestimmten, Nährlösung hatten ihr Übriges dazu beigetragen und dann war da noch das Kostbarste und zugleich Kostspieligste, was diese kaputte Nach-Welt ihr zu bieten hatte: eine Substanz, die allein den unsterblichen Chosen Ones vorbehalten war und zugleich das Geheimnis ihrer Unsterblichkeit bildete. Das Rote Bad.

Die oftmals schnellen Frequenzwechsel zeichneten sich nicht nur in der Veränderung ihrer Augenfarbe und durch damit lästig einhergehende Wahrnehmungsstörungen ab. Die Chosen One war stolz, dass man ihr sogar die Mikromimik abnahm. Gutes Lügen war essentiell, auch um den eigenen Körper von künstlichen Emotionen zu überzeugen. Nicht zuletzt musste sie vor einer großen omnipräsenten Öffentlichkeit als eine der drei Unsterblichen überzeugen. Wenn C1 sich genau im Spiegel betrachtete, konnte sie feine, dunkle, unregelmäßige Ablagerungen in ihrer vielfarbigen Iris rund um die Pupille auf ihrer Hornhaut ausmachen. *Wie kleine schwarze Haarrisse, die sich im Laufe der Zeit in Tropfenformen verwandeln.* »Ungeweinte, tiefschwarze Tränen«, dachte sie laut, während sie den Mund zu einem O geformt hatte, um einen erschrockenen Gesichtsausdruck mit ihrer Gesichtsmuskulatur wie auf Abruf zu trainieren.

Immerhin musste sie als die Eine Unsterbliche in aller Öffentlichkeit bestehen. Sie war gut abgeschirmt von allem, was ihr hätte gefährlich werden können. Niemand kam nahe genug an sie heran, um ihr in die Augen sehen zu können. *Wie beruhigend*, beendete sie den Gedankengang mit einer Art geistigem Stoppschild, den Sehsinn weiterhin auf das eigene, immer wieder neufremde Spiegelbild geheftet. Die Sterilen, das waren die Einzigen, die wirklich nahe an sie herankommen konnten, blitzte es kurz und abgehackt hinter ihrer Stirn auf, bevor sie sich entkleidete und nackt auf ihr überdimensionales Bett neben Alice sinken ließ.

DIE STERILE

Absolut einzigartig … nicht reproduzierbar, staunte sie, sooft sie diesen Raum betrat, um ihnen in all ihrer unschuldigen, zuweilen naiven Aufrichtigkeit gegenüberzustehen. Das papierartige, leicht holzig anmutende, an einigen Stellen jedoch zart durchscheinende Gebilde stand unbeweglich, wie erstarrt direkt vor ihr. Es war nur eines von vielen. Jedes war einmal das Zuhause, die Zuflucht eines ganzen Volkes ge-wesen. Man erwartete, dass es jeden Moment zu rascheln beginnen würde. Sie fühlte sich von ihnen wie im Spiel umzingelt. Es war selbst nach all der Zeit noch immer zu erahnen, mindestens aber vorstellbar, was die Nester einst bewohnt hatte. Jetzt waren sie nur noch schön anzusehen als etwas, das einmal auf natürlichem Wege entstanden war. Insekten. Hautflügler. *Verstorbene Staatsarbeit.*

Ausstellungsstücke, extrem selten und damit nicht nur für Sammler begehrenswert unglaublich hoch dotiert, inzwischen Statussymbol, jedes einzelne. Kein Luftzug regte sich. Es war stickig. Der monströs riesenhafte Raum, in dem sie sich so verloren vorkam, verjüngte sich spitz zulaufend nach oben hin. Das war die Große Dreiseitige Pyramide, der Tetraeder, das *Cen* von innen. Es war in drei überirdisch anmutende Räume mit angrenzenden Nebenräumen unterteilt, allein den Unsterblichen, den Chosen Ones vorbehalten. Der Ersten unter ihnen, dem kürzesten Code dieser Welt, war sie als dienende Sterile zugeteilt worden. Das Deckenende mündete in Finsternis und war mit den Augen nicht auszumachen, egal, wie sehr man sich konzentrierte, egal, in welchem Licht. Die labyrinthischen Gänge flößten ihr oft genug Angst ein, manchmal verirrte sie sich auch jetzt noch, bevor sie die ihr zugeteilten schützenden Schlafwaben der Sterilen erreichte. Es war so leicht, die Orientierung zu verlieren.

Etwas betäubend Süßliches, ein sich verflüchtigender Hauch war gerade so noch wahrnehmbar. Sie ging bedächtig auf eine in der Mitte waagerecht geteilte Kugel zu, in der mühelos vier ausgewachsene männliche Humanoide nebeneinanderliegend Platz gehabt hätten, und das, ohne einander zu berühren. Das Innere der Kugel glühte tief in einem wellenartig sanft pulsierenden Rot.

Hätte sie gewusst, wie man sich einen Mutterleib von innen heraus vorstellen könnte, so hätte sich dieses Bild ihres Bewusstseins zumindest vergleichsweise bemächtigt. Das Bild eines Mutterleibes war im Bewusstsein der Sterilen jedoch nicht vorhanden und damit nicht abrufbar und trotzdem faszinierten sie die Neststrukturen der lange ausgestorbenen Ampulex.

Die Sterile gab achtsam einige wenige Tropfen des kostbaren Elixiers in die, lediglich auf den ersten Blick, halbkugelförmige Konstruktion, in der bereits eine gallertartige Flüssigkeit in vereinzelten Inseln schwamm, die das eingetropfte Elixier sofort aufsogen und sich dann mit ihr vermengten. Um die Konstruktion herum, die den gesamten, in Dämmerung getauchten Raum dominierte, waren weitere historische, kunstvoll präparierte, zum Teil sogar vergoldete, Ampulex-Nester auf schwarzen Metallhalterungen ausgestellt.

Die Sterile seufzte, als sie das winzige Glasfläschchen wieder verschloss, welches unter anderem melaninhaltiges Adrenolutin enthielt, dem man eine stark verjüngende Wirkung nachsagte. Sie musste sich beeilen und das freistehende Kugelbad schnellstmöglich verschließen, damit die kleinen roten Kristalle, die sich am Grunde des runden Beckens setzten, bestmöglich arbeiten konnten. Sie presste die obere Kugelhälfte mithilfe eines vergoldeten Hebelmechanismus auf die untere. Die mit langen Reihen winziger Leuchtdioden ausgestattete Halbkugel stieß herab. Klick. Beide Halbkugelhälften bildeten nun zusammen ein verschlossenes Ganzes, die waagerechte Trennlinie durch die Mitte war nicht länger auszumachen. Eine absolut perfekte, von innen heraus rotglühende Kugel, die im Raum zu schweben schien.

Sie hasste das Rote Bad, hasste alles, was damit in Verbindung stand. Ihr war schlecht. Das Fläschchen verströmte, einmal geöffnet, einen Geruch, der sie kaum noch atmen ließ, allerlei ungewollte Erinnerungsbilder heraufbeschwor und ihr damit eine Übelkeit bereitete, die nicht selten drei Tage anhielt. Die Sterile rieb sich die Schläfen und taumelte ungeschickt in Richtung der langen schießschartenartig angelegten Fensterspalten des düsteren Raumes, dessen Nutzung allein der einen weiblichen Unsterblichen vorbehalten war.

Alle Sterilen wussten um ihr Geheimnis. Keiner von ihnen würde es wagen zu sprechen. Ohnehin erwartete man von Codierungen ihres Ranges, dass sie in größtmöglicher Würde schwiegen. Das war nicht leicht für ein gerade einmal dreizehnjähriges, unfruchtbar geborenes, in oftmals völligem Stillschweigen dienendes Mädchen. Resttageslicht zeichnete sich in langen, scharfen Streifen auf ihrem jungen, unerwartet hübschen Gesicht ab. Wenn alles gut ging, würde sie in spätestens zwei Jahren den Bestäubern angehören und dürfte weiterhin still, privilegiert und beinahe unsichtbar bis zu ihrer Ausschaltung zwischen den letzten ertragfähigen Obstbäumen des Centrums arbeiten.

Diese wuchsen in Hainen in sternförmig angelegten Dreieckspassagen um die Große Dreiseitige Pyramide herum, die von allen, als größtes Heiligtum der Mega-City bekannt, die *Letzten Gärten*, flüsternd nur *Das eigentliche geheime Cen* genannt wurden. Die Jahreszeiten, Blüh- und Erntevorgänge wurden künstlich hervorgerufen und beeinflusst. Die Obstbäume blühten zu unterschiedlichen Zeiten nach einem Drei-Stufen-System. So, dass man das ganze Jahr über zumindest von einigen Bäumen kostbare, wahrhaftig gewachsene Früchte ernten konnte. Ob sie jemals in ihrem unbedeutenden Leben eine Frucht kosten würde?

Die Haine und angrenzenden Gärten waren einzig und allein für die Entspannung und dem Zeitvertreib der Chosen Ones geschaffen. Sie unterstrichen die Allmacht der drei Unsterblichen, deren Befehlsgewalt die zwölf Elected Ones als ausführende Regierungsgewalt direkt unterstanden. Dafür wurden im Volk der Mega-City Wahlen abgehalten.

Als Sterile hatte sie keine Stimme. Die Sterilen dienten den Unsterblichen wie Geister, die lebendigen Leibes immer durchsichtiger wurden. Die Anzahl der Bäder, die die Sterile der Chosen One im Laufe ihres Lebens erfolgreich bereitet hatte, zeichneten sich als dokumentierte Arbeitsleistung in ihrer Codierung ab. Pro Jahr waren das im Normalfall 10 bis 12 Rote Bäder. Aber C1 verlangte stets ein dreizehntes. Auch über diese Außerordentlichkeit schwieg die Sterile. Zu schweigen war Teil ihrer Bestimmung. Man hätte sagen können, sie war das Schweigen.

Ich bin der Code, wiederholte sie in Gedanken und strich sich in einem automatisierten Bewegungsablauf ihr dünnes Kleid glatt.

STILLE VERZWEIFLUNG

Sie kannte das verzweifelte Blühen der Bäume nur aus der Ferne. Sie blühten ebenfalls still vor sich hin, sofern das künstlich erzeugte Wetter es zuließ. Nicht jedes Jahr fanden sie die Kraft, sich in Blüten zu kleiden. Diese Jahre der Unfruchtbarkeit, der Verweigerung wurden als ein schlechtes Omen für die folgenden Monate gewertet: Es würden noch weniger weibliche Kinder gezeugt und geboren werden. Wenige würden überhaupt das Licht dieser Welt erblicken und sie kämen unfruchtbar, als Sterile, so wie sie gekommen war.

Etwas Vibrierendes summte durch ihre vielstimmigen Gedanken. Ein sonores Geräusch: *SssssssssSssssssssSssssssss*, doch nicht mehr als eine geliebte Erinnerung. Sie lächelte versonnen. Die Übelkeit, die ihr die Bereitung des Roten Bades stets hervorrief, war für einen Augenblick verflogen. Etwas Zeit zum Träumen blieb, solange die Flüssigkeit in der Kugelkonstruktion ihre Wirkung entfaltete. Die sagenumwobenen Honig-Bienen gab es nur noch in Geschichten. Manchmal stieß einer der Sterilen, einer, den sie besonders mochte, sie heimlich neckend, eine Art Summen aus. Er imitierte das Geräusch der Bienen, um anzudeuten, dass er es schon bald unter die Bestäuber schaffen würde. Dann könne er seinen Pinsel wenigstens probeweise schwingen, hatte er laut lachend zu ihr gesagt. Sie hatte lachend die Hände über dem Kopf zusammengeschlagen, sie dann aber fast sofort schützend auf seinen Mund gelegt, in Angst, man könnte sie beide in ihrer Albernheit hören. Sie sah ihn viel zu selten. Seine Schlafwabe war zu weit entfernt von der ihrigen. Das eine oder andere Mal stellte sie sich tagträumend vor, wie sie nachts zu ihm floh und eng an ihn geschmiegt, eingehüllt in seine Körperwärme, an ihm einschlief.

Sie straffte sich. Allein diese Vorstellung konnte zu ihrer unmittelbaren Ausschaltung führen. Noch schlimmer, sie konnte zu ihrer beider Ausschaltung führen. Tagträumen war gefährlich ... Das durfte auf keinen Fall geschehen, schon bald könnte sie den blühenden Bäumen nahe sein, sie fühlen und riechen. Wind auf der Haut. Nur etwas Geduld. Dann wäre es vorbei mit Übelkeit, Schwindel und ständigen Kopfschmerzen, vorbei mit allem, was die Dämpfe verursachten. Lediglich einige wenige Monate, die man anhand der noch ausstehenden Roten Bäder sogar abzählen konnte. Ein Ruck riss die Sterile unvorbereitet aus ihren Gedanken. Chosen One war gekommen.

DER NEUE

Ich bin der Code. Er hatte es geschafft. Der Code in seinem Nacken bestätigte ihm den erfolgreichen Eintritt in sein fünfzehntes Lebensjahr. Nun gehörte er nicht länger der Caste der Sterilen an. Als Mann galt er nicht, und das würde sich auch niemals ändern. Wieder wurde ihm schmerzlich bewusst, er würde nie ein Kind zeugen können. Das gab sein Körper nicht her. Es war für ihn nicht vorgesehen.

Er war als Steriler zur Welt gekommen und so, das bezeugte ihm nicht zuletzt der Dienst an der Großen Dreiseitigen Pyramide, dem Cen, würde es auch bleiben. Dennoch hatte er es verhältnismäßig gut getroffen. Er dachte an das Mädchen, das er mochte, und lächelte, fast so, wie er lächelte, wenn er sie ansah. Man hätte ihn für schüchtern halten können. Wenn alles gut ginge, wäre auch sie nicht mehr lange eine dienstbare Sterile.

Sie könnte wie er in den Letzten Gärten arbeiten, alle paar Jahre neben ihm in den blühenden Bäumen sitzen. Sie könnten sich einander zulächeln. Das würde allemal ausreichen, ihm neue Träume von ihr zu bescheren. Was für ein Privileg, Lebendiges zu sehen und sogar berühren zu dürfen. Er seufzte sehnsüchtig.

Seine Augen hatten sich an die dämmrige Dunkelheit in der Großen Dreiseitigen Pyramide über all die Jahre des Innendienstes gewöhnt. Besonders in den Haupträumen war diese Finsternis beinahe greifbar gewesen und ein dichter, allgegenwärtiger Eindruck. Allen drei Chosen Ones war er nahe gekommen. Die Gedanken an C2, was der Unsterbliche wünschte und bevorzugte, seine Neigungen stießen ihn ab. Ekel und Widerwillen regten sich tief in seinen Eingeweiden, wenn er daran dachte. Er war froh, dass die, die er, das musste er sich langsam eingestehen, liebte, C1 diente und nicht den beiden männlichen Unsterblichen.

Liebe war etwas Historisches, gehörte der Vergangenheit an. Sie war ein überholtes, archaisches, leicht konsumierbares, albern romantisch verklärtes Konstrukt, und doch war sie da, ohne dass er sie als Quasi-Emotion bewusst hervor- oder als etwas Erinnertes abgerufen hatte. Sie war da. *Ihr Gesicht war einfach zu hübsch.* Obwohl sie so braune Augen wie die allermeisten von ihnen hatte. Er konnte nicht sagen, was sie für ihn besonders machte. Jedenfalls nichts, was man an ihrem äußeren Erscheinungsbild hätte bemessen können. Sie war ebenso steril wie er.

Der Ekel in ihm gewann und überlagerte das erinnerte Bild ihres hübschen Gesichtes, ihrer glänzenden braunen Augen, in denen er Ruhe fand. C2s unstillbare Gier verlangte Versehrte. Jahrelang, seit er sie das erste Mal gesehen hatte, hatte er Angst um die Sterile verspürt. *Angst-um-sie* war das erste Gefühl, das er ihr gegenüber hervorgebracht hatte, und dieses Gefühl hatte sich bis heute mit nichts auf der Welt besänftigen lassen.

Er war müde von all den Ein- und Anweisungen, die man ihm für heute, seinen ersten Tag als Bestäuber, hatte angedeihen lassen. In seiner Vorstellung sollte es ein Tag des Sich-frei-Fühlens und der Freude sein und doch sehnte er sich schon jetzt nach der Geborgenheit seiner Schlafwabe, nach der Geborgenheit, die er in dem seltenen Traum verspürte, der sich in einigen wenigen Nächten wie ein Geschenk über ihn legte.

Man sagt, Sterile träumen nicht. Er fragte sich, was man über Bestäuber sagte. *Ich bin der Code. Du bist der Code. Wir sind der Code*, drang es, sich als gezielt gesetzte Programmierung stetig wiederholend in sein Tagesbewusstsein ein. Blitzschnell wurde ihm klar, dass er mit seinen Gefühlen und Gedanken an die Sterile an einer Schranke gekratzt hatte, die, würde er sie aufheben, seine sofortige Ausschaltung bedeuten könnte. *Ich bin der Code. Du bist der Code. Wir sind der Code.*

Der Neue erhob sich von einer Bank im Außenbereich und ging auf die anderen Bestäuber zu, die sich in kleinen Gruppierungen ein wenig Abseits gehalten hatten, um ihm mit seinen Gedanken, denen er ganz offenkundig nachhing, verständnisvoll etwas Raum zuzugestehen. »Ich bin der Code. Du bist der Code. Wir sind der Code«, wurde er von seinem Vorgesetzten begrüßt. »Wir sind der Code«, gab er dem anderen Bestäuber zur Antwort. Es fehlte nicht mehr viel. Er hatte es fast geschafft. Bald schon wäre er in Gänze als einer von ihnen akzeptiert und dann würde er sie in seine neue Caste nachholen, so schnell er nur konnte. Die Sterile ging ihm einfach nicht aus dem Kopf.

ALICE

Auf den roten Augen des Albino Giants, früher nannte man sie Belgische Riesen, dämmerte ein mattes, widerscheinendes Restglühen der allmählich untergehenden ersten Sonne. Das schwere Kaninchen war mit einem einzigen großen Satz von ihrem Arm gesprungen und hatte auf dem Unterarm der Chosen One mit seinen Hinterläufen neben einigen unscheinbaren auch einen auffällig langen, schmalen Kratzer hinterlassen, der jetzt blutete. Dann hatte es sich schnell atmend und verängstigt in eine der äußeren Ecken des hohen Raumes zurückgezogen. »Aaaalice …«, rief sie gedehnt. Der Frauenstimme folgte ein hallendes Echo. C1 fühlte sich benommen und gleichzeitig überreizt. Sie hatte die Wärme des kuscheligen Tieres auf ihrem nackten Körper genossen. Herzschläge gezählt, weiches Fell gerochen und in sich eingesogen.

Wenn sie an ihm roch, fing das große Tier oft an zu zittern und dann in stiller Panik wild zu kratzen. Die *Unsterbliche* konnte sich dieses Verhalten nicht erklären. Alice war nach einer Kaninchenrasse rekonstruiert worden, die sich Belgischer Riese, umgangssprachlich auch *The Giant* nannte. Eine komplett weiße Spielart mit roten Augen war schon vor Jahrhunderten so extrem selten, dass man sie nur bei speziellen Züchtern für Unsummen erwerben konnte. Die entsprechenden Genpools, die genetischen Codes, wurden eifersüchtig gehütet und in Familienunternehmen von Generation zu Genration weitergegeben. Glücklicherweise gab es keine Familien mehr. Tiere zu besitzen, sie zu halten, sie gar zu liebkosen, war allen verboten. Niemand hätte auch nur daran gedacht. Außer den Unsterblichen, den Chosen Ones. Und selbst unter ihnen wurde die Tierhaltung als ein eher seltsames Hobby betrachtet. Man sah ihr diese Vorliebe nach, schließlich war sie die Erste unter den Chosen Ones, der erste kürzeste Code, die mächtigste der drei Unsterblichen.

»Alice ...?« Sie wurde langsam ungeduldig. Ungehalten stampfte sie mit dem Fuß auf und wirkte dabei für einen kurzen Moment verloren wie ein bockiges, kleines Mädchen, das seinen Willen nicht bekam. Ihre Stimme wurde schrill: »Verdammt nochmal, Alice! Wie kann ein übergroßes Hasenvieh wie du so ganz einfach mir nichts, dir nichts verschwinden?« Das war wirklich etwas zu laut gewesen. Sie erschrak vor der Schärfe ihrer Worte und war froh, dass sie hier niemand hören konnte. Oder doch? Sie schaute sich argwöhnisch um. »Komm schon, Große, ich tu dir doch nichts ...«

In der Großen Dreiseitigen Pyramide wuchsen die Schatten zu einer bestimmten Tageszeit über sich hinaus, als würden sie ein eigenes, selbstbestimmtes Leben führen, das das ihre beobachtete und ihre Anwesenheit lediglich duldete. Währenddessen nahm die Verzweiflung in ihr zu. *Wo war dieses verdammte Stück weißes Plüschvieh nur?* Wie schnell das alles gegangen war. Und weg war Alice. Das Vieh würde ohne sie zweifellos verhungern. Die Sterilen fürchteten es. Es war ihnen zu fremd, zu wild, zu schnell. Unberechenbar, schlecht zu controllieren. Sie kannten keine Tiere. C1 fütterte es höchstselbst. *Nur eine der Sterilen hatte sich nicht ängstigen lassen*, dachte sie mit einem Anflug von Anerkennung.

Das Saatgut für das Gemüse, das es fraß, stammte in eigener Nachkommenschaft noch von jenem Saatgut ab, das man eingelagert in Bunkern gefunden hatte. Das Saatgut hatte vor Generationen ihr Überleben gesichert, für eine Zeitlang wenigstens, dann hatte es bessere Methoden und bessere Leben gegeben. Kapseln fraß Alice nicht, Synthetisches schon gar nicht. Der Giant fraß grundsätzlich zu viel. Bald würde er annährend acht Kilo wiegen. *Das Gewicht eines neun Monate alten Kindes.*

Ob es sich dann anders anfühlen würde, echter vielleicht? Sie könnte es an die Brust legen und wenigstens so tun, als ob. Es könnte innerlich wärmende Bilder aus dem kollektiven Gedächtnis hervorrufen und in ihr wecken. Nur die eine oder andere Quasi-Emotion. *Das wäre schön.* Die vielen Gerüche hier hatten das Tier verwirrt. Warum musste sie es auch ständig überall mit hinschleppen? Es wog immerhin gut über sieben Kilo, siebeneinhalb Kilo genau. *Rumschleppen, ihr tägliches Work-out*, dachte sie begleitet von einem ironischen Mundwinkelzucken. »Aaaaalice … süßes kleines, schweres Dreeeeecksvieh, Alice wo bist du?«

Natürlich würde es ihr nicht antworten. Ihr Rufen klang nun genervt und etwas heiser. Ihre Stimme war entscheidend. C1 erklärte die heutige Alice-Suche nachdrücklich für beendet. Sie war mehr als nur eine Politikerin. Sollten sich die Sterilen kümmern. Als Unsterbliche hatte sie Besseres zu tun. »Ich gehe jetzt jedenfalls ohne dich baden!« Mit diesem endgültigen, an Alice gerichteten Satz ging sie schnurstracks und geraden Weges vorbei an den ausgestellten Ampulex-Nestern auf die von der Sterilen für sie vorbereitete, bereits rot glühende Kugel, den Mittelpunkt des Raumes, zu. Kaninchen waren ein uraltes Fruchtbarkeitssymbol, und dieses hier war das größte gewesen, was sie hatte finden können. *Wie ironisch*, erkannte Chose One, dass sie es permanent suchen musste.

DER BESTÄUBER

Als fliegendes Ungeziefer hatte man sie sehen wollen. Der ›Sprung nach vorne‹ sollte das Land radikal verändern und das Wetteifern der damaligen sogenannten ›Industrienationen‹ ein für alle Mal beenden. In den 1960ern, Jahrhunderte vor dem Bau der Großen Dreiseitigen Pyramide und ihrer drei Letzten Gärten, hatte es im allmächtigen *Einst-China* einen Krieg des Volkes gegen sehr kleine unscheinbare, in Brauntönen gemusterte Vögel gegeben. Sie lebten in laut zwitschernden Schwärmen und fraßen mit Vorliebe Insekten und vom Menschen auf groß angelegten Feldern ausgebrachte Sämereien. Man unterschied die Vögel in Feld- und Haussperlinge.

Beim Haussperling war es im Gegensatz zum Feldsperling sogar möglich, anhand von äußeren Merkmalen Geschlechter zu bestimmen. Im Volksmund kannte sie jedes Kind nur als ›Spatzen‹. Viele Redensarten waren an die frechen kleinen Schwarmvögel gebunden und manche erst durch sie entstanden.

›Krieg der Spatzen‹ hatte man auch den Krieg des einstchinesischen Volkes gegen sie genannt. Lediglich einige Wenige hatten Zugriff auf diese kollektive Erinnerung, die archaischen Wortgruppen und die noch immer fühlbare Konnotation der Wortpaare, die mit ihr verknüpft waren. Ihre Codierung und die im Körper durch Xeno- und Nanobots gesetzten Erinnerungsschranken verhinderten das gezielt.

Der einstige Sterile war endgültig in die für ihn letztmögliche *Caste* der *Bestäuber* aufgestiegen. Sein Code hatte sich und damit ihn entsprechend modifiziert. Beinahe eine neue Identität. Schon bald wäre ihm unter Aufsicht gestattet, Musik zu konsumieren. Entspannung war in greifbare Nähe gerückt. Ein Geschenk, das er sich in den Jahren des Dienens als Steriler erarbeitete hatte. Es war ihm endlich erlaubt, von seinem aktuellen Verdienst mehr Quasi-Emotionen bewusst hervorzurufen und zu konsumieren als zuvor. Sogar andere Hirnregionen würde er aktiv nutzen können. Er lebte dadurch intensiver, vielleicht sogar besser, redete er sich wenigstens ein. Zugriff auf die Erinnerung an den ›Krieg der Spatzen‹ hatte er nicht. Die kollektive Erinnerung hätte ihm seinen eigenen Daseinszweck, und wie es dazu gekommen war, in einem völlig neuen Licht erscheinen lassen.

Erschöpft fielen die Spatzen vom Himmel. Man hatte ihnen das Landen in Menschensiedlungen verwehrt, ihre Nester zerstört und Unterschlüpfe ohne Rücksicht auf Verluste rigoros in Brand gesteckt. Es war den kleinen braunen Vögeln nicht länger möglich, zu landen und Ruhe zu finden. Doch der einstige Herrscher Mao Zedong hatte mit dem Krieg seiner einst-chinesischen Bevölkerung gegen Sperlinge, beginnend in den 1960ern, nicht nur die Ausrottung der Spatzen in bestimmten Teilen von Einst-China erreicht. Schädlinge vermehrten sich insbesondere in landwirtschaftlich relevanten Gebieten explosionsartig. Ernten fielen aus. Hervor traten die staatsgetreuen Dichter aus den selbstverursachten Hungersnöten mit Kriegspropaganda gegen den ›Mistvogel‹. Bis heute sind ihre Verse überliefert, ›Verbrecher seit tausend Jahren‹.

Pestizide erledigten den Rest und verursachten weitläufiges Insektensterben. Dem fielen auch die überlebenswichtigen Bienen in großen Teilen von Einst-China zum Opfer. Niemand wollte wahrhaben, dass es da bereits zu spät war. *Einst-Sichuan* gilt seitdem als ein jahrhundertealtes Mahnmal.

In Einst-China hatte es in aller Stille begonnen. Das Insektensterben würde sich im Rest der Welt unter dem Deckmantel des Fortschrittes ausweiten. Einst-Sichuan war in der alten Welt vor den Tagen des Dunklen Matriarchats als ehrgeiziges Pilotprojekt bekannt für den erstmaligen Birnenanbau ohne Bienen. Unter dem Motto: Von Mensch zu Mensch, von Hand zu Hand. Bestäubung von Menschenhand. Bereits damals erweckte der Gedanke, ohne lästige Insekten leben zu können, in vielen Menschen Gefallen und Gefühle der Allmacht. *Selbstbestimmung.*

Man wollte sich endgültig von der Natur, der der Mensch sich untertan fühlte, lösen. Keine Abhängigkeiten mehr. Das Summen der Bienen war verstummt. Die Modernisierung trat in Einst-China ihren sogenannten Siegeszug an. Dort herrschte schon früh die Ehrfurcht gebietende Stille unter blühenden Bäumen, die bis heute anhält. Die Nach-Welt folgte.

Er stand inmitten der sternbildenden Obstbaumhaine der drei Letzten Gärten. Unter den Bäumen war es zunächst unangenehm kühl und später wurde es bedrückend still. Daran gewöhnte er sich nicht. Seine Arbeit draußen in den Gärten hatte er sich anders vorgestellt. Auch die Bäume, auf die er so viele Jahre lang heimlich von einem schmalen Fensterpalt aus der Großen Dreiseitigen Pyramide aus herabgeschaut hatte, erschienen ihm kraftlos, matt, etwas zu klein und an einigen Stellen sogar unnatürlich deformiert.

Verkrüppelt war das richtige Wort dafür. Ein veraltetes Schmutzwort, das niemand mehr verwendete. Und doch kam es ausgerechnet ihm in den Sinn. *Nur Geduld, sie werden wieder blühen*, versuchte er, sich zu beruhigen, während sich die Strahlung, alles Kühle verdrängend, hitzig, so bildete er sich ein, durch den Schutzanzug fraß.

Seine Haut war in dem stetig vorherrschenden Dämmerlicht der Pyramide überempfindlich geworden. Nährstoffmangel und einseitige Tätigkeiten, Grübeleien, nicht zuletzt kämen die beiden Sonnen als Ursache für sein derzeitiges Unwohlsein infrage. Der Schutzanzug wurde schließlich, so wusste er es von den anderen Bestäubern, vordergründig aus traditionellen Gründen getragen. Wirklicher Schutz konnte nicht garantiert werden.

Der Anzug zeichnete ihn, neben seiner Nacken-Codierung, in seiner Funktion als einen Bestäuber aus. Damit hatte er endlich einige wenige Privilegien. Ab und zu dachte er an Musik und da war sie auch schon wieder. Sie kam schüchtern auf ihn zu, leise und anmutig, wie etwas Urvertrautes, weich Gleitendes. Seine Stirnfalte und die Grübeleien waren mit ihrem Auftauchen in seinen Gedanken verschwunden. Sooft sie nur konnten hatten sie in ihrer spärlichen Freizeit gemeinsam in der Großen Dreiseitigen Pyramide von der zukünftigen Zeit in den Bäumen gesprochen und geträumt. Sie teilten naive Tagträumereien. Doch für ihn war diese ersehnte Zeit nun tatsächlich angebrochen. Und dennoch wusste er nicht, wie er sich diese Zukunft ohne sie hätte erträglicher gestalten können, während sie, getrennt von ihm, den Chosen Ones weiterhin als eine der Sterilen in der Großen Dreiseitigen Pyramide diente.

DAS ROTE BAD

Chosen One entspannte sich langsam in das Rote Bad hinein. Es fühlte sich, als ob sich ihr Körper in die Flüssigkeit hinein ausdehnte, seine Grenzen überschritt, als könnten sich Arme und Beine und Hals unnatürlich verlängern. Sie sog die Dämpfe, die das rötlich schimmernde Kugel-Becken im Raum verströmte, tief in sich ein und ließ sich ganz fallen. »Alice«, seufzte sie leise. »Wo bist du kleines Monster?«, flüsterte sie der Flüssigkeit, die sie ganz umhüllte, zu und tauchte ab.

Einfach alles in ihr begann, angeregt durch die Kristalle, zu pulsieren. Das war pures Genießen. Schauer überliefen sie in kleinen Wellenbewegungen, die konstant schneller wurden und sich ihrer Atmung anpassten. In ihrem Schambereich zog es wohlig. Ihre Muskulatur spannte sich in aller Regelmäßigkeit an und ab. *So ähnlich musste sich Sex über den Körper angefühlt haben.* Es war womöglich wie betrunken sein. Sie kicherte bei der Vorstellung an diese Zustände. Das Bad betäubte, benebelte ihre Sinne. Gut, dass sie bereits lag und nicht fallen konnte. Einfach schweben. *Das wenigstens hatte die hübsche kleine Sterile gut gemacht*, dachte C1. *Aber wo zum allwissenden Quell-Code war das blöde Kaninchen nur schon wieder, wo trieb sich der Albino Giant bloß herum?* Sie hatte vor dem Roten Bad, das sie monatlich zu nehmen pflegte, seine Verstecke abgesucht. Das war immer so, sobald Anspannung von ihr abfiel, tauchten lästige Fragen auf. Ihr kam ein lästiges Gleichnis: Genau so musste es vor ihrer Zeit gewesen sein, als lästige Fliegen noch von Scheiße angezogen wurden. Wie oft fing ihr Tag mit der stetigen Suche nach Alice-G. an und endete auch mit dieser.

Sie verstand schon, warum man Haustiere abgeschafft hatte. Davon abgesehen, die meisten domestizierten Tierarten waren so gut wie ausgestorben, nein, systematisch ausgerottet. Ab einem bestimmten Punkt wurde selbst der Luxus, ein Tier zu besitzen, lästig. Man sorgte sich, kam nicht zur Ruhe, konnte nicht mehr entspannen, wenn man sich hineinsteigerte. Eine Form selbstzerstörerischer Vormutterschaft war das.

Missmutig und inzwischen auch etwas genervt sank sie weiter in das rotschimmernde Nass ein, welches durch die von der Sterilen hinzugefügten Kristallstrukturen in seiner Konsistenz stetig, von Minute zu Minute, dickflüssiger wurde.

Sie hatte schätzungsweise etwas mehr als eine halbe Stunde, bevor sich das Ganze in eine trübe, gallertartige Masse verwandeln würde. Die Sterile würde sie vorher holen kommen. Diese hatte wirklich ein hübsches Gesicht. Sie musste zugeben, dass sie sie gerne ansah. Ihr Anblick beruhigte sie auf eine ähnliche Weise wie das Streicheln des samtig weichen Fells von Alice-G. Es brachte sie herunter, drosselte ihr das zu schnell schlagende Herz, wenn es ihr bis zum Hals zu springen drohte. Sie liebte und hasste das Rote Bad. Dennoch, es war für die Chosen Ones unumgänglich.

Noch ein knapper Monat bis zu ihrem 150. Geburtstag, wurde ihr mit einem leisen, sie ankriechenden Schrecken bewusst. Sie war die älteste der Chosen Ones. Außer ihr wusste nur der Rest der Tryade, C2 und C3, um das ganze Ausmaß dieser Feier. Sie und eine Handvoll auserwählter Wissenschaftler, die unter der Großen Dreiseitigen Pyramide arbeiteten und zum Wohle des Centrums forschten.

Das wahrhaftige, den allermeisten unbekannte Cen der Mega-City befand sich unterirdisch, umgeben von Pilzfarmen. Dort wurden auch die kostbaren roten Kristalle hergestellt, die die Sterilen den Chosen Ones monatlich in das Rote Bad gaben. Die komplette Tryade nahm das Bad ein, aber zu unterschiedlichen Mondständen. Da unterschieden sich die Geschlechter. Die Kristalle sorgten für Zellerneuerung in Lichtgeschwindigkeit und würden ihre Wirkung auch dann noch fortsetzen, wenn sie das gegen Ende dickflüssige Wasser bereits längst verlassen hatte.

Sich selbst in regelmäßigen Abständen zu verjüngen, war für den Körper möglich, aber anstrengend, es kostete Kraft und im wahrsten Sinne des Wortes manchmal Nervenstränge. Sie war müde davon, auch wenn man ihr das noch nicht ansehen konnte.

Bald schon, dämmerte es hoffnungsvoll in ihr auf, wäre sie erlöst. Niemand außer ihr konnte wissen, dass ihr das heutige als ihr letztes Rotes Bad in dieser Nach-Welt bestimmt war. Sie runzelte die Stirn: Vielleicht ahnte die Sterile etwas? Da war etwas hinter ihren Augen, etwas, das schimmerte, als könnte diese Sterile träumen. Chosen One verwarf den Gedanken. *Unmöglich.* Wie konnte sie nur so denken? Das war eine Sterile, unfruchtbar, Quantity-Material, Mangelwahre, nicht jemand, sondern etwas, eine Humanoide ohne Ahnenlinie. Ein launischer Impuls, noch weniger als auch nur einen einzigen ihrer Gedanken wert, und es wäre, als hätte sie nie gelebt. Hübsches kleines Gesichtchen und Albinokaninchenliebe hin oder her. Sie musste zugeben, dass sie einen überraschenden Anflug von Eifersucht empfand. Alice gehörte ihr, das Kaninchen war allein auf ihren Wunsch hin gezeugt worden.

Unterwasser öffnete sie ihren Mund und ließ die Flüssigkeit in sich eindringen. Sie ließ auch die Augen geöffnet, war ganz in Flüssigkeit eingehüllt. Ihr Gesicht kribbelte. Verschwommene Rottöne, Rauschen. Sie schluckte, verschluckte sich, hustete, tauchte wieder auf, holte tief Luft, versank erneut, diesmal in Dunkelheit, die Lider fest geschlossen, die schmalen Lippen aufeinandergepresst. *Jetzt einfach nicht mehr auftauchen, nie mehr*, wünschte sie. Sich auflösen in alle Körperflüssigkeiten, aus denen man bestand. Sie könnte es der Sterilen befehlen. Aber die dachte wie alle, dass Unsterbliche nicht sterben konnten. Das Leben des Sterilen war umso vieles geringer als das ihre. Auch wenn sie der kürzeste Code dieser Welt war, musste dieser Mythos um sie alle drei, die Tryade, die drei Unsterblichen, unbedingt gewahrt bleiben.

Sie wollte wie zum Spaß Blasen aus ihrem Mund entweichen lassen, doch das rote Kristallwasser erwies sich bereits als zu dickflüssig, um zu spielen. Selbst Tiere hatten Spieltrieb. Warum also nicht auch sie? C2 lebte ihn wenigstens aus, das musste man diesem Perversen lassen. Er wusste, wie man als Unsterblicher zu leben hatte.

So musste es sich im Fruchtwasser anfühlen, huschte eine wohlige kollektive Erinnerung durch ihr Bewusstsein. Getragen-Sein. Schon vorbei. Wenn diese Erinnerung am Ende des Bades auftauchte, und das tat sie so gut wie jedes Mal, bekam sie für eine Zehntelsekunde Angst vor dem Tod. Dann brauchte sie Alice wie die Luft zum Atmen. Sie brauchte jemanden, in den sie sich festkrallen konnte. Inzwischen war Alice der 19. Clon der ursprünglich rekonstruierten und damit modifizierten DNA weiblicher Albino Giants. Alice die 19. ihres Namens. Keine Ahnenlinie, eine Kopie.

Chosen One versuchte es immer wieder. Doch jede neue

alte Alice floh vor ihr. »Ganz die alte eben«, grinste sie süffisant. Ob Alice mit ihr baden würde? Ein einziges und zugleich letztes Mal wenigstens? Was würde wohl mit dem Giant passieren? Das Kristallwasser war spezifiziert und komplett auf C1 und die Bedürfnisse ihres alternden, krankhaft defekten Körpers hin abgestimmt und modifiziert worden. Das weckte ihre Neugier. Was würde mit einem Kaninchen passieren?

Ihr Bad unterschied sich, wenn auch nicht in seiner Grundstruktur, selbst von den Kristallen, die man dem Badewasser der anderen beiden Chosen Ones, C2 und C3, beimischte. »Bah!« Sie setzte sich auf, schlug mit der nassen Faust auf den glitschigen Beckenrand der riesenhaften Badekugel. Wasser sprühte als feiner Gischtnebel von ihrem Mund, »Männer«, sagte sie laut und abschätzig. »Nur Männer, und noch dazu maximal modifizierbare.« Aus einigen Metern Entfernung hörte sie die Sterile, vorsichtig wie eh und je, wenn sie badete, anklopfen.

Chosen One hatte der Unfruchtbaren ein fast durchsichtiges Gewand aus Seeseide anfertigen lassen, cremefarbene Muschelseide. Keine gewöhnliche Steckmuschel, sondern *Pinna nobilis*, die bereits für die antiken Philosophen der Vor-Welt als die größte Muschel des Mittelmeeres galt. Man hatte Text-Fragmente zu diesem Wasserwesen gefunden, sie nützlicherweise wiederentdeckt und dann reanimiert.

›Spinnerin der See‹, nannte man sie. Seeseide war einer der letzten natürlichen Stoffe dieser Welt, extrem teuer und aufwendig in der Herstellung. C1 hatte sie damit ausgezeichnet, deutlich gemacht, dass sie sie allen anderen Sterilen vorzog. Das lag nicht nur an dem hübschen Gesicht der Kleinen. Chosen One mochte ihre unaufdringliche Art, die

Ruhe, die die Kleine ausstrahlen konnte, während sie ihre Aufgaben erledigte.

Sie liebte es, die Sterile zu reizen. Zugegeben, es war schwer, sie aus der Fassung zu bringen. Wenn es Chosen One dennoch gelang, genoss sie es in vollen Zügen. Die Folgen dieser Bevorzugung waren für die Sterile zunächst eher unschöner Natur gewesen. Man schloss sie aus, wagte kaum, den Blick zu heben, um sie anzusehen. Aber sie war hier, um ihr zu dienen, und nicht, um fragwürdige Beziehungsbande zu knüpfen.

Chosen One gestand sich ein, es hatte Spaß gemacht, die Sterile wie eine Königin zu kleiden. Die Männerwelt der Mega-City hatte die Dysfunctionals, an denen sie sich austoben konnten, die sie kleiden konnten und auch sonst wie, legal und illegal, modifizierten. Sie seufzte. Wie das wohl wäre, wenn sie so etwas tun könnte?

C2 ließ sich in regelmäßigen Abständen Versehrte in seinen Teil der Großen Dreiseitigen Pyramide bringen. Die Versehrten wurden erst ausgeschaltet, wenn er mit ihnen fertig war. Das war ein offenes, wenn auch gefürchtetes Geheimnis. Kaum jemand sprach darüber. Er und seine Neigungen verbreiteten Angst, aber die Gerüchte um ihn verließen die Pyramide nicht, sie starben mit den Versehrten und jenen, die doch offen darüber zu sprechen wagten.

Chosen One war das ganz egal, denn für die Gesellschaft, der Nach-Welt, das Centrum, oder die Große Dreiseitige Pyramide hatten sie sowieso keinerlei Nutzen mehr. Sollte er sich doch mit Resten, mit Quantities, vergnügen, wie er wollte. Ihr hingegen blieb diese eine Sterile hinter Pyramidenmauern, wenigstens für die letzten Tage bis zu ihrem 150. Geburtstag. Bis dahin gehörte sie allein ihr.

Für was so ein hübsches, junges Gesicht doch alles gut sein konnte. Ein unfruchtbares Nichts, eine weibliche Quantity-Codierung, gehüllt in kostbarste Stoffe, nicht viel mehr als ein sehr lebendiges Spielzeug, wenn man so wollte. Chosen One fühlte sich wie ein gefährliches Tier, das in einem roten Sumpf lauerte, und ließ nur ihre Augen kurz oberhalb der Wasseroberfläche herausblitzen. *Ja. Das war's.* Sie gluckste. Auf Beute lauern, das gefiel ihr. Sie würde die Sterile erschrecken. Ein Lieblingsspiel war ›Sterben‹ spielen. Es wurde ohnehin Zeit.

Die kostbare Seeseide zeigte am Körper der Sterilen mehr, als sie verhüllte. Sie musste sich nackt und gefährdet fühlen, als Einzige so bekleidet unter den anderen Sterilen ihrer Caste. Die Luftfeuchtigkeit des Bades ließ die Seeseide an ihr kleben, sodass sich ihre kleinen spitzen Brustwarzen aufrichteten, die sie zumeist hinter geschäftigen Bewegungen zu verstecken suchte. Chosen One genoss diese Vorstellung. Noch ein paar Mal klopfen, erst leise, etwas schüchtern, wie es ihrem Wesen entsprach, dann lauter, vehementer, am Ende sogar ein bisschen verzweifelt. Kurz darauf würde sie zu ihr kommen, sie nicht sehen, weil das Wasser in seiner Dickflüssigkeit auch dunkler geworden wäre, so wie geronnenes Blut. So war das immer, wenn es Zeit wurde.

Die Sterile würde sie nicht lauern sehen, überlegen, ob C1 dem Roten Bad schon entstiegen wäre. Sie würde sich im Raum nach ihr umsehen, sie nicht finden, panischer werdend zurück zum Kugel-Becken eilen. Dann würde C1 schließlich nackt, zu voller Größe aufgerichtet, vor ihr stehen, über sie und alle erhaben, mit blutrot tropfender Scham. Als hätte sie schon seit Zeitaltern wie ein Relikt, wie eine Statue dort vor ihr gestanden, eben erst erblühend aus ihrer Unsterblichkeit heraus, gehäutet, als wäre sie wieder jung und so milchweiß zart wie die kleinen Brüste der Sterilen, die jetzt mit ihr beben und zittern würden. Bis sie auf die

Knie fiel, den Code betete und erst damit aufhörte, wenn sie ihr vergab, die Seeseide zu tragen, die sie eigens für sie hatte maßanfertigen lassen. Solange, bis sie ihr auch ihre kleinen festen Mädchenbrüste vergeben hatte und ihr hübsches Gesicht dazu. Vergeben konnte dauern ...

Wo das Kaninchen nur war? »Alice, wo bist du verdammt nochmal?«, flüsterte sie erneut. Es trieb sich in der Nähe der Sterilen herum. Ganz sicher. Irgendwann würde sie diese Beziehung auch noch verstehen. Die Kleine musste es mit Futter locken, anders ließ sich diese Verbindung schlichtweg nicht erklären. Schließlich kannte sie keinen weiblichen Giant, der sich zu Seeseide hätte hingezogen fühlen sollen. Immerhin wäre es ihr sofort aufgefallen, sobald sie das weiße Kaninchen heimlich auf die Arme genommen hätte. Muschelseide zog bei der kleinsten Berührung Fäden und ihr Kaninchen hatte Krallen. Das Klopfen ließ nach, die Sterile würde gleich eintreten, zu ihr an den Beckenrand kommen. Chosen One erhob sich aus dem Roten Bad und machte sich bereit, gebührlich empfangen zu werden. Das Klopfen hatte aufgehört.

ÜBER SEIDE

Er griff mit aller Geisteskraft nach der Erinnerung daran, wie man ihm erzählt hatte, dass da eine *Zweite Sonne* war. Eine magentafarbene Corona umgab ihr sengendes Licht. Sie war sehr viel kleiner als die *Erste Sonne* und noch viel weiter entfernt von ihm als die Erste.

Die Erzählstimme und erinnerte Geschichte waren wie so vieles in ihm programmiert worden. *Eingepflanzt*, ein schönes Wort, dachte er mit Blick auf die Obstbäume. Alle um ihn teilten diese unspezifische Erinnerung, die der ersten Orientierung in der Nach-Welt diente. Wie so oft nahm der Himmel eine dreckig-gedimmte, mattrosa Färbung an. Das war, wenn das grelle Licht der Ersten Sonne langsam schwand. Er sehnte sich nach völliger Finsternis, die für ihn gleichbedeutend mit Ruhe, mit Ausruhen, war. Nicht nach dem smoggigen Unlicht der Mega-City, in der es niemals wirklich dunkel wurde. Die Sonnen waren heute wieder kaum auszumachen. Ein schmerzhaftes Glühen senkte sich über seine Augenlider. Er konnte die Hitze der Sonnen fühlen, das bildete er sich wenigstens ein, und das, obwohl er einen Schutzanzug trug.

Die Sterile tauchte unaufgefordert in seinen Gedanken auf. Ihre Erscheinung weckte die stärksten Gefühle in ihm. Er war sich inzwischen vollkommen sicher, dass es sich um wahrhaftige, echte Empfindungen und nicht um bloße Quasi-Emotionen handelte. Seine Augen tränten. Das ewige Blinzeln strengte an. Ein Auge zuckte immer wieder nervös. Obwohl er noch so jung war, hatte sich auf seiner Stirn bereits eine tiefe, nachdenkliche Furche zwischen den Augenbrauen gebildet. Die Falte verschwand nur in den wenigen Momenten, in denen er seine Gesichtsmuskulatur entspannen konnte, weil er an sie dachte, oder wenn er, geborgen in seiner Schlafwabe, davon träumte, dass sie ihn dort besuchen würde und ihn an ihm liegend ganz in ihre seidigen Arme schloss.

Seidig, so stellte er sich vor, müsse sich auch ihre helle Haut anfühlen. Seide war auch vord er Großen Läuterung ein kostbarer Stoff gewesen. Ein unbezahlbares Luxusgut, das es nur noch in wenigen, musealen Resten gab. Der Stoff kühlte bei Hitze und wärmte bei Kälte. Auch er gehörte der Vergangenheit an. Eine Endlosfaser, von kleinen Insekten erzeugt, ein sogenanntes Filament. *Maulbeerspinner*, schoss das Wort wie auf Gedankenkommando in ihn ein. Er kostete es auf der Zunge, wog es, sprach es laut aus. »Maulbeerspinner.« Er kannte präparierte Exemplare. Die Seidenspinner waren ausgestorben. Synthetische Seide stünde dem unhygienischen Tierprodukt in nichts nach, hatten sie gelernt.

Da war die Sterile wieder. Man sagte, es sei nichts als Seeseide, ein Geschenk der Unsterblichen, das sie verhüllte, sich als letztes schützendes Gewebe zwischen sie, ihren Körper und die Außenwelt stellte. Seine Stirnfalte verschwand mit ihrem erneuten Auftauchen in seiner Vorstellung. Das Seidige ihrer Haut war den Schmetterlingen von einst näher als der synthetischen Herstellung von Seide, so wollte er wenigstens, dass es war. Er wünschte sich, dass an ihr etwas Natürliches geblieben war, und er wusste nicht, woher sich dieser innige Wunsch, sie möge etwas ganz Echtes haben, so plötzlich und glühend in ihm rührte. Er wollte, sie wäre einzigartig, zutiefst individuell für dieses Leben, das mit ihr wie mit ihm in Unreproduzierbarkeit, auf die die Ausschaltung folgte, enden würde.

DIE LICHTUNG

Sie waren schon seit Tagesanbruch im Wald unterwegs und er schien, ganz im Gegensatz zu ihr, überhaupt nicht müde zu werden, stellte sie säuerlich fest. So ging es tagein, tagaus. Jetzt hielten sie inne, direkt vor einer einladenden Lichtung. Er musste endlich erkannt haben, wie schrecklich müde sie war. Sie fühlte sich wie ausgebrannt. Ihr Mund war trocken. Das andauernde Laufen zog noch immer schmerzhaft in ihrem Becken nach. Als hätte man im Innen etwas zerrissen, das sich jetzt mühsam und nicht immer gut wieder miteinander verband.

Sie folgte ihm schon lange, ohne so recht zu wissen, warum und wohin. Es wurde Zeit, die Fragen, die in ihr loderten, an ihn zu stellen: »Warum sprichst du immer für viele? Wer ist *Wir*?« Er hatte ihr Antworten versprochen. Und er schwieg stattdessen ebenso ausdauernd, wie er mit großen Schritten den Wald durchquerte. Entweder wollte er ihr nicht antworten oder er konnte es nicht. Beides war zutiefst unbefriedigend. Schließlich wusste sie nicht mehr, wohin mit sich, und dieser Wald schien einfach nicht zu enden. Doch ohne ihn hätte sie nicht nur ihr Leben, sondern auch längst jegliche Orientierung verloren.

Wie orientierte man sich inmitten von Bäumen und Pflanzen, umgeben von Tieren und neuen Geräuschen, ja auch Gerüchen, die man nicht kannte und mit denen man sich auch nur schwer verbinden konnte? Man hatte sie nicht auf die Außenwelt vorbereitet. Sie war in einem Tempel aufgewachsen und ausgebildet worden. Warum hätte man ihnen erklären sollen, wie man sich in einem Wald zurechtfindet?

Nachts wurde es im Wald für sie noch schlimmer. Alles an ihr war wund und müde. Schlaf fand sie dennoch selten bis überhaupt nicht. Die Angst, wieder zu träumen, überschattete sie wie die dichten Baumkronen. Also hielt sie sich in der Dunkelheit mit dem Gebet der 12 Stränge wach.

Er nannte sie wie im Scherz ›Q‹. *Bloß ein Buchstabe*, wollte sie denken, vielmehr noch ein Sinnbild für all die Fragen, die er, an ihr hängend, unbeantwortet zurückließ. Zu lügen, um zu beruhigen, war ihm offenbar völlig fremd. Er hatte ihr gesagt, dass das die Awakened, selbst wenn sie es gewollt hätten, auch schlichtweg nicht konnten. Auf ihr »Warum nicht?« war er gar nicht erst eingegangen. Und es war ihr die meiste Zeit ohnehin, als würde sie fast ausschließlich zu seinem Rücken sprechen. Der Awakened war so viel schneller und größer als sie. Seine Schritte führten sicher durch den Wald. Er kannte jeden Baum. Für ihn schien das alles ganz leicht. Sie hingegen musste bereits all ihre verbliebene Kraft aufwenden, um mit ihm Schritt zu halten.

Seit Tagen tranken sie morgens süßen Tau von Blättern, wuschen sich an großen, seltsam geformten Trichterpilzen, in denen sich das Wasser gesammelt hatte. Das alles war neu. Sie hätte sich diese Welt weder vorstellen können noch hätte sie geglaubt, dass das der märchenhafte Wald aus Ms Erzählungen war.

Ihr war schwindelig. Das hatte nicht nachgelassen. Manchmal verschwamm die Umgebung um sie herum. Dann wurde der Awakened wurde mit jedem weiteren Schritt durchsichtiger. Er wirkte auf sie jetzt weniger manifest, nicht mehr wirklich aus Fleisch und Blut. Zeitweise sogar, und das erschrak sie am meisten, nicht einmal mehr wie ein Mensch.

Wenn sie am Tag bereits lange gegangen waren, war ihr, als könne sie den Wald durch ihn hindurchschimmern sehen. Als wäre er selbst Wald oder hätte diesen in sich aufgenommen. Vielleicht handelte es sich lediglich um eine Spiegelung?

Auch hatte sie den Eindruck, dass, seitdem sie sich aufgemacht hatten, und das ging schon eine ganze Weile so, sich ihr Farbsehen kontinuierlich veränderte. Ihre Wahrnehmung hatte sich, sie fand nicht das passende Wort … irgendwie seltsam *verschoben*. Außerdem, und auch das war seltsam, konnte sie nicht mit Sicherheit sagen, ob der Awakened nackt war oder bekleidet. Warum überhaupt dachte sie über so etwas nach?

»Unsere Biophotonen sind unterschiedlich ausgerichtet und aufgeladen. Das ist das ganze Geheimnis«, sprach er sie auf ihre Gedankengänge hin über seine Schulter zu ihr sehend an. »Wir können so unsere Körperdichte modifizieren, ganz ohne Bots.« Jetzt dachte sie plötzlich nur, dass er schön war. Er musste das ebenfalls erraten haben und lächelte sie wissend an.

Dann erkannte sie mit dem nächsten Schritt, den der Awakened setzte, dass er eine Art Gewand trug. Das Flimmern, welches sie meinte, gesehen zu haben, ging zu einem Großteil auch von seinem fließenden Umhang aus, der sich mit seinem Körper schier übergangslos verschmolzen hatte.

»Früher hat man das eine Toga genannt«, sagte er. »Sie war den Weisen vorbehalten, aber die gibt es nicht mehr.« Er beschleunigte seine Schritte, sodass sie erneut Mühe hatte, ihn einzuholen. »Wir sind bald da. Wenn wir auf der höchsten Lichtung angekommen sind, wirst du ausruhen können«, versprach er ihr.

Auf der Lichtung befand sich eine lose Gruppierung von kleineren und größeren Findlingen und er setzte sich dort mit einem erwartungsvollem Blick, der eindeutig ihr galt, nieder. »Zeit, einige deiner Fragen zu beantworten, Q«, sagte er für ihren Geschmack etwas zu breit lächelnd, während er auf einen anderen, nahe gelegenen Findling wies, damit auch sie sich setzte.

Sie seufzte erschöpft und hob zur Antwort abwehrend die Hände. »Schon gut, schon gut.« Sie ließ sich auf einem Findling mit abgeflachter Oberfläche nieder, ebenso aufmerksam wie früher im Tempel der Schöpfung, wenn ihr M ein neues ›lehrreiches‹ Märchen erzählen wollte. »Es sind aber so viele Fragen«, fing sie stockend an … *und es wäre schön gewesen, wenn sie ihr jetzt einfallen würden*, dachte sie missmutig.

»Okay, beginnen wir für heute mit etwas Leichtem, warum folgen dir Rehe?« Da fing er an zu lachen. Ja, er lachte immer lauter, inbrünstig und dann aus vollem Hals. Er lachte sie tatsächlich aus. Sie musste gestehen, dass sie auch sein freies Lachen mochte. Auf diese Weise hatte sie noch niemanden zuvor lachen gehört, ohne Hemmungen, ganz ohne Scheu, ohne jedwede Rücksichtnahme auf andere oder seine Umgebung, und trotzdem, *der hatte vielleicht Nerven.*

Sie schluckte die in ihr aufkeimende Wut hinunter, um sie nicht auch noch gegen ihn zu richten. Es reichte, dass sie wütend auf sich selbst war. Letztendlich hatte er sie für seine Begriffe gerettet. Ja, so musste er womöglich über das Ganze denken. »Du möchtest wissen, warum Wir dich gerettet haben?«, fragte er wie zur Bestätigung. Sie erschrak.

»Warum kannst du meine Gedanken lesen?«, stieß sie unwirsch hervor. Jetzt war es an ihm zu seufzen. Die Rehe waren nun ganz nahe und zudem ging, seit er saß, ein unregelmäßiges, ihr unbekanntes Summen oder Brummen von seinen Schultern aus.

»Wir werden von vorne für dich anfangen. So gut das eben möglich ist, von vorne an zufangen.«

»Nochmal, wer ist wir? «

»Wir sind die Awakened! «

»Aber ich sehe nur dich und die Tiere, die dir folgen! «

Sie verschränkte trotzig die Arme vor der Brust und stand von dem Findling auf. Dann ging sie in kleinen wütenden Kreisen um die Steine herum, um keine dummen, undurchdachten Fragen stellen zu müssen.

»Du musst gar nicht alles durchdenken. Fühlen ist viel besser und auch viel mutiger. « Er lächelte gewinnend in ihre Richtung und das ungeduldige Summen um ihn schwoll an. Sie hingegen versuchte sich, über ihre Atmung, die sie nun gezielt verlangsamte, zu beruhigen.

»Na schön. Fang von vorne an!« Sie setzte sich erneut. Ein plötzlicher Stich mitten durchs Herz. Wieder Schmerzen. Sie zuckte kurz zusammen, versuchte aber, sich vor ihm nichts anmerken zu lassen.

»Das dauert seine Zeit«, sagte er jetzt mitfühlend und mit ernstem Gesichtsausdruck. »Wichtig ist, dass die Metallteilchen raus sind, dass der Chip in deiner fünften Herzkammer deaktiviert ist und dass Wir deine Blutung stoppen konnten. Der Blutverlust hat dich viel Kraft gekostet und deshalb fühlst du dich noch immer schwach. Daher kommen auch die Gleichgewichtsstörungen und der Schwindel.«

»Deine Diagnosen klingen stichhaltiger als die aller medizinischen Überwachungseinheiten im Tempel der Schöpfung zusammen«, entgegnete sie leise zischend und mit einem Anflug von Sarkasmus. »Du weißt ziemlich gut, wie ich mich fühle, und das für einen Fremden, insbesondere für einen Mann«, setzte sie nach. Wie sie sich doch nach Ms Armen sehnte, nach ihrer Schulter, an der sie so oft geweint hatte, nach Halt, nach Geborgenheit und Wärme.

»Und natürlich hast du Hunger, aber das klären Wir bald, womöglich schon im nächsten Kapitel, jedenfalls nicht zu spät«, sagte er weiterhin in einem wohlwollenden Ton. »Lass uns Frieden sein«, bot er ihr an und streckte, wie um seine Worte zu bekräftigen, die geöffnete Hand nach ihr aus. Sie nickte dazu stumm und konnte sich dabei nur vage vorstellen, was genau er meinte.

»Dann also von vorne!«

»Von vorne.« Er schüttelte sich kurz, schloss die Augen, wie um sich zu entspannen, und begann.

IM KREIS

Er hielt die Augen geschlossen und hatte den Kopf in den Nacken geworfen. Nach einer kurzen Pause der inneren wie äußeren Einkehr begann er zu sprechen. Sie versuchte, sich auf seine Stimme zu konzentrieren. »Von Vorne: Die Erde ist der blaue Planet. Kaum jemand nennt sie noch so«, beantwortete er eine ihrer ungestellten Fragen. »Für uns, die Durchdrungenen, die Awakened, war sie immer blau. Auch obwohl ihr ihren Himmel vordergründig in Graustufen wahrnehmt und ihre Gewässer in anderen verschmutzen Farben. Manchmal aber gibt es sogenannte ›blaue Fenster‹. Derzeit sehen nur sehr wenige, ganz außergewöhnliche Menschen, das volle, euch ursprünglich jedoch mögliche Farbspektrum. Die Erste Sonne des blauen Planeten strahlt in einem gelbweißen Spektrum. Der zweite, kleinere Fixstern in einem intensiv lodernden Magenta. Für viele ist die Zweite Sonne zu weit weg. Nicht alle glauben an ihre Existenz, obwohl sie direkt vor eurer Nase am Himmel steht.«

Im Dickicht bewegte sich etwas. Jetzt hatten sich ihnen auch die Rehe wieder genähert. Sie zählte 12. Er lächelte. *Was weißt du über den blauen Planeten?* Eine Erinnerung schlug Wurzeln in ihrem Tagesbewusstsein. Diese Frage hatte sie schon einmal gehört. Man hatte sie ihr wieder und wieder gestellt, in ihren Träumen …

Sie sah ihn aufmerksam an. Wie er da auf dem größten Findling der Waldlichtung saß, nun auch im Lotussitz, den sie so gut kannte, der ihr so vertraut war, die Hände entspannt auf seinen Knien abgelegt. Aufrecht. Als sei dieser Augenblick, diese ungewöhnliche Situation in der Wildnis, alltäglich und das Allernatürlichste für ihn. Als würde er das jeden Tag tun. Die Erkenntnis, an wen oder was er sie in dieser Pose erinnerte, traf sie wie ein kleiner Stein direkt am Kopf: Wie eine der ehrwürdigen Muladharas des Tempels der Schöpfung saß er vor ihr. *Ganz ähnlich, wie M es einst getan hatte. M.* Sie war mit einem Mal traurig und ihre Emotionen ergriffen Besitz von ihr bemächtigten sich ihrer vollständig, drohten, sie zu überrollen.

»Das ist in Ordnung so. Deine Gefühle intensivieren sich und lösen in ständigen Wellen einander ab. Du beginnst erst jetzt richtig zu fühlen, und es wird auch noch intensiver werden. Das sind echte Emotionen. Wir haben das Künstliche aus dir entfernt, so gut das eben möglich war. Problematisch sind allerdings die Lücken. Auch das Fühlen überhaupt anzunehmen, nach all den Jahren der Programmierung und Indoktrination, der bewussten Abspaltung von der blauen Frequenz, die die Frequenz der Transformation ist. Dein Körper hat das regelrecht herbeigesehnt, aber der Weg konnte leider nur durch den Schmerz führen. Du bist sogar so weit gegangen, dass du gewissermaßen gestorben bist.« Er schaute sie anerkennend an. »Und deshalb bekommst du jetzt ein ganzes Leben. Eine neue Chance. Gern geschehen«

Beide wurden für einige Momente still. Dann sagte er fast ehrfürchtig etwas völlig Unerwartetes zu ihr: »Du bist die allererste Frau, die Wir jemals gesehen haben. Ich konnte dich nicht einfach so verbluten lassen.« Seltsam, was ihr bei dieser Feststellung zuerst auffiel: Sie hatte ihn wiederum zum ersten Mal, seit sie einander begegnet waren, »Ich« sagen hören, und sie wusste instinktiv, dass das etwas zu bedeuten hatte, nur konnte sie beim besten Willen nicht sagen, ob es etwas Gutes war.

»Warum hast du meine Ausschaltung verhindert und wie hast du das getan?« Die Frage platzte endlich aus ihr heraus. Das war die wichtigste von allen gewesen. Gleich nach »Wer bist du?«, und die konnte er nicht immer wieder mit »Wir sind die Awakened« beantworten, denn darunter konnte sie sich einfach nichts vorstellen, außer dass das alles Männer mit speziellen Fähigkeiten und offenbar großem, ihr bisher verborgenen Wissen, sein mussten.

»Es gab eine Bewusstseinsabspaltung, als Wir dich da am Waldboden liegend gesehen haben«, fuhr er fort.

»Wie meinst du das?«, fragte sie.

»Das hat etwas in Uns ausgelöst, und zwar eigenmächtiges Handeln, nicht im Sinne aller Durchdrungenen. Das war und ist etwas Unvorhergesehenes. So etwas gibt es bei uns sonst nicht. Wir haben auch keine Namen, aber aus völlig anderen Gründen als ihr. Wir sind Eins: Ein großes Bewusstsein. Ein Denken. Ein Fühlen. Ein Handeln. Ein Sehen. Manchmal sogar ein Körper, wenn Wir wollen. Wir sind nie voneinander getrennt. Wir fühlen seit Jahrhunderten in einer Pansensualität. Du hast das verändert.«

Sie schluckte.

»Was glaubst du, warum Rehkitze weiße Punkte haben?« Seine Fragen waren ihr ebenso fremd wie seine Antworten.

»Rehkitze?«

»Baby-Rehe, Kind-Rehe, neugeborene Rehe, wie auch immer du sie nennen willst.« Sie kannte Rehe überhaupt nur aus einem Märchen-Fragment von M, das die Muladhara ›Brüderchen und Schwesterchen‹ genannt hatte. Da hatte das Reh Wasser getrunken, wenn sie sich recht entsann, und Menschen konnten Rehe werden und Rehe Menschen.

»Ich weiß es nicht«, gestand sie. Sie mochte sein Frage-und-Antwort-Spiel nicht länger. Dafür hatte sie weder Nerven noch Zeit und erst recht keine Kraft übrig.

»Jedenfalls haben Wir Zeitlinien verschoben. Nein, nicht Wir, das war allein ich und damit habe ich erstmalig den Weg in ein singuläres Bewusstsein beschritten. Das war unabwendbar. Verstehst du das? Ich bin nur noch anteilig mit dem großen Wir der Awakened, die meine geistige und emotionale Heimat sind, verbunden.«

Sie verstand, dass er etwas geopfert hatte und dass da tief empfundenes Bedauern, nein, eine noch viel größere Trauer in ihm war. Sie konnte ihn fühlen, dieses Mal nur ihn.

»Das hättest du nicht tun sollen. Ich hatte das als Strafe verdient, für meine Flucht und außerdem bin ich jetzt nutzlos, völlig nutzlos. Ich habe überhaupt kein Recht zu leben.« Damit stand sie auf.

»Weil du das Kind verloren hast? Es war nicht tot geboren. Es hat kurz geatmet. Wir haben es erfühlt und so lokalisieren können. Es hatte eine starke Präsenz, und die hat in den ganzen Wald hinein ausgestrahlt. Dadurch haben Wir dich überhaupt erst gefunden. Und ich ... ich konnte dann nicht anders.« Er sah zu Boden und sprach weiter: »Du warst bei Weitem das Interessanteste, was mir seit langem vor die Füße gekommen ist.« Nun sah er auf und lächelte wieder. Das hatte er ganz offenbar auch noch als Kompliment gemeint. »Die Punkte der Rehkitze haben, nachdem die Zeitlinien übersprungen waren, Möglichkeiten aufgezeigt, wie eine Art natürliche Wahrscheinlichkeitsrechnung. Deshalb waren sie gleich da. Alles ist verbunden. Gewissermaßen hat dich die Anzahl ihrer weißen Punkte gerettet.«

»Das kannst du nennen, wie du willst, aber bloß nicht Rettung!« Sie ging wieder im Kreis.

»Eine Möglichkeit war, dass du überlebst, mit uns kommst und von uns lernst. Für diese Möglichkeit habe ich mich bewusst und mit Zuhilfenahme all meiner Fähigkeiten entschieden. Es gibt eine Prophezeiung, musst du wissen, die niemand bisher ganz entschlüsselt hat, auch uns Durchdrungenen ist ihr Sinn wie im Nebel verborgen. Wir waren aber sofort sicher, dass sie mit dir zu tun haben muss. Dein Baby konnten Wir nicht retten. Wir hatten nur Zeit für einen von euch, und das Kind war körperlich sogar noch schwächer, als du es warst, auch wenn es eine starke Präsenz hatte.«

Tränen stiegen ihr ohne jede Vorwarnung in die Augen, die Erinnerung überwältigte sie. *Der Pilz.* Suche. Dann der metallische Geruch von ihrem eigenen Blut, modrigen, feuchten Waldboden, das Licht der untergehenden Sonnen auf ihr, den Bauch halten, rennen, zerkratzte Arme und Beine, immer wieder hinfallen. Aufstehen. Ein schwarzes Loch, das ihr Körper war. Ausgehöhlt sein. Angst. Der COUNTDOWN. Todesangst. Letzte Angst, Scham. Schuld. Resignation … und plötzlich Er. Da war er. Auch jetzt noch war er bei ihr. Sie wandte sich ab.

DAS BRUMMEN

Etwas brummte unstet ganz in der Nähe ihres linken Ohres. Sie schlug danach. Sehr feine Luftaufwirbelungen an ihrem Gesicht hatten das Brummen begleitet. Sie lag auf der Seite. »Q?! … Quuuuhuuuh …« Sie sprach ihre Codierung wie im Reflex laut aus, bewegte die Lippen im Sprechgesang gleichmäßig, schon fast monoton. Sie sprach gegen den Buchstaben, der geblieben war, an. Nicht mehr als eine feine, weiße Narbe. Dann rezitierte sie erneut das Gebet der 12 Stränge. Sinnverkettungen aus Worten, in die sich ihr gemarterter Geist flüchten konnte, von Zeit zu Zeit wenigstens. Sie träumte das. *Es musste so sein. Wieder ein Traum. Albtraum, das alles.* Sie war kein Rest, kein einzelner, einziger, kein letzter, hinterbliebener Buchstabe, der weder Quality noch Quantity voneinander unterschied. Sie war nicht Q. Doch da war auch er und er nannte sie so, er rief sie »Q?«

Etwas kitzelte sie an der Nasenspitze. Sie öffnete verschlafen die Augen. Nur einen Spalt weit. Grelles Licht blendete. Die Umgebung verschwamm, wurde deutlicher, verschwamm von vorne, das Zusammengesetzte zerfiel in Einzelbilder, setzte sich wieder zusammen, wurde eins. Sie kniff die Augen zu, öffnete sie, fokussierte sich auf Details, versuchte es wenigstens. Erschrak, das waren neue Farben …

Die Erkenntnis lag ihr wie ein Stein in der Magengrube. Völlig neue Farben. Sie setzte sich auf, rieb sich die Augen. Ihre Kleidung war klamm. Es war noch lange nicht Mittag. Die Erste Sonne wanderte in ihren Zenit und sie brannte auch jetzt schon, unerbittlich. Zum Schutz vor ihr schirmte sie die Augen mit der Hand gegen das Licht ab. Fast schon eine ebenfalls reflexartige Bewegung. So hatten sie es im Tempel gelernt, wenn sie als Mädchen ihre Strahlungsschleier verlegt hatten. Die Erinnerung daran stach jetzt mehr, als die Sonne es gekonnt hätte. Sie vermisste die schützenden Mauern.

Ihr Leben lang war sie von Mädchen und Frauen umgeben gewesen. Besonders nachts kamen die vertrauten Stimmen zu ihr zurück, und es war, als würde sie suchend die langen Gänge des Tempels der Schöpfung entlangwandern wie ein mit jedem weiteren Schritt durchsichtiger werdender Geist. Sie wusste, es musste Geister geben, es gab Geschichten über sie. M kannte Geistergeschichten, und sie hatte ihnen diese meistens dann erzählt, wenn der Mond nicht zu sehen war, wenn der umfinsterte *Leermond* kam. Viele von ihnen fürchteten die Dunkelheit. Sie flüchteten sich zueinander.

Da war das feine Kitzeln wieder. Ihre Nase kribbelte. Das Kribbeln breitete sich in ihr aus. Sie nieste laut und war mit einem Mal nicht länger durchsichtig. Sie hatte die verschlungenen Tempelgänge ihrer Träume verlassen, hatte M und ihre Geistergeschichten zurückgelassen zwischen alten Mauern, ein Gefängnis, das sie nun nicht mehr bewohnte.

Jetzt war sie ganz da, setzte sich erneut auf und sah den Awakened vor sich kauern, der ihr Gesicht, um sie zu wecken, sachte mit einem langen Grashalm gekitzelt hatte. »Wie fühlst du dich?« Er wirkte besorgt und seine Augenfarbe hatte sich leicht verändert, stellte sie zunächst etwas ungläubig fest. Wie lange hatte er da gesessen und sie beim Schlafen beobachtet? Hatte er über sie gewacht?

»Schwindelig, hungrig, ausgelaugt, dauerhaft müde«, antwortete sie ihm zerknirscht, während sie sich den verspannten Nacken rieb.

»Du sprichst im Schlaf.«

Sie nickte. »Habe ich mir gedacht«, erwiderte sie matt.

»Das ist gut, du verarbeitest das Erlebte endlich.« Er strahlte. »Es ist sowieso erstaunlich, dass du träumst. Normalerweise tun das die allerwenigsten Transhumanoiden. Aber was ist schon normal?!«

»Warum sollte ich nicht träumen?«, fragte sie ihn etwas beleidigt.

»Weißt du, ob du die Einzige warst?«

»Wie meinst du das?«, wollte sie wissen.

»… die Einzige, die geträumt hat … bei euch im Tempel?«, wiederholte er seine Frage.

»Ich hatte ständig Albträume. Manchmal auch von Ms verbotenen Märchen-Fragmenten oder vorm Dunkelmond, von kalten Händen, die maschinell an mir arbeiteten und von den künstlichen Befruchtungen natürlich, von den allerersten Kinderschreien, die irgendwann alle gleich für mich geklungen haben, und das, obwohl wir sie nie sehen durften.« Die Erinnerung daran bildete den Schmerz auch in ihren Gesichtszügen ab.

»Weißt du nun, ob deine Schwestern auch geträumt haben, oder nicht?« Der Awakened wirkte ungeduldig auf sie. Als könnte er die Antwort kaum abwarten.

»Nein. Nur von M, unserer Muladhara, kann ich es mit Sicherheit sagen, aber sie war sowieso besonders in jeder Hinsicht. Sie konnte Träume herbeirufen, beliebig verändern, erfinden und sogar verscheuchen, wenn sie allzu finster waren. Sie hat mir oft mit meinen Albträumen geholfen.« Der Awakened machte kurz einen nachdenklichen, beinahe abwesenden Eindruck auf sie. »Was ist nun?«, unterbrach sie seinen seltsam verklärten Ausdruck etwas zu direkt und zu barsch, wie sie insgeheim fand, denn sie mochte diesen speziellen Ausdruck an ihm.

Das Brummen aus ihrem Traum meldete sich etwas gedämpfter als zuvor zurück, wurde nun aber deutlicher, fast wirkte es ungeduldig auf sie, als hätte es einen eigenen Willen.

»Was ist das? Hörst du das auch«, fragte sie.

»Wir haben dir neue Freundinnen mitgebracht, die deinen Hunger stillen werden. Genau genommen waren sie die ganze Zeit über schon da. Sie begleiten uns bereits seit einer ganzen Weile.« Mit diesen Worten griff er nach etwas, das sich auf seinem Rücken befand. Er tastete kurz unter seinem Gewand und brachte dann ein etwa handgroßes, ausgehöhltes Stück morsches Holz zum Vorschein, aus dem das Brummen aufgeregt tönte. »Eine Höhle«, sagte er. »Warte, gleich wirst du sie sehen, Seine Majestät ist etwas schüchtern vor Fremden.« Schüchtern kam ihr das Brummen jedenfalls nicht vor. Er lächelte verschwörerisch. Das Geräusch war neu für sie, und sie konnte sich einfach keinen Reim darauf machen. Vielleicht ein Relikt oder etwas sehr altes Mechatronisches? »Nein, sie ist lebendig.« Er schüttelte die kleine Höhle kurz. Und dann kam es verärgert herausgekrabbelt. Es war pechschwarz und glänzte metallisch. Sie wich instinktiv zurück. Das Wesen brummte aufgeregt. »Sie ist nur etwas ärgerlich, weil sie sich vermutlich gerade um ihre Brut gekümmert hat.«

»Aha«, erwiderte sie bleich und brachte noch weitere Centimeter Abstand zwischen sich und das Sonderwesen. »Findest du nicht, dass du mir insgesamt etwas viel zumutest? So viele Tiere habe ich in meinem ganzen Leben noch nicht gesehen, wie in den letzten paar Tagen, die ich mit dir unterwegs bin. Besser gesagt, ich habe zuvor noch überhaupt keine Tiere gesehen und Pflanzen nur ganz wenige bestimmte. Man könnte also sagen, ich kenne bisher vor allem erzählte Pflanzen und Tiere, zu denen ich mir eigene innere Bilder gemacht habe, die natürlich nicht stimmen und jetzt alle durcheinandergeworfen werden. Das macht gehörige Kopfschmerzen und verunsichert zutiefst, insbesondere in meinem Zustand!«, bemerkte sie in einem einzigen nervösen Redeschwall und verschränkte dazu abschließend die Arme.

Der Awakened seinerseits schien sie gar nicht zu beachten. Er war ganz auf das geflügelte Tier fixiert, das er liebevoll über seine Hand wandern ließ. »Pssscht! Ich rede gerade mit ihr. Auch sie braucht Nahrung für sich und ihre Larven, sagt sie. Ich dachte, sie würde noch schlafen, aber die Sonnen stehen zu hoch. Wir werden ganz einfach tauschen, denn sie findet auch noch nicht viel.« Er zwinkerte erfreut. »Willst du gar nicht wissen, wer sie ist?« Er sah sie vorwurfsvoll an und sie konnte sich beim besten Willen nicht vorstellen, was dieses kleine Tier Nahrhaftes zu bieten haben sollte.

»Die ist doch viel zu klein. Nur so groß wie mein kleiner Finger.« Sie wackelte wie zur Bestätigung mit ihrem Finger. »... und sie ist keine konzentrierte Nahrung«, fuhr sie fort, »... nicht einmal eine Nährstoffzelle, bestimmt keine Kapsel. Wie soll man von diesem Tier satt werden?«

Er blickte sie mit zusammengezogenen Augenbrauen an. War das etwa Wut? Konnten Awakened wütend werden? Sie hatte ihn immer als ganz sanft wahrgenommen. »Du wirst sie nicht anrühren!«, sagte er strang und legte schützend eine Hand um das aufgeregt brummende Insekt. »Wir bitten um etwas mehr Respekt, schließlich ist sie ist eine extrem seltene, große, violett-flügelige Holzbiene, eine Wildbienenkönigin und sie zieht Kinder auf! Du wirst schon sehen«, flüsterte er. »Setz dich wieder hin und gib ihr etwas Raum, du bist genauso neu für sie und im Augenblick bist du ihr nicht einmal sehr sympathisch, liebe Q.«

DIE SIEBTE

Sie kam sich wie ein dummes, auf jeden Fall unfruchtbares und damit degeneriertes, weibliches Quantity-Kind vor, das seine Gebete nicht lernen wollte und trotzig auf einem dieser großen Steine hockte. Er hingegen nannte diese fast schon ehrfürchtig ›Findlinge‹, große Steine, die überall im Wald verstreut herumlagen. Dabei starrte sie auf ihre rissigen, schmutzigen Füße, die teilweise noch immer mit kühlendem Moos bandagiert waren. Er hatte das getan und es hielt.

Der Awakened kannte alles und offensichtlich jeden in diesem Wald. Tiere und Pflanzen, Steine, egal wie groß oder klein, waren wie Menschen für ihn, eine Unterscheidung gab es nicht. Sie sah Ms Märchen jetzt aus einem anderen Blickwinkel, betrachtete sie durch ihn in einem neuen Licht. Sie fragte sich, ob sich die Awakened in Tiere verwandeln konnten oder ob Tiere kleinere Awakened waren oder gemeinsame Evolutionslinien teilten. Vielleicht hatte es Experimente gegeben? Immerhin gab es in den Geschichten der Muladhara durchaus so etwas wie Mischwesen, geflügelte Frauen oder Fischfrauen, halb Mensch, halb Tier. Nixen hießen die. Sie konnten ihre äußere Erscheinungsform wechseln, nicht immer freiwillig, manchmal jedoch sogar ganz gezielt. Auch wenn sie in den verbotenen Erzählungen schön waren, hatten sie ihr Angst gemacht, wenn sie in ihre Träume kamen oder wenn sie davon träumte, plötzlich ein Reh zu sein oder eine Frau mit einem kalten Fischschwanz als Unterleib, schwanger und ohne die Möglichkeit, ihr Kind gebären zu können.

»Es ist verständlich, dass es dir vorkommt, als würdest du zwischen Traum und Realität schwanken, nach allem,was du durchgemacht hast«, erklärte er ihr geschäftig, während er fortfuhr, weitere ausgehöhlte Äste aus seiner Gewandung zutage zu fördern. Aus jeder einzelnen der kleinen Höhlen kam missmutiges Gebrumme. »Dein komplettes Nervensystem knüpft neue Verbindungen. Es schließt die Lücken. Würden Wir nicht permanent auf anderer Ebene eingreifen, wärst du schon gestorben. Es ist auch nicht so, dass Wir dich nicht genährt hätten. Alles um dich herum ist Nahrung. Jeder Baum, den du siehst, riechst, fühlst und atmest, nährt dich auf allen nur denk- und fühlbaren Ebenen.« Das war ihr jetzt wirklich zu hoch, aber der Awakened sprach weiter: »Der Geschmackssinn ist nur einer von vielen Sinnen.« Mit diesen Worten überreichte er ihr feierlich eine der inzwischen sieben brummenden Höhlen.

»Das könnte wirklich auch jetzt noch ganz anders ausgehen. Du könntest zum Beispiel mit Zuckungen am Boden liegen, nicht in der Lage, deine Gliedmaßen zu steuern, auch die Gefahr eines Herzstillstandes besteht leider weiterhin, und das, obwohl ... obwohl ich es berührt habe ...« Jetzt lächelte er ein sehr leises, wissendes, wenn nicht sogar beinahe schüchternes Lächeln, das sich, so wusste sie sofort, just in diesem Moment für den Rest ihres Lebens in sie eingeschrieben hatte. Sie fühlte etwas, das sie, sie konnte es nicht anders beschreiben, tief in ihrem Herzen speichern würde und in ihrem Bauch. Dieser Ausdruck auf seinem Gesicht berührte alle ihre Sinne. Sie legte sich die Hand auf die Brust und atmete tief durch, fühlte ihr Herz. »Alles in Ordnung?«, fragte sie der Awakened. Die Holzbienenköniginnen brummten ungehalten dazu. *Das würden keine Freundinnen werden*, dachte sie leicht genervt. »Wir haben mit fester Nahrung noch etwas gewartet. Sie könnte dich, also deine Sinne, sagen wir mal überwältigen«, entschuldigte sich der Awakened. »Es tut uns leid, wenn du dich hungrig fühlst. Wir werden das wiedergutmachen«, versprach er ihr.

»Was ist, wenn ich längst Mangelerscheinungen habe?«, fragte sie vorwurfsvoll. Sie hatte dieses ›schöne neue Leben‹ der Wanderschaft durch den Wald inzwischen weitestgehend akzeptiert, größtenteils weil sie sich sicher war, dass er bei ihr bleiben würde. Sie wollte so viel wie nur möglich von ihm lernen und wissen. Alles Neue saugte sie in sich auf, als könnte man es ihr jeden Augenblick wieder nehmen. Er lachte.

»Mangelerscheinungen?! Was soll das sein? Die hattest du vielleicht vorher. Das hier ist wirkliche, echte, kostbar-natürlich-unmodifizierte Nahrung, die allerbeste sogar.« Er begann, die Brummgeräusche mit geschlossenen Augen zu imitieren, was ihm tatsächlich gelang, und die schwarzen Königinnen reagierten, wie könnte es anders sein, auch noch auf ihn. Fasziniert beobachtete sie das ungewöhnliche Treiben. »Aber warte«, sagte er, »vorher sorgen Wir für Ausgleich. Wir sind unseren brummenden königlichen Freundinnen nämlich ausgesprochen dankbar fürs Teilen und möchten etwas zum Tausch geben.« Damit deutete er mit amüsiert-ernster Miene eine knappe Verbeugung vor den hölzernen Brummhöhlen an, die er feinsäuberlich in einem Kreis um sich herum auf dem Waldboden ausgebreitet hatte. Er saß umgeben von allen Höhlen, bis auf jene, die Q in ihren Händen hielt, im Lotussitz direkt vor ihr auf dem bemoosten Waldboden. »Jetzt sieh genau hin, schau auf meine geöffneten Handteller«, forderte er sie auf, »gleich wird etwas Wunderschönes geschehen.«

Seine Augen waren geschlossen. Der Awakened wirkte entspannt, war aber nach innen konzentriert, seine Brust hob und senkte sich rhythmisch, sodass sie sich kurz über sich selbst überrascht vorstellte, wie es wäre, daran einzuschlafen.

Dann erwachte ein sonnenhelles Leuchten in seiner Brust, das an den äußeren Rändern in einer bläulich violetten Corona auslief. Das vibrierend helle, blau-violette Licht floss von seiner Körpermitte durch seine Arme und sammelte sich in seinen Händen, die kleine Becken bildeten. Es sah aus, als ob er in seinen Händen das reinste Licht hielt. Nein, es quoll wie ein lebendiger Strom, der nicht abreißen wollte, aus seinen schönen, feingliedrigen Händen. Bewegliches, fließendes Licht.

Q staunte. Es war ihr unmöglich, den Blick auch nur für eine Sekunde abzuwenden. Sie hatte Angst, dass alles Schöne, das sie jetzt sehen durfte, genauso schnell vorbei wäre, wie es gekommen war, wenn sie auch nur kurz blinzelte. Sie wagte kaum zu atmen.

Aber das überirdische Licht blieb. Es bewegte sich rhythmisch in gleißenden, rechtswindenden Spiraldrehungen fortwährend aus seinen Händen heraus. Jede Spirale aus Licht war eine eigene kleine Sonne mit eigenem Centrum. Aus dem Licht wuchsen dort, wo es am hellsten war, zwei schmale längliche, aufrecht stehende Blütenknospen, die sich langsam, wie in Zeitlupe, vor ihr öffneten. Von den großen, schlanken Knospen ausgehend, machten sich zartgrüne Kletterranken auf, die Arme des Awakened zu erkunden und dann zu besiedeln.

»Sie hat sich nicht verändert, über Unzeiten hinweg nicht. Ihre Abstammung bildet eine in sich geschlossene Klade, eine systemische Einheit. Die violette *Passiflora incarnata*. Sie ist wie Wir, eine Durchdrungene. Eine reine, unantastbare Schöpfungsenergie, und damit unsere Verbündete.« Er öffnete die Augen und die feinen Blütenranken wuchsen und wuchsen zuerst vorsichtig und gemessenen Tempos, bewegten sich dann aber schneller und immer schneller werdend seine Arme hinauf, ganz als würden sie ihn in aller Leidenschaft liebkosen wollen. »Bis heute hat man nicht alle ihre Inhaltsstoffe erfasst. Sie setzt sich zur Wehr, indem sie ein Mysterium bleibt, ein ungelöstes, eigenwilliges Geheimnis. Sie wächst nicht einmal in den paradiesisch anmutenden Letzten Gärten der Großen Dreigeteilten Pyramide des Centrums. Ganz einfach, weil sie es nicht will. Sie möchte frei bleiben und ihre Freundschaften und Bündnisse pflegen.«

Q hatte von den Letzten Gärten gehört, aber jeder wusste, dass die Große Dreigeteilte Pyramide das Centrum der Welt war und dass sie alle ihr allein unterstanden. Sie war und blieb der in der Nach-Welt sichtbare Quell-Code allen Seins. Bis zu diesem Punkt war das die einzige Wahrheit, die sie kannte und akzeptieren wollte. Bis jetzt.

Sehr langsam, wie in Zeitlupe, öffneten sich Blatt für Blatt zehn zartviolette Kronblätter inmitten der knospend leuchtenden Hände des Awakened und mit jeder noch so winzigen Bewegung der aufgehenden Handsonnen konnte Q etwas mehr erahnen, was sich im Inneren der Blüten befand. Ganz als würden die Blüten zu einer geheimen Musik tanzen. Ihr wundersames Erblühen ließ sich Zeit, ereignete sich stufenweise. Ein auffälliger Strahlenkranz, der von weiteren zehn Hüllblättern in einer ebenfalls farbenprächtig strahlenden Nebenkrone umfasst war, zeigte sich. Sie hatte vor Staunen den Mund leicht geöffnet und traute sich noch immer nicht zu blinzeln, geschweige denn, dem Awakened etwas zu erwidern. Das musste ein Wunder sein. Was hätte M bloß dazu zu sagen gehabt?

Fünf sonnengelbe Staubgefäße wagten sich aus dem zarten Inneren der Blüten hervor, saßen auf einer hellgrünen Säule zusammengefasst und gebaren einen vor Nektar klebrig feucht glänzenden Griffel mitsamt einer dreigeteilten, gelblich schimmernden Narbe, die jeweils den höchsten Punkt der erstaunlichen Wunder-Blüten bildete.

Das königliche Brummen aus den, um den Awakened kreisförmig gruppierten, Holzhöhlen, intensivierte sich ebenfalls und krabbelte bedächtig näher und näher heran. Sechs schwarze Holzbienenköniginnen hoben ab, flogen zeitgleich aus ihren Behausungen, landeten auf seinen Händen, umschwärmten, umtänzelten freudig das Leuchten der Blumensonnen, die ihrerseits anfingen, sich immer schneller werdend um sich selbst zu drehen. Der Spiralkranz der beiden riesenhaften Blüten erzeugte ein schier unbeschreibliches Lichtkreisen, in dessen Mitte die schwarzen Holzbienen mit ihren blau-violett fluoreszierenden Flügen thronten, fast so als würden sie auf den Blüten Karussell fahren.

»Das ist Unser Geschenk an die schwarzen Wildbienenköniginnen, unsere Freundinnen und Verbündeten«, sagte der Awakened feierlich, »ein wahres Festmahl.« Q kam aus dem Staunen nicht heraus. Sie verhielt sich mucksmäuschenstill und beobachtete angespannt die Szenerie, ängstlich, sie könnte *das Wunder im Wald* unterbrechen. So etwas kam selbst in ihren Träumen nicht vor. Ihre eigene Vorstellungskraft reichte dafür einfach nicht aus, schloss sie. Auch in den Erzählungen der Muladhara hatte sie nicht einmal annähernd Ähnliches erfahren.

Die Holzbienen labten sich an dem Nektar der Passionsblumen, deren Einzelblütendurchmesser etwa zwanzig Centimeter umfasste, so schätze Q. Sie genoss den Anblick, das Licht, die exquisiten Blüten, ihren Duft, die fröhliche Nektargier der bläulich schillernden, im Flug kreisenden Königinnen.

»Sie sprechen, musst du wissen. Durch ihr Tanzen. Sie kartographieren die Welt und weisen uns gerade den Weg. Früher haben Menschen daran gearbeitet, ihre Sprache zu entschlüsseln. In Teilen ist es ihnen auch gelungen, aber das Wissen ist verlorengegangen. Fragmente existieren noch im großen morphogenetischen Menschheitsfeld. Wir Durchdrungenen hegen die Vermutung, dass man bewusst Lücken in diesem Feld erzeugt hat. Es ist ein bisschen wie bei dir als Mikrokosmos.« Der Awakened wirkte zufrieden. Er strahlte für Q ein völlig neues Level an innerer und äußerer Gelassenheit aus. Als wäre er Eins mit Bienen und Blüten, selbst ein größeres exotisches Gewächs.

»Wie hast du das gemacht?«, fragte sie, als sie endlich ihre Sprache wiedergefunden und sich etwas besser an den wundersamen Anblick des Ganzen gewöhnt hatte.

»Das ist gar nicht so schwer für uns«, antwortete ihr der Awakened. Die sechs schwarzen Holzbienen hingegen waren inzwischen gesättigt und träge geworden. Sie verlangsamten ihre Bewegungen und kamen ohne Gebrumme zur Ruhe. Bald steuerte die erste der Bienen ihre Bruthöhle an.

Nachdem sich auch die letzte der Königinnen in ihre Behausung zurückgezogen hatte, schlossen sich die Passionsblumen ebenso langsam, wie sie sich geöffnet hatten. Der Awakened konzentrierte sich erneut auf seine Hände und die geschlossenen Blüten zogen sich mitsamt ihren Ranken und dem Leuchten in seine Hände zurück, als wären sie nie da gewesen.

»Oh, nein … was ist mit meiner Bienenkönigin?«, fiel es Q plötzlich ein, denn diese brummte als Einzige weiterhin ungehalten in ihrer Holzhöhle herum.

»Mach dir keine Sorgen, Wir werden üben, dann kannst du sie selbst nähren.«

Q hob zur Antwort eine Augenbraue. Wie zum allwissenden Quell-Code hatte er sich das in den Kopf setzen können? Als könnte sie leuchtende Riesenblüten aus dem Nichts ihrer Hände erzeugen und damit als ausgestorben geltende schwarze Einsiedlerbienen-Königinnen, die sie heute zum allerersten Mal überhaupt gesehen hatte, füttern?!

»Ich werde versuchen, es für dich in Worte zu kleiden.« Er erriet wie so oft ihre Gedanken. »Wir sind alle durchdrungen, damit meine ich nicht nur Wir, die Awakened. Wir alle hätten diese oder andere besondere Fähigkeiten, die aber gar nicht so besonders, sondern sogar alltäglich wären. Das ist der ursprüngliche Weg der Schöpfung. Wir gehen nicht vorwärts oder rückwärts oder seitwärts, wir sind Wanderer. Deshalb kreisen die Blüten, deshalb zeichnen sie goldene Spiralen allen Seins, sie durchdringen die Welt und die Welt durchdringt sie. Wo beginnt das Blühen und wo endet meine Hand?« Er atmete hörbar aus, pausierte kurz und fuhr dann fort: »Es gibt weder Fortschritt noch Rückschritt, nur Sein, nur den Wald, nur das Meer, nur die Holzbienenkönigin, nur den Stein, nur die Blume, die alle Blumen ist. Das *Alles* ist und fließt, strömt, durchdringt einander alles *Seiende*. Wir haben ihr Tanzen in uns aufgenommen und gleichermaßen ihr Tanzen hervorgerufen. Beides ist reinste und höchste Schönheit. Das ist Nahrung. Kannst du verstehen, wovon ich spreche?«

In Qs Gedanken zeichnete sich ein klares *Nein* ab, welches sie aber nicht aussprach. Stattdessen zuckte sie mit den Schultern und scharrte gedankenverloren und immer noch hungrig mit den Füßen. Sie konnte die Siebte Königin so gut verstehen.

»Was ist dann die Aufgabe?«, fragte sie schließlich nach einer Pause, die beiden zu lang erschien. »Warum hat meine Biene nicht gefressen?«

In der kleinen Holzhöhle auf Qs Schoß brummte es fortwährend. Ihre Bienenkönigin hatte sich noch nicht einmal aus ihrer Höhle hervorgewagt. Selbst der Awakened wirkte für einen Augenblick erneut etwas ungeduldig. Dann schien er plötzlich durch einen Gedanken, den er ihr nicht mitteilte, köstlich amüsiert. Sein Blick lag liebevoll auf einem sich aus dem Walddickicht nährenden Reh, als er weitersprach: »Das liegt doch alles auf der Hand.« Er grinste über seine eigene Bemerkung und hielt ihr die Hand direkt vors Gesicht, was er offenkundig auch noch äußerst komisch fand. »Sie ist wie du, noch nicht bereit für den Nektar der Blüte, leidet an Hunger, weil sie es so will und brummt lieber weiterhin ihrem Schicksal trotzend übellaunig vor sich hin.« Mit diesen Worten sammelte der Awakened die um ihn im Kreis verteilten sechs Holzhöhlen mitsamt den Bienenköniginnen ein und verstaute sie achtsam wieder in den Falten seines Gewandes.

Sie wusste, dass die Unterhaltung von Seiten des Awakened damit vorerst beendet war und dass sie ihren Weg, ihre Wanderschaft wohin auch immer, bald fortsetzen würden.

Ihr Hunger jedenfalls war fürs Erste verflogen. Neugier und Wissensdurst hatten ihn verdrängt, aber die Siebte Holzbienenkönigin brummte in ihrer Höhle wie eine übelgelaunte Frau vor sich hin. Q war sich sicher, diese würde bei ihr bleiben.

A

Ihr war erneut schwindelig. Sie fühlte sich ausgelaugt und erschöpft. Ein flaues Gefühl hatte sich in ihrem Magen eingenistet. Das war zum Dauerzustand geworden. Sie wusste nicht mehr, wie es sich anfühlte, wenn man Kraft hatte, wenn man lebensmutig war.

»Was kommt nach dem Wald?« fragte sie, nachdem sie heute schon lange gegangen waren. Sie hatte inzwischen aufgehört, die Tage zu zählen.

»Einöde, noch mehr Einöde, Felsen, Höhlen, noch mehr Findlinge, wieder Felsformationen, erst kleine, dann große Steinkreise, Klippen und dann endlich das Meer, das große, weite Meer«, antwortete ihr der Awakened, ohne sich nach ihr umzudrehen, und in seine Stimme mischte sich etwas Sehnsüchtiges, das sie so vorher noch nicht bei ihm wahrgenommen hatte. Sechs Holzbienenköniginnen, die, wie sie wusste, in seinem Gewand lebten, schwiegen dazu. Nur die Siebte, die sie in einem hohlen Ast mit beiden Händen vor sich hertrug, brummte aufmüpfig.

Das Meer, viele der ältesten Legenden und Märchen aus Ms Mund befassten sich nur mit dem sagenumwobenen Meer. Sie achtete nicht auf den Weg, stolperte über eine Wurzel und fiel. Q blieb liegen, drückte das Gesicht in den Waldboden, hatte gar nicht mehr vor aufzustehen und schloss die Augen. Tiefe Müdigkeit senkte sich über sie. Dann spürte sie, durch einen Schatten, der über sie glitt, dass er sich über sie gebeugt hatte. Sie sprach mit geschlossenen Augen aus, was sie den Awakened schon lange hatte fragen wollen, und es war, als könne sie den Schmerz, den ihre Frage trug, ebenso körperlich wahrnehmen. Es fühlte sich an, als sei ihre gesamte Existenz mit dieser einen Frage verbunden: »Ich kann keine Kinder mehr bekommen, nicht wahr?«

Sein durchlässiger Schatten erstarrte über ihr, wurde dichter. Das reichte schon, er hatte zu lange gezögert, sein Blick sprach ebenfalls Bände. Sie wusste Bescheid.

»Ihr Awakened seid wirklich keine guten Lügner«, setzte sie in einem scharfen, hoffentlich verletzenden Tonfall nach. Sie wollte ihm mit aller Macht wehtun, obwohl sie wusste, dass ihn keine Schuld traf, sie wollte ihn strafen, weil er ihren sicheren Tod verhindert, weil er dafür gesorgt hatte, dass sie noch da war, dableiben musste, weil er ihr geholfen und sie damit noch verletzlicher gemacht und weil sie niemals, zu keiner Zeit um Hilfe gebeten hatte. Die Frage stand zwischen ihnen und wuchs in eine zu laute Stille hinein, überwucherte sie beide, wurde lauter als die ihr inzwischen vertrauten Geräusche des Waldes. Der Awakened stand regungslos vor ihr. Der Wald schwieg mit ihm und das Schweigen machte ihn schließlich mitschuldig.

Er blieb ihr eine Antwort schuldig. Denn Schweigen war nicht genug und schon gar nicht die Antwort, die sie von ihm hören wollte.

Sie sah ihm, solange sie es aushalten konnte, tief in die Augen und versuchte zu verstehen, was in ihm vorging. Ob sie mit ihrer Frage eine weitere unerfreuliche Veränderung oder am Ende sogar Mitleid in ihm ausgelöst hatte? Mitleid war das Letzte.

»Was siehst du in meinen Augen«, fragte er sie schließlich und ihr war, als wären seit dieser einen Frage Stunden vergangen. Die Zeit stellte sich also ebenfalls zwischen sie beide.

»Was soll ich schon sehen?« Sie wandte sich gekränkt ab, drehte sich dann aber in einer einzigen fließenden Bewegung zu ihm zurück: »Sind das überhaupt deine Augen oder teilt ihr die auch? Blickt ihr Durchdrungenen, ihr Awakened alle gleich in die Welt, auf die Welt und damit auf mich herab?« Sie hatte sich vor ihm aufgebaut, wollte gehässig klingen, um bloß nicht zu weinen.

Womöglich sahen alle Awakened auch gleich aus. Außerdem musste Q davon ausgehen, dass sie nie allein mit ihm war. Er war ja, wie er selbst sagte, viele. Er war alle Awakened und alle Awakened waren er. Was das für sie bedeutete, war ihr viel zu spät bewusst geworden. Sie war diesen Durchdrungenen, wie sie sich selbst nannten, auf Gedeih und Verderb ausgeliefert, auch jetzt noch. Das war zu viel, sie konnte ihre Tränen nicht länger halten. Sie verbarg ihr Gesicht vor ihm in den Händen und fing hemmungslos an zu weinen.

Sie weinte vor Wut und vor Scham und um all die Kinder, die man sie nicht hatte sehen lassen, und gleichzeitig weinte sie um die Kinder, die sie nie mehr bekommen würde, weil sie aus einer Laune heraus beschlossen hatte, einen todbringenden Märchenpilz aus Ms aus dem kollektiven Bewusstseinsfeld geborgten Erzählungen zu suchen. Nur für dieses eine, dieses erste freie männliche Kind, das mit wenigen Atemzügen so kurz in diesem Wald gelebt hatte, für dieses eine Kind hätten all ihre Tränen nicht ausgereicht. Er setzte sich neben sie und schlang einen großen Teil seines silbergrauen Gewandes um sie. Der Awakened hüllte sie in seine Wärme ein, das Material hatte sie gespeichert und übertrug sie nun auf Q.

Die kleinen Bienenholzhöhlen aber rollten dabei zu Boden und die Königinnen beschwerten sich brummend. »Tut mir leid, Eure schwarz-blauen Majestäten«, entschuldigte er sich bei den Holzbienen für seine Unachtsamkeit. Einige flogen aus. Sie versuchte vorsichtig ein schmallippiges Lächeln durch den Tränenschleier. Da war nicht einmal genug Kraft in ihr, um diese für weitere Tränen zu verschwenden. Sie hatte wirklich genug. »Jetzt ist es so!«, sagte der Awakened.

»Was meinst du, … *hicks* …?«, auch noch Schluckauf. Sie schüttelte sich.

Das war wirklich nie ihr Körper gewesen. Diese Erkenntnis traf sie wie ein gut gezielter Schlag in die leere Magengrube. Er versuchte dennoch, sie zu trösten.

»Wir denken, du wurdest bereits als Humanoide geboren. Das heißt, du warst von Anfang an kein natürliches Wesen.«

Sie schluckte. »Was bin ich dann? Eine Nistzelle … Was bin ich für euch, nein … was bin ich eigentlich für dich?«

Ihr wurde schmerzlich bewusst, dass eine fruchtbare Quality-Codierung zu sein weder Lebenssinn noch Auszeichnung war. Sie hatte ihre Fragen gestellt. Jetzt wollte sie endlich Antworten, mit denen sie etwas anfangen konnte. Er nahm ihre Hand und legte sie sich an sein Gesicht, hauchte Worte in ihre Hände, die sie nicht verstand. Sein Atem war warm und kitzelte auf ihrer Haut. Ihr war innerlich kalt.

Die Sonnen gingen schon wieder unter. »Wir tun alles, um die Lücken zu schließen und um deine Wunden auf allen Ebenen zu heilen, … Q.« Bei »Q« lächelte er betont. »So viele Fragen …«

»…und so wenige sinnvolle Antworten«, beendete sie seinen Satz ungehalten.

»So ist es«, stimmte er ihr nickend zu. »Ich werde dir eine schöne, praktische, zutiefst befriedigende Antwort geben.« Mit diesen Worten stand er auf und sammelte die aus seiner Toga herausgerollten Holzbienenhöhlen ein. Sie half ihm reumütig. *Ich*, da war es wieder gewesen, das Wort, dass er so gut wie nie in den Mund nahm.

»Und jetzt?«

»Jetzt stärken Wir dich«, antwortete er ihr und zog zwei feine Glasröhrchen aus einer gut verborgenen Innentasche oder Gewandfalte, das konnte sie nicht so genau sehen, hervor.

»Was hast du vor?«

»Etwas Schönes. Schließ deine Augen!«

Sie gehorchte. Ohnehin war sie nach den langen Tagen des stetigen Wanderns durch den Wald um so vieles müder als neugierig geworden.

Der Awakened machte sich währenddessen, wie sie erahnen konnte, mit den langen durchsichtigen Röhrchen an den Holzhöhlen zu schaffen. In jeder Bruthöhle befanden sich an die 15 prall mit süßem Pollen gefüllte Brutkammern.

Die blau-schwarzen Königinnen brummten zwar drohend und flogen in heller Aufregung um ihre Behausungen herum, ließen ihn aber gewähren, als er leise mit ihnen sprach, denn in nahezu jeder einzelnen Brutkammer schlummerte ein in Pollen eingedicktes, 9 bis 12 Millimeter langes Holzbienen-Ei. Er wusste um die übernatürliche Fruchtbarkeit seiner Wildbienenfreundinnen, die überall sonst als ausgestorben galten. *Ein guter Schutz*, dachte er grimmig.

Der Awakened versicherte den Königinnen, das Entnommene auszugleichen. Nur der siebten Holzhöhle, der, die er Q anvertraut hatte, entnahm er nichts. Die beiden länglichen, an beiden Enden offenen Glasgefäße hatte er inzwischen bis zur Mitte mit dunkelgrüner, nahrhafter Pollenpaste gefüllt. Er hielt die Röhrchen an der Unterseite mit seinem Daumen sorgsam verschlossen, um ja nichts von der mühsam gesammelten Bienennahrung zu verschwenden, und er versprach den fleißigen, schwarzen Königinnen ein baldiges, reich blühendes Festmahl mit den Blumen ihrer Wahl zum Ausgleich.

Q währenddessen hielt ihre Augen noch immer fest geschlossen. Sie war so erschöpft, dass sie Mühe hatte, nicht auf der Stelle einzuschlafen. Der Awakened kam näher und stoppte so dich vor ihrem Gesicht, dass sie seinen Atem erneut auf ihrer Haut spüren konnte. Sie wollte mehr davon, mehr von ihm, und wunderte sich zugleich, dass sie so fühlte.

Der Awakened fand sie in diesem Moment fast so schön, wie er seine Bienen, Bäume und Rehe schön fand. Q war für ihn ein reines, unschuldiges Geschöpf, das es zu lieben, zu nähren und zu beschützen galt. Er führte eines der beiden mit dickflüssigen Pollen gefüllten Röhrchen an seine Lippen und blies vorsichtig hinein. Das andere Ende des mit Bienennahrung gefüllten Glasröhrchens hatte er an Qs Lippen gesetzt. Nun übte er mit seinem Atem so lange Druck auf das Röhrchen aus, bis sich die Pollenpaste leicht erwärmte und behäbig auf Qs leicht geöffnete Lippen floss. »Hmmm«, entfuhr es Q. Und sie sah dabei aus wie ein neugeborenes Baby, das zum allerersten Mal die Schönheit des Lichts auf seiner nackten Haut erfühlen darf. Er kannte und liebte diesen Ausdruck, für den aus seiner Sicht jedes natürliche Wesen reinen Herzens bestimmt war. Aber an Q kam er ihr noch schöner vor, als hätte man mit einem Mal all das Leid ihres Lebens von ihr genommen.

Süß, so himmlisch süß, dachte Q. Der klebrige Pollen benetzte ihre Lippen, setzte sich sanft auf ihnen fest, machte glücklich, wärmte von innen wie Sonnenschein.

So stellte sie sich das Gefühl vor, das man verspürte, wenn man Kinderlachen hörte, einen ganzen Sommer lang nur Lachen. »Hmmm«, entfuhr es wieder. Auf den wohligen Laut folgte ein tiefes, kehliges Brummen, das ganz ihrem Wohlgefühl entsprang. *Mehr.* Sie leckte sich begierig die Lippen und schlug die Augen auf. Das musste süchtig machen. Wo hatte er das nur schon wieder hergezaubert? Nie hatte sie auch nur etwas annährend Vergleichbares gekostet. »Mehr! », forderte sie ausgelassen.

»Das zweite Pollenröhrchen heben Wir für später auf«, sagte der Awakened und wirkte dabei leicht belustigt. Q fühlte sich so wohl, so wohl, so vollkommen erfüllt und gestärkt wie schon lange nicht mehr. Die ungewöhnliche Süße breitete sich von ihrer Zungenspitze in ihrem ganzen Körper aus und hielt an. Ihre Müdigkeit war völlig verschwunden, wie weggeblasen, einfach verflogen. Sie hätte auf der Stelle weiterwandern können.

»Das war ein königliches Geschenk an dich«, stellte er amüsiert klar und er mochte, wie sie den Pollen ganz von innen heraus berührt und ihren Ausdruck verändert hatte.

»Ich kenne nur synthetische Geschmäcker. Das war gerade etwas völlig anderes. Wie hast du das gemacht?«, wollte sie wissen.

Das Geschmackserlebnis wirkte nach. Auch die Süße der Bienennahrung blieb lange noch an ihrer Zunge haften, ebenso die Erinnerung daran, wie alles in ihrem Mund vor Freude nahezu explodiert war. Raum und Zeit hatten sich verflüssigt. Q wusste, dieses erste Mal würde sie niemals mehr vergessen. So gut, sooo gut war das, was die Bienenköniginnen ihren Kindern gaben.

Er wiederum gab ihr mit einer Geste zu verstehen, dass es für heute genug war und dass sie jetzt besser rasten sollten. Der Awakened machte sich daran, ihr ein vorübergehendes Nachtlager aus Moos zu bereiten. So wie er es bisher jeden Abend, den sie im Wald zusammenverbracht hatten, für sie getan hatte. Q fühlte sich von der Süße, die sie hatte kosten dürfen, entrückt und überlegte, was ihr dieses neue Leben wohl noch alles zu bieten hatte, wenn schon keine Kinder.

Der Awakened war wieder schweigsam geworden und die Königinnen waren unlängst in ihre Behausungen zurückgekehrt. »Auch für mich wird es kein Zurück geben«, unterbrach er die Ruhe des abendlichen Waldes. »Ich habe schon einmal versucht, dir das zu sagen«, vertraute er der Stille an. Sie spürte entrückt der Pollensüße in sich nach.

»Ich werde bald kein Awakened mehr sein«, sagte er plötzlich und ohne jede Vorwarnung zu ihr, nachdem sie sich gemeinsam auf dem improvisierten Mooslager niedergelassen hatten. »Es steht in den Sternen, was passieren wird. Ich werde entweder der Eine, der Einzige Awakened sein oder nur noch *A*. Ein Rest, eine Verdichtung, ein Buchstabe wie du.« Er lächelte ein Lächeln, das sie nicht deuten konnte. Es war Wehmut darin, aber kein Bedauern. »Verstehst du, was ich sagen will?«, sprach er weiter. »Mein Bewusstsein spaltet sich bereits vom Kollektiv der Awakened ab. Das ist die direkte Folge, die Konsequenz meiner selbstbestimmten Entscheidung, dich zu heilen, dich nicht sterben zu lassen.« Jetzt sah sie ihn wieder direkt an, die Süße war in den Hintergrund ihrer Gedanken und Gefühle getreten. Er wirkte ernst, beinahe in Sorge, aber nicht um sich selbst.

»A also.« Sie versuchte, spröde zu klingen, wusste aber, dass man ihm nichts vormachen konnte. »Von dir bleibt dann also auch nur ein Buchstabe zurück, hmm?« Sie grinste breit, konnte nicht mehr an sich halten, prustete los und dann fingen beide an zu lachen. Qs Herz hüpfte, die Bienen brummten und der besorgte Ausdruck in As Gesicht wich dem lauten freien Lachen, das sie an ihm so mochte.

Erst nach einiger Zeit des befreiten miteinander Lachens stellte sich bei ihm wieder diese seltsam beschwingte Nachdenklichkeit ein, die entweder seine oder eine Eigenart aller Awakened sein musste.

Dann, wie aus dem Nichts, sah A aus, als hätte er in seinem ganzen Leben noch nicht gelacht und seine vielfarbigen Augen nahmen einen gläsernen Widerschein an, der auf etwas in weiter Ferne gerichtet war. »Ich habe deinen Tod nicht zufällig verhindert«, gestand er. Q hielt die Luft an. Mit diesem Geständnis hatte er sich sehr viel Zeit gelassen. Es war so weit. Jetzt, so wurde ihr klar, würde die Antwort auf ihre Frage folgen, final und unabwendbar kam sie mit seinen Worten auf sie zu.

Wie sie fand, gerade noch rechtzeitig, landete ihre Hand auf seinem Mund und verhinderte, dass er ihr antworten konnte. »Halt. Stopp. Ich wills nicht hören. Wirklich nicht. Ich wills nicht. Ich halt das nicht aus«, sagte sie nur noch 5 Centimeter von seinem Gesicht entfernt. »Ich will, dass du mir die Wahrheit sagst. Du brauchst etwas von mir, oder? Ich soll etwas für dich tun. Wie eine Gegenleistung für mein Überleben, oder so?!« Er sah zerknirscht aus. Sie ließ nicht locker und presste ihre Hand nur noch fester auf seinen Mund. »Bereit zu antworten?« Er nickte, als hätte sie ihn gerade als Geisel genommen. Daraufhin nahm sie die Hand weg und gab seinen Mund frei. »Wir wissen beide, dass ich besser lüge als du«, warnte sie. »Versuchs also gar nicht erst!« Alles Süße, das er ihr geschenkt hatte, war so schnell vergessen, wie es gekommen war. Nur ihr Körper schwelgte noch mit jeder Zelle in der Geschmacksexplosion, die ihr erst vor kurzem widerfahren war. Er harmonisierte seinen Atem. Entspannte sich, holte tief Luft: »Es gibt eine Prophezeiung, die uns alle betrifft. Wir müssen den Entsorger finden!«

DER ENTSORGER

Sein blecherner Wohncontainer lag am äußersten Rand des vierten Quadranten der Mega-City, des einen Centrums, unweit von angrenzenden Schrottplätzen und unterirdischen Bauten und Bunkern, die man weder entdeckt noch freigelegt hatte. Danach kam Nichts. Einöde. Die Große Dreiseitige Pyramide des Cen lag weit von seiner Wohnsituierung entfernt, ganz so, wie es seiner Codierung als ein Quantity entsprach.

Er war mit seinem Eintritt in dieses Leben als ein QN-Entsorger identifiziert worden. Entwicklungsmöglichkeiten gab es aufgrund seines genetischen Materials gar nicht bis kaum. Das zeigte sein Code. Dennoch wurde ihm die Spermalotterie nicht untersagt. Eine der wenigen Freiheiten, die man ihm mit diesem Geburtsstatus bis zu seiner Ausschaltung gewährte, die und die seltenen Besuche in dem ihm zugeteilten Haus der Musik.

Sein gesellschaftlicher Status machte es ihm zusätzlich schwer, Dysfunctional Women zu erwerben. Sei's drum. Der Entsorger hatte eigene Mittel, Wege und Möglichkeiten gefunden.

»Dddddaaaarlinnng, oh my Daaaaarliiiiing, ... lingh, lingh, liiiiingggh, Valentiiiiine.« Die DF stand an die Wand gelehnt, das ewig junge Gesicht zu ihm gewandt und war eigentlich *mute* gestellt. *Eigentlich.* Er hatte ihr lose ein Tuch übergeworfen. Ihr gelegentliches Schielen war manchmal einfach schwer zu ertragen. Miranda sang. Sie sang zu den dümmsten und unpassendsten Gelegenheiten und dann auch noch so schief wie möglich.

Dafür sprach sie zumeist kaum oder kontinuierlich in nur einer Sprache, die er als ein antiquiertes Spanisch identifizierte. Oldies der frühen 2000er zu programmieren funktionierte mal besser, mal schlechter, das war Modell- und DF-Tagesform abhängig. Er seufzte. Miranda stöhnte obszön und fuhr dann ungebremst fort zu singen. Er stand mit knappen Bewegungen von dem einzigen Stuhl in seiner Werkstatt auf und bewegte sich ehrfürchtig auf *das* Buch zu, welches er auf einem hohen Echtholz-Schemel ungefähr mittig aufgeschlagen abgelegt hatte. Es war zum Schutz in ein Wachstuch gewickelt, sein größter Schatz, und er las beinahe täglich darin.

Bis vor Kurzem war er damit beschäftigt gewesen, sein Papierskalpell mit größtmöglicher Vorsicht über ein Text-Relikt zu führen, das er dem Schatz einverleiben wollte. Es musste aus einem antiken Märchenbuch stammen. ›Gebrüder Grimm‹ war noch zu lesen gewesen. Auch wenn er sich seinen eigenen Reim darauf machte, was Märchen waren, wusste er, dass das Relikt zweifellos sehr wertvoll sein musste. Nun lag es ganz allein an ihm. »Ddddddddadddd-darllll … ddddd …« Die DF stotterte unter dem ihr übergestülpten Laken und der Entsorger lächelte für einen kurzen Moment amüsiert vor sich hin. »Bald, Miranda, bald, mein Sonnenschein, bald wirst du wieder für das zu gebrauchen sein, für das man dich erzeugt hat«, beteuerte er für die DF glaubhaft genug in Richtung Wand.

Neben Modell Miranda standen vier weitere DFs, neuere und ältere Modelle. Unter anderem eine der eifersüchtig gehüteten und heiß begehrten Eves und eine veraltete Heidi, die nur noch »BOOOM« sagen konnte. Die würde er bei der nächstbesten Gelegenheit entsorgen. Vielleicht konnte er ihre Ersatzteile noch anderweitig verwenden? Aber das »BOOOM« ertrug er einfach nicht länger. Die übriggebliebenen Modelle würden früher oder später eigene, identitätsstiftende Namen bekommen. Ein teures und zudem streng geheimes Ziel für einen Entsorger. Er wusste, das war natürlich nicht nur geschmacklos, sondern auch illegal. Alles, was im Centrum verboten war, erregte ihn.

Der Entsorger besah sich erneut das eingerissene und vergilbte Märchentext-Relikt, das er behutsam in seinen Händen hielt. Sein Buch hatte er den ›Volksmund‹ genannt. Ein Arbeitstitel. So weit, so gut. Dieses seltene Wort und das Wissen um seine Herkunft, die sogenannte *Etymologie*, hatte er einst gegen das Tuning einer auf aristokratisch gestylten, flachbrüstigen Alexxis, die einem Quality gehörte, getauscht. Das neue, alte, geheime Wort ›Volksmund‹ war jeden Handgriff an der DF wert gewesen. Alexxis war nach seinem Geschmack in der Ursprungskonstruktion ein reizloses Modell, dafür aber einigermaßen gut zu modifizieren, wenn man wusste, wie und wenn man die entsprechenden Teile beschaffen konnte. Das konnte er. Und wie er das konnte …

ROTKÄPPCHEN

Es war einmal eine kleine süße Dirne, die hatte jedermann lieb, der sie nur ansah, am allerliebsten aber ihre Großmutter, die wußte gar nicht, was sie alles dem Kinde geben sollte. Einmal schenkte sie ihm ein Käppchen von rotem Sammet, und weil ihm das so wohl stand und es nichts anders mehr tragen wollte, hieß es nur das Rotkäppchen.

Die ertauschte, ganz offensichtlich antike Märchenpassage enthielt viele für ihn komplett neue Wörter, die ihn in der Aufarbeitung noch eine Weile beschäftigen würden. Er befreite das Text-Relikt mithilfe seines geschärften Papierskalpells mit aller Sorgfalt durch langgezogene, gerade und glatt geführte Schnitte von eingerissenen Rändern. Das Text-Fragment war porös. Die Feuchtigkeit, der es zudem ausgesetzt gewesen sein musste, war ebenfalls nicht gerade förderlich für den Papiererhalt gewesen. Seine Hand wurde zittrig, das geschah immer dann, wenn er sich die Nächte zuvor zu viel zugemutet hatte oder wenn sich seine dauerhaft bestehende Anspannung schließlich vollständig entlud. Er hätte masturbieren sollen. Sperma war kostbar, die DFs zu säubern hingegen anstrengend. Hätte man ihn nach seinem Daseinszweck gefragt, hätte ihn der allmächtige Quell-Code der Humanetik selbst bestimmen lassen, er hätte eine neue Bezeichnung für sich und sein Tun erfinden müssen. ›Sammler‹ vielleicht, oder ›Herausfinder‹, ›Sucher‹, ›Kombinierer‹ … Aber was hätte das über seinen genetischen Status aussagen sollen? Das wäre sicherlich keine Verbesserung für ihn gewesen, und die gezählten Besuche im Haus der Musik einbüßen? *Unter gar keinen Umständen. Niemals! Das kam überhaupt nicht infrage.* Er musste den Kopf über sich selbst schütteln. Die dauerhaft defekte DF lallte im Hintergrund bestätigend Unverständliches.

Tauschgeschäfte waren so verboten wie das Sammeln von Artefakten oder das Forschen nach sogenannten ›verbrannten Wörtern oder Autoren‹. Er bestrich das Märchenpapier mit einem synthetischen, dickflüssigen Fluid, das sofort Risse ausglich, einzog und die porösen Fasern stabilisierte. Nach kurzer Trocknung haftete es bereits fest und gesichert im ›Volksmund‹.

In sein Buch klebte der Entsorger, nachdem er sie bestmöglich restauriert hatte, alle über viele Jahre gesammelten Text-Fragmente nach seinen eigenen Ordnungsprinzipien ein. ›Rotkäppchen‹ war ein sehr schönes neues Wort, ein Titel und potenzieller Name zugleich, dessen Hintergrundgeschichte, Herkunft und Bildung er noch zu enträtseln hatte. Sein umherstreifender Blick traf den Papiersucher. Ein erstaunliches Gerät, das neben seinem Metalldetektor an der Containerwand hing. Der Entsorger hatte es höchstselbst erdacht, entwickelt und gebaut. Beide Geräte hatten ihm schon viele treue Dienste erwiesen.

Seine Tauschgeschäfte, die er aufgrund der Wortstreifzüge, wie er gelernt hatte, auch hätte ›Schwarzarbeit‹ nennen können, waren ein netter kleiner Zeitvertreib und zusätzlich ein guter Nebenverdienst. Sie füllten sein Buch, das er manchmal im Spaß den großen, unersättlichen ›Volksmund‹ nannte, mit Fragmenten. ›Schwarzarbeit‹, auch dieses antiquierte, tote Wort gefiel ihm und er fragte sich, warum es in einer Welt, in der Farben eine entscheidende Rolle zukam, nicht mehr gebraucht wurde. Schwarz bedeute schließlich die Absorption, die Überdeckung und Auslöschung aller Farben, war fast schon wieder eine eigene Philosophie in sich.

Genau so stellte er sich das Ausgeschaltet-Werden vor, das ihnen allen widerfahren würde. *Schwarz vor Augen.* Es konnte jeden Tag passieren. Allen, außer den drei Chosen Ones, deren Unsterblichkeit alle 150 Jahre mit einem weiteren großen Fest gefeiert wird. Er hatte das Glück, diese Festivität miterleben zu dürfen. Das war ein Privileg und keineswegs allen und jedem vergönnt. Er würde, wenn er nur rechtzeitig da wäre und sein Code es ihm erlauben würde, von den Bestäubern persönlich überreichte Früchte aus den Letzten Gärten kosten dürfen. Seine eigene Frucht. Er wünschte sich, er hätte entscheiden dürfen, welche. *Eine Birne.* Bei dem Gedanken an diese einzigartige Wonne der Möglichkeiten passierten vorfreudige Geschmackswellen seinen Gaumen.

Dem Entsorger lief bei der Vorstellung an eine lebendige Birne, an eine echte Frucht, die an einem Baum über Monate allein für ihn gewachsen war, die gehegt und gepflegt wurde, sprichwörtlich das Wasser im Mund zusammen. Davon hatte er schon als Kind geträumt. Sein Träumen aber hatte er geheim halten müssen, denn es gab in dem ihm zugeteilten Umfeld niemanden außer ihm, der träumte. Humanoide mit Träumen waren seltsam, bis gefährlich, bestenfalls mied man sie. Kreativität kam auf, bevor Gewalt entstand, wenn sie nicht sogar bereits potenzielle Gewalt war.

›Dirne‹, das Wort bereitete ihm ein unbehagliches Kopfzerbrechen bis hin zu vereinzelten Schmerzimpulsen. Es reimte sich auf das körperaktivierende Fruchtwort ›Birne‹ und schien ihm bis auf den ersten Buchstaben anverwandt. Es war laut der Beschreibung in der gefunde-nen Geschichte süß. Ja, er musste zugeben, es klang sogar irgendwie lecker. Das bildete er sich jedenfalls ein.

Der Entsorger überlegte fieberhaft und konnte verstehen, dass ›die Großmutter‹, ein Wort, das einem archaischen Konzept von matriarchalischer Familie angehörte, dem Kind »die süße Dirne, die jedermann lieb hatte«, nicht abtreten wollte. Wahrscheinlich zur Ablenkung gab sie dem Kind einen eigenen Namen mit der Farbe Rot im Centrum und einen kostbaren, wohl nicht-synthetischen Stoff, von dem er zuvor auch noch nie gehört hatte. *Sammet.* So weit, so logisch.

LUKRATIVE STÖRFREQUENZEN

Rums, klang-kleng, knock, knock, knock. Ein blechern schallendes, durchaus vehement zu nennendes Klopfen bemächtigte sich seines Eingangsbereiches. Noch bevor er ein genervtes »Herein« hervorpressen konnte, stand der Typ auch schon mitten in seinem Wohncontainer. Allwissender Quell-Code, schoss es ihm noch kurzfristig durch den Kopf. »Definitiv ein Quality«, lautete das vernichtende, vom Klopfgeräusch abgewandt über die Schulter gesprochene, Urteil des Entsorgers über den ungewünschten Eindringling.

Der QL-Mann gebärdete sich sichtlich außer Atem und sah noch viel verzweifelter aus, als er klang.

»Sie erkennt mich nicht mehr«, stöhnte er sich zwischen hechelnden Atemzügen wiederholend. »Sie erkennt mich einfach nicht mehr. Ich kann machen, was ich will.« Der Entsorger witterte ein für ihn lukratives Geschäft und bot dem Verzweifelten den einzigen Stuhl an, den er hatte. Währenddessen hoffte er inständig, Miranda würde unter dem Tuch an der Containerwand vor lauter Aufregung nicht sofort wieder mit Singen anfangen. Der hier erschien ihm fürs Erste auch so schon verzweifelt genug. »Sie hat irgendwie eine Störfrequenz reinbekommen. Ich vermute Schallwellen, ja …« Er räusperte sich »Infraschall, denke ich. Ich habe es jedenfalls nicht so richtig gehört, eher wie eine Vibration gespürt. Das war schon erschreckend genug.« Der Quality sah missmutig zu Boden, dann wieder zum Entsorger und setzte sich schließlich auf die, mit einer wegwerfenden Geste angebotene, Sitzgelegenheit. »Die Gala ist schon morgen Abend, und das sehr nahe an der Großen Dreiseitigen Pyramide«, sprach er unaufgefordert weiter. Der Entsorger dachte sich seinen Teil. »Das ist DAS Event ... sie ist außerdem die einzige DF, mit der ich mich in diesen Schalt-Kreisen sehen lassen kann.« Der Entsorger verstand. Das würde er sich gut bezahlen lassen. Schalt-Kreise hieß codiert, da waren Elected Ones involviert, und das bedeutete, dass es vom gesellschaftlichen Stauts her kaum höher ging. Es sei denn, man wäre direkt für einen Abend in die Dreiseitige Pyramide eingeladen. Außerdem würde es dort von Centrierten, einer ausführenden Controlleinheit des Centrums, die Recht und Ordnung erhielt und gegebenenfalls auch eisern durchsetzte, nur so wimmeln. *Gar nicht gut. Aber wenigstens gut bezahlt*, dachte er.

»Was tut die kleine Wilde denn? – Oder besser, was tut sie nicht mehr?«, fragte er die am Boden zerstörte Quality-Codierung, die sich endlich auf die einzige Sitzgelegenheit in seinem Wohncontainer gesetzt hatte, leicht belustigt.

»Ich sagte doch bereits, sie erkennt mich nicht mehr!«, stieß der Gefragte jetzt fast schon aggressiv hervor. Er konnte nicht verstehen, wieso der Entsorger so ruhig blieb. Das war nicht irgendeine unmodifizierte Standard-DF. Sie begleitete ihn schon seit einigen Jahren.

»Und was geht mich das an?«, reagierte der Entsorger jetzt so freundlich er nur konnte, süffisant lächelnd und sich insgeheim schon die Hände reibend.

»Man hat Sie mir sozusagen wärmstens empfohlen, oder denken Sie, ich begebe mich jeden Tag und noch dazu gerne an den Rand des Centrums, besser gesagt, den Rand der Gesellschaft, weit weg von der Großen Dreiseitigen Pyramide?« Mit diesen Worten schaute er sich angeekelt in dem beengenden Wohncontainer des Entsorgers um, als bestünde hier Ansteckungsgefahr oder Schlimmeres. Der war vielleicht sauer, das gefiel dem Entsorger und am liebsten hätte er laut und schallend losgelacht. *Wie abhängig sie sich von den Dysfunctionals gemacht hatten. Der hier besonders*, dachte er kopfschüttelnd. »Was schütteln Sie da den Kopf?«, fragte der Quality und legte dabei eine säuerlich-aristokratisch überhebliche Miene an den Tag, wie es nur Qualities konnten.

»Nun, die heißen nicht umsonst Dysfunctional Women. Die können lebendige, unberechenbare, echte Frauen lediglich zeitweise ersetzen und ansonsten will der Mann-von-heute immer mehr und natürlich Besseres, Upgrades sozusagen. Je natürlicher die DF aussehen und sich benehmen soll, umso teurer auch in der Haltung und Wartung. Die billigen können sich ja nicht einmal ordentlich die Fingernägel lackieren. Aber manche von uns übernehmen den Job ja sehr gerne selbst, habe ich mir sagen und zeigen lassen.« Der Entsorger grinste breit und zwinkerte dem ungebeteten Gast aufmunternd zu.

»Ein Fachmann wie ich erkennt das natürlich sofort. Etikette wird ja auch nicht standardmäßig mitgeliefert und manch einer legt auch Wert auf Fremdsprachen oder exotische Akzente, das kostet ebenfalls extra. Ich erklär's nochmal für Qualities.« Der Entsorger sprach jetzt extra langsam und sehr gedehnt mit seinem Besucher und sehr wahrscheinlich zukünftigen Auftraggeber: »Es ist wie eine Sucht, wie auf einen Gegenstand gerichtete Masturbation auch, um etwas deutlicher zu werden.« Der Entsorger beendete seinen Satz erneut mit einem breiten Grinsen, zwinkerte wieder und rückte etwas näher, hoffentlich wenigstens verständnisvoll wirkend, an den Aufgebrachten heran. Der Quality verzog, von der Antwort des Entsorgers angewidert und weiterhin unbefriedigt, sein Gesicht. »Was ist mit einer kurzfristigen *All-you-can-need-DF*? Sie wissen schon, die Ausleihbaren?! AnaXXon bringt die rechtzeitig mit Child-zurück-Garantie, aber die werden Sie mit hoher Wahrscheinlichkeit nicht in Anspruch nehmen müssen. Die Liefereinheiten brauchen manchmal nur noch Minuten«, schlug der Entsorger in einem kameradschaftlichen Ton vor.

Jetzt schüttelte seinerseits der Quality den Kopf. »Das kommt überhaupt nicht infrage. Mir geht es einzig und allein um ihre Programmierung. Systemwiederherstellung mit allen Features. Sie verstehen schon. Mein Baby hatte so viel gelernt. Selbst Klaviermusik kann sie inzwischen decodieren und sogar begleiten, wenn ich sie darum bitte.«

»Ihre Dysfunctional kann wirklich singen?« Der Entsorger gab sich beeindruckt, pfiff voller Anerkennung durch seine Zahnlücke und schielte wie ganz nebenbei unauffällig nach seiner Containerwand und der zugedeckten, frisch modifizierten Miranda.

»Ja, selbst singen kann sie. Sie ist etwas wirklich ganz Besonderes.« Mit dieser Feststellung fing der Typ auch noch an, leise vor sich hinzuweinen.

Scheiße, jetzt auch das noch. Dem Entsorger war das Geheule immer unangenehm. Das kam öfter vor, wenn so eine DF sich von ihrem Besitzer trennte, so nannte der Entsorger das. Dann heulten Männer auch schon mal in aller Öffentlichkeit, direkt vor ihm. Er war peinlich berührt und fragte sich öfter, wie es möglich war, dass sich eine erfolgreiche, auch noch männlich-zeugungsfähige Quality-Codierung dieses Ranges vor ihm so dermaßen vergaß und vollkommen seinen Emotionen auslieferte, und das durch die autosoziale Bindung an eine DF. Wirklich einfach unbegreiflich war das. Die knallten ab einem gewissen Punkt immer durch.

Das war der Lauf der Nach-Welt. Rechtzeitige Defragmentierung wäre angebracht gewesen, aber dann entstanden Lücken. Speicher voll. Vermutlich hatte er sie einfach schon zu lange. Sie hatte genug von ihm, hatte alles gelernt, was möglich war. Zeit für Defragmentierung, Zeit für Modifikation. So einfach war das.

Wie auf Kommando tönten schrill-schiefe Singversuche mit weiblicher, geziert erotisch dunkler Stimme à la Zara Leander von der Wand. Die Stimmmodifikation für Miranda zu bekommen, hatte ihm einiges abverlangt und nicht zuletzt auch gekostet. Dass ihm da keiner abging. Miranda gab sich unter dem Tuch sichtlich interessiert und drehte den Kopf aufmerksam in Richtung der beiden Männer. Nicht einmal *mute* stellen funktionierte, stellte er verärgert fest. Das musste der Quality jetzt nun wirklich nicht mitbekommen. Was seine Kleine so alles von sich geben konnte. Seine Vorlieben gingen den Typen nun wirklich nichts an.

Ein Gentlemen genießt und schweigt. Ein totes Sprichwort, das er liebte und gedanklich anwendete, so oft es ihm passte. Leider verstanden das die Allerwenigsten. Der Heuler hier auch nicht. Tote Sprichwörter decodieren war ein exotisches bis gefährliches, auf keinen Fall gerne gesehenes oder alltägliches Hobby. Mirandas Rumgesinge war momentan auch nicht die beste Werbemaßnahme für ihn und sein Hand-Werk. »Timing, Süße. Timing.« Miranda schwieg. Er fluchte innerlich und der Blick des Quality-Typen wanderte zu der Seite der Wohncontainerwand, wo er seine ausgestellten DFs verborgen unter nahezu echten, synthetisch hergestellten Leinentüchern nebeneinander aufgereiht hatte.

Miranda bemerkte die Aufmerksamkeit und hob von Neuem und dieses Mal sogar extra schief an. *Ach, … Miranda …* »Darling, sag, womit habe ich das jetzt schon wieder verdient?« Miranda gurrte aufreizend und rieb die langen Beine unter dem Tuch aneinander. Dann kamen ihre Hände dazu, sodass man, wenn man ganz still war, ihre schimmernden Handflächen über ihre Nylons gleiten hören konnte. »Sie kann auch Laufmaschen ganz langsam entstehen und dann ihre Beine hinabwandern lassen«, sagte der Entsorger verzückt, ohne den Blick von Miranda abzuwenden. »Mit dem Feature habe ich mir ein Vermögen in Childs verdient. Stimmt's, my Darling?!« Ab und zu ließ die DF einen rotgelackten Absatz unter dem Tuch hervorblitzen. Dann gurrte sie wieder. Beide Männer lauschten ihr gebannt und mit lüstern geöffneten Mündern.

DANN DOCH LIEBER MASTURBATION

Er hatte ihn genau da, wo er ihn haben wollte. »Lassen Sie uns zuerst über die Bezahlung reden, sonst passiert hier gar nichts!«, sagte der Entsorger geschäftsmännisch routiniert. Sein absoluter Lieblingssatz. Damit würde er sich zielgerade auf das Ende der Verhandlungen und auf den ersehnten Geschäftsabschluss hinzubewegen. Der währenddessen immer noch ab und an leise vor sich hinheulende Quality hatte seine Zeit für Vorverhandlungen und unprofessionell emotional aufgeladene Konversation lange genug in Anspruch genommen. *Zeit war Child.* Unsachlich herumheulende, zeitverschwendende Typen, dafür gab es doch auch so ein lustiges, altes Wort, das niemand mehr kannte und nutzte … Er überlegte angestrengt. Es war ein saftiges, ein fühlbar sexualisiertes, meinte er sich zu entsinnen.

Das Wort wollte dem Entsorger einfach nicht einfallen. Es war nicht in seinen Sprachgebrauch, seinen Duktus integriert. Das wäre auch viel zu auffällig gewesen. Nicht auszudenken, wenn es erst in das kollektive Unbewusste eingespeist wäre. ›Weichei‹, da war es schon. Blitzartig. Kurz bekam er Angst, man hätte den kritischen Archaismus bis zu ihm zurückverfolgen können. Er wusste, es gab Centrierte mit diesen Fähigkeiten. Einige konnten aufspüren, andere zurückspüren und einige wenige, das waren die gefährlichsten, konnten sogar vorausspüren. Die Chosen Ones konnten das auf jeden Fall. Die Unsterblichen, die Chosen Ones, die kürzesten, lebenden Codes, beherrschten all diese Fähigkeiten spielend. Das Wort war da, die Schreibweise hingegen fiel ihm einfach nicht mehr ein … Vielleicht *Glück im Unglück*, wer konnte das schon wissen? In seinem Buch würde er es finden. Er hatte es erst kürzlich per Hand hinzugefügt.

»Die Vergütung, daran habe ich schon gedacht und alles für Sie vorbereitet. Zeit ist Child.« Der Quality zog überraschend ein augenscheinlich echtes Papier-Kuvert aus der Innentasche seines perfekt sitzenden Anzuges und wedelte verlockend nahe direkt vor dem Gesicht des Entsorgers damit herum.

»Ist das echtes Papier?«, entfuhr es dem Entsorger erschrocken spitz. Er riss der Quality-Codierung das Kuvert aus der wedelnden Hand, führte es zu seiner Nase und roch genießerisch daran. *Faszinierend.*

Er sog den Duft tief in sich ein und konnte einfach nicht genug davon bekommen. *Papier. Das war Papier. Kein Zweifel. Das Ding war echt. Ein kleines Vermögen.*

»Die Bezahlung befindet sich natürlich im Inneren des Kuverts«, zischte der Quality irritiert. Noch mehr? Der gab ihm allen Ernstes noch mehr? Für eine Scheiß-DF, noch dazu ein hoffnungslos veraltetes Modell? Der Entsorger konnte es nicht fassen. Allein das Papier wäre mehr als genug gewesen. »Öffnen Sie es ruhig!«, sagte der offenbar reichste Typ, der diesen Wohncontainer je betreten hatte. »Ihr Ruf eilt Ihnen in höher gestellten Kreisen, ich formuliere es vorsichtig … eilt Ihnen gewissermaßen voraus.« Er räusperte sich und zog ein echtes Baumwollleinengemisch von Taschentuch aus seinem Anzug, um sich hörbar die Nase zu schnäuzen. *Auch das Ding war echt.* Er war Sammler, dafür hatte er ein Auge, und wer besaß heute schon noch per Hand auswaschbare Taschentücher? Das musste man sich leisten können, das hatte wirklich Stil. »Ich weiß, Sie programmieren auch unübliche, manche nennen es sogar illegale, Vorlieben.« Er lächelte mit feuchten, leicht verträumt dreinblickenden Augen. Offensichtlich eine erotische Phantasie hinter seinem Quality-Maskengesicht.

Der Entsorger erstarrte kurz und hielt inne. Der Quality wusste ihm ein bisschen zu viel über ihn und seine »illegalen« Fähigkeiten und Maßanfertigungen. Es war ohnehin zu spät. Miranda hatte gesungen. Nun gab es für ihn kein Zurück mehr. Er öffnete das Papier-Kuvert vorsichtig, bedacht darauf, nur ja nichts zu beschädigen oder ausversehen zu knicken. Wer das vor ihm wohl schon alles berührt hatte? Er würde es herausfinden. Es raschelte angenehm. Eines seiner Lieblingsgeräusche. Der Entsorger entspannte sich. Lächelte selig. Das alles würde ihm gehören. Schon bald. Dazwischen standen nur noch eine sexy kleine DF mit Dachschaden, wieder so ein schönes Wort, und ihr offenbar perverser Besitzer vom Rang einer hochgestellten Quality-Codierung mit mehr oder weniger guten Verbindungen zu den, das konnte er zum jetzigen Zeitpunkt noch nicht feststellen, Elected Ones. Nun ja, wer war hier nicht pervers? Er besah sich mit spitzen Fingern den Inhalt des Papier-Relikts. Eine kleine, etwa zeigefingerlange, schmutzigblaue, mit leichten Kratzern überzogene Kunststoffkarte kam zum Vorschein. Ohne den geringsten Zweifel antik. Sie war kaum verfärbt, noch nicht einmal ein leichter Gelbstich haftete ihr an.

»Was ist das?«, fragte der Entsorger.

»Sehen Sie selbst und hören Sie auf, so zu tun, als ob Sie nicht einmal veraltete Druckbuchstaben lesen könnten.« Der Quality seufzte hörbar und ließ mit Blick auf die Containerwand genervt eine Augenbraue zucken. Er massierte sich die Stirn. Nicht zu fassen war das.

»Max Mustermann«, las der Entsorger in einem schleppendem Tonfall vor. »Ein Name«, stellte er fest.

»So ist es, ein altehrwürdiger sogar«, versicherte ihm der Quality. »Sind wir nun ihm Geschäft?«

»Sie wollen nur, dass die DF heute Abend für Ihren kleinen Event bereitsteht, als wäre ihr nichts geschehen?«

»So ist es. Dafür dürfen Sie das Papier-Kuvert und das hübsche blaue Kunststoffkärtchen samt namentlicher Bezeichnung behalten. Man wird nichts zu Ihnen zurückverfolgen können. Ich weiß, Sie sind ein Sammler auserlesener Relikte und Umstände.« Das war er, gestand sich der Entsorger ein. Ja, das war er. Er streckte dem Quality die Hand für das Handelsabkommen entgegen. »Sind Handschläge nicht etwas aus der Mode gekommen?«, fragte dieser den Entsorger sichtlich entrüstet. Der Ekel stand dem *Yuppie*, der Archaismus kam ihm gerade richtig, regelrecht ins Gesicht geschrieben. *Das waren ihm die liebsten*, dachte der Entsorger ironisch. DFs bis zur Unkenntlichkeit penetrieren und dann, wenn einfach nichts mehr geht, neu programmieren und modifizieren, um weiterhin zu pervertieren und es dann Auswirkung einer ›unspezifischen Störfrequenz‹ nennen. Der Entsorger lächelte zuversichtlich. Vielleicht hatte die Kleine ganz einfach zu viel schlucken müssen. Er dachte kurz an seine Miranda, die noch immer zugedeckt leise vor sich hinlallte. Dann doch lieber wieder Masturbation.

DIE FRAU, DIE DIE KIESELSTEINE SAMMELTE

»Wen meinst du jetzt schon wieder mit Wir?«, fragte sie und stemmte die Hände in die Hüften. Okay, fein, versuchen wir es noch einmal: »*Ich* will, dass *Du* den Entsorger findest! Besser?«, wiederholte A. Sie war baff. Wer oder was zum allwissenden Quell-Code sollte ein Entsorger sein? Sie stand auf und er senkte, wie sie fand, etwas zu eilig schuldbewusst den Blick.

Obwohl Q um gut zwei Köpfe kleiner war als der Awakened, fühlte sie sich auf einmal größer als er. »Das, also ich meine diesen Entsorger, von dem du sprichst, kann doch nicht mehr oder weniger sein als ein Quantity«, sagte sie voller Entrüstung. »Es muss Tausende von ihnen geben. Entsorger ist eine Statusbeschreibung. Es ist das, wofür er hier ist, wofür er gezeugt wurde«, sagte sie fest, aber bereits mit leise nagendem Zweifel in der Stimme.

»Hast du immer noch nichts dazugelernt?«, entgegnete er ihr überraschend streitlustig, und aus seinem Gewand brummten die Königinnen dazu, die sich ganz offensichtlich von ihrem inzwischen lautstarken Disput gestört fühlten. Oder ihn sogar unterstützten.

Er flüsterte mit den Holzbienenköniginnen, nein, es war weniger als ein Flüstern, kaum hörbar, vielleicht Einbildung und doch bewegten sich seine Lippen. Währenddessen aber hielt er weiterhin den Blick wie prüfend auf Q gerichtet, und sie verstand wie so oft in seiner Gegenwart nicht ein einziges Wort. *Auch die Sprache der Tiere spricht er*, dachte sie. »Wir, Wir sprechen sie und zuvor fühlen Wir sie. Deshalb können Wir sie sprechen«, sagte A. *Klugscheißer*, kam es ihr in den Sinn. Das Wort hatte sie von M gelernt, und es war allein auf Männer anwendbar. Es gefiel ihr, dass sie endlich davon Gebrauch machen konnte.

»Meine Gedanken liest du also selbst jetzt. Ich wünschte, ich könnte meinen Geist vor dir und allen, die dich umgeben, die dir folgen, verschließen.« Sie klang verzweifelt. »Das tust du doch die ganze Zeit über, so gut du nur kannst«, kam es vorwurfsvoll.

Er senkte seine Stimme und wurde sanfter in seinem gesamten Ausdruck. A sprach jetzt ruhiger mit ihr. Ein Streit war kontraproduktiv, konnte weder in seinem noch in ihrem Sinne sein, und er wusste, dass er ihr nicht alles gesagt hatte. Sie hatte ein Recht darauf, wütend auf ihn zu sein. Er würde ihr weitere Zugeständnisse machen.

»Du solltest mit mir das Meer sehen und die Steinkreise. Das wird dich heilen, besser, als Wir, nein, als ich es jemals könnte. Da sind zu viele Wunden, die du nicht siehst, in dir. Verletzungen, die dein Körper mit jeder Zelle fühlt und zu denen du keinen Kontakt hast, weil du das auch gar nicht aushalten würdest. Liebe kann man nicht lernen. Wir haben viel zu viel von dir verlangt. Ich habe zu viel verlangt«, gestand er zerknirscht. Er griff an seinen Rücken und löste einige Gewandfalten, die in einem schimmernden Emblem zusammengefunden hatten, um an die Bienenhöhlen zu gelangen.

»Was tust du?«, fragte sie in der Angst, nie wieder so etwas Erstaunliches zu sehen, zu fühlen, zu schmecken, wie ihr es der Awakened mit seinen blühenden Händen noch vor kurzem gegeben hatte.

»Sie wollen fliegen ... navigieren, die Umgebung erkunden, uns vorausfliegen.« Er lächelte befreit. »Sie sind klug, sie finden uns schon, sofern sie es dann noch wollen.« Mit einem kurzen Brummen waren sechs aufgeregte Königinnen auf und davon. »Keine Sorge, Q, deine, die Siebte, wird bei dir bleiben. Du lässt sie sowieso nicht los und mich auch nicht.« Mit diesen Worten richtete er sein Gewand und machte sich mit gewohnt großen Schritten auf in Richtung dichterer Wald. »Wir geben dir jetzt Raum, du wirst von der Prophezeiung träumen und vom Meer, unser aller Wiege. Damit du es fühlen kannst«, rief er noch im Gehen über seine Schulter zu ihr. Er drehte sich nicht noch ein zweites Mal nach ihr um, sondern wurde urplötzlich Eins mit dem Wald. Hatte sie geblinzelt? Das Licht hatte sich leicht in der Farbgebung verändert, auch schien es etwas kälter um sie geworden zu sein. A war vor Qs Augen verschwunden, als hätte er sich in Luft aufgelöst, als wäre er nie hier bei ihr gewesen. Da und weg. *Sollte er doch*, dachte sie trotzig und verschränkte die Arme vor ihrer Brust.

Sie war allein, so allein wie noch nie. Panik stieg aus ihrer Körpermitte bis in ihren Hals hinauf, gerann dort, setzte sich fest. Ihr Herz schlug schneller, pumpte regelrecht. Es dämmerte schon. Mindestens eine Sonne ging unter. Sie tauchte die Baumspitzen in rotgoldenes Licht, und es war, als würde sich ein lichter Frieden über den Wald legen. *Träumen*, er hatte »Träumen« gesagt, sie würde vom Meer träumen und von einer Prophezeiung, die sie alle betraf. Wer waren »sie alle«? Und wer zum allwissenden Quell-Code sollte *der* Entsorger sein? Sie war noch müder ohne ihn. Schwere sank auf sie herab. Bald wäre auch das letzte Sonnenlicht des heutigen Tages genau wie A direkt vor ihren Augen verschwunden.

Jetzt war es höchste Zeit, nach Schlafmoos zu suchen, wie er es ihr gezeigt hatte, und nach einem geschützten Ort für die Nachtruhe zu schauen. *Schritt für Schritt*, dachte sie und bewegte sich auf einen Platz zu, der tagsüber im Halbschatten gelegen hatte. Da würde sie wenigstens genügend Polster-Moos finden. Vielleicht konnte sie sogar dort direkt zwischen den Bäumen schlafen.

Gefahr würde ihr nicht drohen. Sie wusste, sie war nicht wichtig genug, dass man nach ihr gesucht hätte. Womöglich hielt man sie ohnehin für tot. Nein, der Quell-Code musste wissen, dass sie wie ein lebendiger Systemfehler durch diesen Wald irrte. Dem Quell-Code entging nichts. Er war alles Wissen. Ob es noch andere ›misslungene‹ Ausschaltungen außer ihr gegeben hatte? Hatten die Awakened schon öfter unerlaubt dazwischengefunkt, den allwissenden, allumfassenden Algorithmus gestört? A hatte sich dazu ausgeschwiegen. Unentwegt hatte sie ihn mit Fragen gelöchert. Einfach rein gar nichts war diesbezüglich aus ihm herauszubekommen. Nichts. Sie ärgerte sich noch immer über ihn. Wenigstens wich die Angst mit jedem klaren Gedanken, den sie fassen konnte. »Schritt für Schritt«, wies sie sich an und begann, ihre Schritte zu der bemoosten Baumgruppe zu zählen.

32 halbherzige, wütende Schritte waren es in den Schutz der Baumgruppe gewesen. Sie lehnte ihr Gesicht an die raue Rinde des dicksten Stammes und schloss die Augen. *Nur einen Moment noch, dann richte ich alles für die Nacht her.* Kurz nickte sie für einige Sekunden ein, rutschte von der Rinde ab, erwachte panisch und starrte reflexartig, wie konditioniert, auf ihr Handgelenk. *Wieder nichts. Da war nichts. Wo war ihre Codierung?* Dann erinnerte sie sich, wo sie war und warum sie war.

In dem Restlicht, das ihr der Tag gerade so noch spendete, war nicht einmal mehr die kleine weiße Narbe zu sehen, aus der A ihr ihren Namen geformt hatte. *Q*. Sie war jetzt *Q*, weil er sie so genannt hatte. Sie war keine Codierung mehr, keine Zahlenfolge, nicht mehr eine von ihnen. Sie war ein wandelndes Fragezeichen, und das machte sie seit kurzem ganz aus, ihre vielen Fragen. Sie bestand nur noch aus Fragen. »Fragen sind auch gleichzeitig immer schon die Antworten«, hatte A zu ihr gesagt, und sie hatte nicht begriffen, was er damit meinte. Bis jetzt tat sie das nicht. Die Fragen blieben. Antworten kamen wie Treibsand und beschwerten sie nur noch weiter auf ihrem Weg.

Er hatte sie tatsächlich alleingelassen, schlimmer noch, er hatte sie zurückgelassen. Sie war auf sich gestellt. Nach allem, was ihr widerfahren war. Für den Bruchteil einer Sekunde blitzte das Bild von einem toten Baby im Wald hinter ihrer Stirn auf. Ein kleiner, schlohweißer Körper, umgeben von sattem Grün, winzig und so völlig fremd, in ihr eigenes Blut getränkt. Sie versuchte, sich zu erinnern, ob er geatmete hatte. Nur Lücken. Ein schmerzhaftes Ziehen zwischen ihren Beinen, augenblicklich ein metallischer Geschmack in ihrem Mund. Q fröstelte. Erinnerungen konnten langsam töten, dessen war sie sich inzwischen sicher.

Die Wut kroch sie an wie Abendkälte. Schließlich war sie keine Holzbienenkönigin. Sie konnte nicht navigieren oder aus Blüten trinken, und wohin sollte sie zurückfinden? Aus der Holzhöhle, die sie mit sich trug, brummte es. Fast so, als hätte die Siebte eine passende Antwort parat. Dumm nur, dass sie einander nicht verstehen konnten. Sie war kein Awakened. Die Awakened waren rein männlich, *ein Seelenkollektiv*, hatte A sie genannt. *Hüter des Paradieses.*

Das Moos fühlte sich kühl, feucht und angenehm weich an ihrer Haut an. Die Hand, die sie stützte, hatte sie zur Faust geballt. *Wohin nun mit mir?* Mit dieser Frage glitt sie erschöpft in einen leichten, moosweichen Schlaf hinüber, der ihr Trost und Gewissheit spenden würde, denn da, wo sie hinging, da war auch As Stimme, und sie brauchte seine Stimme, das wurde ihr jetzt bewusst. Aber vorher wurde es so dunkel um sie, wie in einem Mutterleib, und As Stimme war wie das Rauschen von geliebtem, zutiefst vertrauten, körperwarmen Wasser, das sie ganz umspülte und als reine Liebe schützend umfing.

»Die Frau, die die Kieselsteine sammelte, war dieselbe, die den Berg abtrug«, sagte M und ihr Mund lachte dazu. Eine alte Volksweisheit. Dann sah sie sie durchdringend und voller Ernst an. Ms Lachen war verebbt und mündete in einem schiefen Lächeln, weil Q offenkundig weder wusste, wie Kieselsteine aussahen, sich anfühlten, noch ahnen konnte, was ein Berg in Wahrheit war, nein, was der Berg war und was er bedeutete. »Nur ein paar schöne alte Worte mit Flügeln«, sagte die Muladhara, die verstand. Wie zum Trost legte sie Mitgefühl in ihren Blick, dann aber wurde er plötzlich weit. A entfernte sich von Q, die so klein und unwissend war. Die Muladhara betete von ihr abgewandt mit monotonem Singsang die 12 Stränge in einer Endlosschleife. Q wollte mit einem »Ich-bin-der-Code« antworten, aber ihre Stimme war weg. M hörte sie nicht und fuhr fort, immer schneller zu beten und sich zu ihrem Gebet hin- und herzuwiegen. *Hin und Her. Her und hin.*

Q hingegen brachte keinen Ton heraus. Noch nicht einmal ein Krächzen konnte sie ihrem Hals abringen. Sie war nicht der Code und M auch nicht, das waren sie nie gewesen. Das wollte sie M sagen, aber M hörte nicht mehr zu. M hatte ihr den Rücken gekehrt und war unerreichbar geworden in ihrem einprogrammierten Singsang.

Die Muladhara sprach das Gebet der 12 Stränge in den Sonnenaufgang hinein, verschmolz mit den Farben und beachtete Q nicht mehr. Es war ganz, als wäre sie gar nicht da und auch niemals da gewesen. Q wusste nicht, wer von ihnen beiden real war.

»M!« Sie wollte M berühren, nur noch ein einziges Mal in ihrer Wärme Trost finden, wie sie es früher im Tempel der Schöpfung so oft heimlich getan hatte. Aber M hatte ihre Arme geschlossen. Je näher Q wollte, umso weiter entfernte sich die Muladhara, die plötzlich über einem weiten Wasser schwebte und immer durchsichtiger zu werden schien. M verblasste vor ihren Augen. Wie seltsam, das große Wasser war ihr vorher gar nicht aufgefallen, wunderte sich Q. Es hatte kein Ende, die Sonnen mündeten in ihm und farblos war es, es reflektierte die Farben, die das Licht ihm gab. Wie schön es hier war, warum nur war M so weit weg? Warum nur verblasste es?

Sie hatte ihr doch so viel zu sagen. Da gab es so vieles, das sie unbedingt fragen musste. Was war mit ihren Kindern? Jemand musste ihr antworten.

Q streckte die Hand nach ihr aus, aber die Muladhara begann bereits zu schrumpfen, wurde kleiner und kleiner, bald unerreichbar, versank sie ganz in ihrem Gebet, wurde Horizont, wurde eine Linie zwischen Himmel und Meer, wurde alles um sie herum, wurde das Murmeln und Rauschen. M war alles und alles war M.

»Wir hätten alle Mütter werden sollen«, hallte etwas in ihr nach, das nicht von M kam, das nicht Ms vertraute, ruhige Stimme war. Das Wasser hatte gesprochen. Selbst das Wasser war zum Gebet der 12 Stränge geworden.

Ist das endlich das Meer?, wollte Q fragen, aber da war niemand mehr, den sie hätte fragen können. Sie war wieder ganz allein. Es gab nur noch sie. Sie wurde lodernder Sonnenhimmel und das weite, große Wasser ohne Ende und Anfang, das den Himmel reflektierte, und die große, unaufhaltsame Verzweiflung, die von ihr Besitz ergriffen hatte und sich mit eisernen, metallisch kalten Klauen in ihren Unterleib fraß, dort einnistete, sich bis hoch in ihr Herz grub, um es auszuschalten, um endgültig auszulöschen, was von ihr noch übrig war. Das war sie. Das war der ganze Rest von ihr. Das war alles. Q sank ohnmächtig auf die Knie. Das Wasser stieg.

DIE PROPHEZEIUNG

Das Wasser war angenehm warm und völlig durchsichtig. Anders durchsichtig, als die Muladhara in ihrem Endlos-Gebet geworden war. Es war kristallklar wie As Glasröhrchen, und da waren unzählige kleine Steine, sogar einige in leuchtend bunten Farbschattierungen eingebettet. Die Steine waren überall dort, wo das Wasser war. Sie waren der Boden, bildeten einen feinen, herrlichen Grund, und Q konnte sie unter ihren nackten Füßen im Wasser fühlen und mit den Zehen hin- und herbewegen. Es waren so viele unterschiedliche Formen und Größen. Niemand hätte sie jemals zählen können, so viele waren es. Wieso hatte sie erst jetzt bemerkt, worauf sie da eigentlich stand? Noch bis eben hatten ihre Füße und der Untergrund doch gar keine Rolle gespielt?

Sie wollte jemanden fragen können, ob das echte Kieselsteine waren, worauf sie hier unsicheren Halt gefunden hatte, in dieser unwirklichen Landschaft aus Vorausschau, Rückblende und verlorengegangenen Gebeten. Sie fühlte sich endgültig von M und damit von ihrer Vergangenheit abgetrennt. Das war kein befreiendes Gefühl. Ganz und gar nicht das, was sie sich erhofft hatte. Eine große Ohnmacht bemächtigte sich ihrer auf allen nur denkbaren Ebenen. Ihr war es unmöglich, sich von der Stelle zu bewegen, als ob man ihren Körper in einem statischen Feld gefangen halten würde. Nur lauschen und stehen, stehen und lauschen. Aber da entstand etwas ganz in ihrer Nähe. Aus dem Rauschen des großen, endlosen Gewässers, das das Meer sein musste, formte sich eine Melodie, ein Lied, das die Harmonie der Wellen störte, ein Missklang und seltsame Worte, nein Stotterlaute, ungelenke, abgehackte Sprechversuche waren das: »Daaaaaadddaaaaarlin, Daaaarling, oh my, oh my, oh my, oh my, oh my … Daaaaaraling …«, meinte sie, eine weiblich blecherne Stimme zu vernehmen.

Versuchte da jemand zu singen? War da tatsächlich so etwas wie Musik? Plötzlich erhob sich etwas, nein, jemand, nein, etwas aus den Wellen. Eine ganz in Rot gekleidete Frau. Auf den ersten Blick erschien sie Q aufreizend schön. Etwas stimmte nicht, passte nicht zusammen. Er es war nicht das erhabene, warm vertraute Blutrot, in das sich die Muladharas des Tempels der Schöpfung als Würdenträgerinnen zu kleiden pflegten. Dieses Rot hatte etwas Schrilles, Aufdringliches, etwas, das zum Handeln anregte und motivieren sollte. Es glänzte aufreizend wie eine verbotene, wild gewachsene und sehr wahrscheinlich giftige Frucht, direkt um den perfekt proportionierten Frauenkörper vor ihr. »Oh, oho, ohhhh …«, tönte es lüstern, und die merkwürdige Erscheinung rieb sich ihre prallen in rotes Lack-Leder eingeschnürten Brüste, verdrehte wollüstig die Augen und warf ihren Kopf kehlig stöhnend in den Nacken, sodass ihre langen Haare dazu flogen.

Q konnte das alles nicht einordnen, die merkwürdige Frau, ihr Gesang, das große Gewässer und den Himmel, der die absurde Szenerie überspannte. Sie hoffte zu träumen oder wenigstens zu halluzinieren. »DddddDaadddaaaaaahrlig …«, wiederholte das fremde Geschöpf in Rot und die blechern schallende Stimme bekam zuerst etwas Flehendes, dann Forderndes.

Sie versuchte, die Frau, die offensichtlich ganz mit sich beschäftigt, wenige Centimeter über dem Gewässer schwebte, durch Blickkontakt zu erreichen, ihr in die Augen zu sehen, sich irgendwie mit ihr zu verbinden. Sie musste sich doch bemerkbar machen können? Es musste außerdem einen Grund für ihr plötzliches Auftauchen geben.

Die in rotes Lackleder Gekleidete hatte ihren Blick in weite Ferne gerichtet, starrte entrückt auf etwas, das Q nicht ausmachen konnte. Sie sah durch Q hindurch, als würde diese überhaupt nicht existieren. Wurde sie durchsichtig? Dann drehte sich die Lallende abrupt um, bückte sich aus dem aufrechten Stand heraus zu ihren Füßen, die in ebenfalls roten, beinahe antiken High-Heel-Relikten aus den 1980er Jahren steckten, klatschte sich dreimal selbst auf ihren strammen, in einen winzigen Lack-Mini gepressten Hintern, stöhnte wieder »Daaaahrliiing!« Das war der seltsame Moment, in dem Q überrascht einen auf dem Rücken der Frau angebrachten Bestellschein von AnaXXon ausmachen konnte. Das seltene Papier flatterte in einer leichten Brise, die vom Wasser ausging.

Das Ding, die Frau war ein Produkt. Sie war von jemandem bestellt worden. Sie gehörte jemandem: mit Haut, Haar, rotem Lackleder und schiefem Gesinge. Das war womöglich nicht einmal eine Humanoide, sondern vielmehr ein intelligenter, weiblich ausgestalteter Bioroboter, eine organische KI, schlimmstenfalls sogar eine DF.

Q hatte von den Dysfunctional Women gehört, mit denen sich männliche Quantity- und Quality-Codierungen in der Mega-City gleichermaßen bei Laune hielten. Es wurden nach dem Dunklen Matriarchat, dem unaufhaltsamen Niedergang des biologisch Weiblichen, zu wenige Frauen geboren. Noch weniger von diesen wenigen Frauen waren fruchtbar und erfüllten überhaupt die körperlichen Voraussetzungen, ein Kind auszutragen und zu gebären. Erschwerend hinzu kam, dass bei manchen männlichen Humanoiden die Sexualität einfach nicht aberzogen werden konnte, nicht einmal mit Hilfe staatlich verordneter, zur Gesundung des Gesamtorganismus beitragender Musik.

AnaXXon reagierte auf die neuen Märkte und hatte vor einigen Generationen mit der Produktion der ersten sogenannten Dysfunctional Women begonnen. Es gab verschiedene, speziell auf männliche Bedürfnisse ausgerichtete und bis zu einem gewissen Grad auch modifizierbare Modelle. Die Erste, der Prototyp, der für außerordentliche Aufregung gesorgt hatte, war Alexxis gewesen. Kurz darauf kamen Eve und Heidi. Modelle, die sich vor allem durch eine eigene Stimme auszeichneten, denn das war seltsamerweise etwas, auf das es den männlichen Codierungen ankam, egal ob Quality oder Quantity. Q fielen mindestens noch drei weitere Modellgenerationen von AnaXXon ein, die zunächst ebenfalls von großem öffentlichen Interesse waren und nicht gerade Begeisterung hervorgerufen hatten.

Die meisten durchschnittlichen Quantity-Männer investierten beinahe ihr gesamtes Vermögen, ihr Hab und Gut, ihre Lebenszeit in die Ausgestaltung, Modifikation und Ausstattung ihrer DFs. ›Dysfunctionals‹ wurden sie zuerst hinter vorgehaltener Hand und später ganz offiziell, nicht aufgrund ihrer Fehlfunktionen, genannt, sondern weil ihnen immer etwas zur ›perfekten Frau‹ zu fehlen schien.

Im Tempel der Schöpfung wusste man sehr genau, was das war. Auch sahen die DFs im Laufe ihrer individuellen Umgestaltung mitunter höchst seltsam aus. So bildeten sie anhand von Kleidung und Ausbildungsniveau nicht nur den sozialen Status ihres jeweiligen Besitzers ab, sondern auch oftmals, und das inzwischen unverhohlen, vordergründig dessen sexuelle Neigungen. Das hatte teilweise sehr bizarre Ausmaße angenommen. Ein Schwarzmarkt für ungewöhnliche Modifikationen blühte im Verborgenen der Mega-City, von den Centrierten als staatlich ausführende Controlleinheit mit aller Härte und Strenge verfolgt, in Extremfällen mit öffentlichen Executionen geahndet, die ein Exempel statuieren sollten.

Hatten die ersten DFs noch für Skandale gesorgt, so erfreuten sich jetzt sogar Modelle an der körperlichen Grenze zwischen weiblichem Kind und Frau großer Beliebtheit. Hormonsteuerung konnte man in Zusatzpaketen käuflich erwerben und in die eine oder andere Richtung steuern. Das Modell war nicht zuletzt so erfolgreich, weil die allerwenigsten Humanoiden innerhalb ihres oft kurzen Lebens bis zu ihrer gesellschaftlich anerkannten Ausschaltung jemals ein Kind zu sehen bekamen. Weibliche, fruchtbare Kinder waren das kostbarste Gut dieser Welt, das wusste jeder.

So kostbar, dass man die rein digitale Währung des Centrums in Childs an diesem Gut bemaß. Es war möglich zu errechnen, was ein solches Leben wert war, und das verdeutlichte letztendlich die individuelle Codierung selbst. Das alles ging Q blitzschnell beim Anblick der rot gelackten DF durch den Kopf.

Ihr wurde bewusst, was der Code im Unterschied zu einem Namen war, was ihn ausmachte, was sie ausgemacht hatte und was er in Wahrheit bedeutete. Diese Erkenntnis traf sie völlig unvorbereitet. Das war es, was A ihr hatte zeigen wollen. Ihr wurde schlecht. Sie stützte sich mit beiden Händen auf ihren Knien ab, den Blick gebannt auf die Kieselsteine und ihre vom Meer umspülten Füße gerichtet. Sie versuchte, sich zu fassen. Sackte in sich zusammen.

Das musste ein Traum sein, wie A gesagt hatte. In Wirklichkeit schlief sie, an Baumrinde geschmiegt, gut verborgen in einem Wald. Sie rang nach Luft und wollte sich nicht so einfach überwältigen lassen, wollte sich nicht geschlagen geben, nicht so einfach, nicht nach allem, was sie überlebt hatte. »Nicht jetzt!«, rief sie laut aus und richtete sich auf.

Ein plötzlicher Impuls überkam sie. Q bückte sich, um einen Kieselstein aus dem Wasser aufzuheben, auf den ihr Blick eben erst gefallen war. Sie zielte, holte weit aus, warf und traf die noch immer singende Dysfunctional Woman am Kinn.

Diese stoppte augenblicklich ihr Gelalle, hörte auf zu schweben und stand mit einem Mal auch mit ihren Füßen im Meereswasser, Q direkt gegenüber. Keine fünf Meter trennten die beiden Frauen, die unterschiedlicher nicht hätten sein können. Die DF wirkte nicht länger entrückt, sondern fixierte Q mit zusammengekniffenen Augen, griff dann, ohne sie aus den Augen zu lassen, mit beiden Händen gleichzeitig über ihre Schultern und zog sich eine Kapuze über den Kopf, die ihr Gesicht wie von einem gleichschenkligen Dreieck gerahmt aussehen ließ. Auch die Kapuze war aus rotglänzendem, gelacktem Material und verlieh der DF etwas Unheimliches, etwas glühend Dämonisches. Q fand, nie zuvor hatte eine Frau unmenschlicher ausgesehen. Dann hob die Unheimliche an, etwas zu sagen, das nicht länger Singsang und Gestotter war. Sie sprach stattdessen laut, mit klarer, deutlicher Stimme, und Q hörte gut zu:

»Es wird jemand sein, der das Denken läutert, einer nur, nur ein einziger, der das Fühlen abgeschlossen hat und das Denken auf. Er wird das Vorandenken sein, vor allem und nach allem, was das Seiende zu denken hat, ein Zurückfühlender. Unbestechlich. Die Schöpfung selbst wird sich über ihn äußern, obgleich er niemals Schöpfer sein kann, ist er Hüter des einen Wissens als ein Fortwesendes im Seyn, ein

Dichterfürst und ein zu erdichtender Fürst, ein Wortrichter, dichtender Denker und denkender Dichter.«

Mit der Beendigung dieser rätselhaften Worte nahm die DF ihre Kapuze wieder ab, erhob sich mit einem leichten Sprung aus dem Wasser, schwebte erneut, blickte dann in die Ferne, als hätte sie zuvor nicht einen einzigen zusammenhängenden Satz von sich gegeben und fuhr fort, Unsinn zu singen.

Damit wollte sich Q aber nicht zufriedengeben. Sie griff nach einem zweiten Kieselstein, zielte und traf ins Rote. »Wer bist du?!«, fragte Q, inständig hoffend, dass ihre Stimme nicht zitterte. Die unbekannte Dysfunctional Woman erwachte erneut wie aus einer Trance und schwebte langsam näher, unaufhaltsam direkt auf Q zu. Q währenddessen griff vorsichtshalber nach einem dritten Stein und versuchte, Haltung zu bewahren. Wie ein schreiend roter, bedrohlicher Geist kam die Dysfunctional Woman unausweichlich auf sie zu, ohne auch nur das geringste Geräusch dabei zu verursachen. Schon stand sie vor ihr, beugte sich ganz nah an Qs Gesicht heran, fast als wollte sie ihr ein Geheimnis verraten. Sie war nun so dicht an Q, dass Q ihren Atem auf ihrer Haut hätte fühlen müssen. Stattdessen leckte die DF ihr die Wange von oben bis unten ab.

Q erschrak bis ins Mark, stieß sie weg und hielt sich die feuchte Wange, als hätte man sie verletzt und ihr eine klaffende Wunde zugefügt. Ihre Wange brannte plötzlich, war nicht mehr nur feucht, sondern fühlte sich nass an, tropfte. Q riss panisch die Augen auf. Ein roter Tropfen fiel von ihrem Gesicht ab ins Meer, vermengte sich mit dem klaren Wasser direkt über ihren Füßen, löste sich auf. Auch ihre Hand, die sie sich an die Wange gelegt hatte, fühlte sich komisch an. Sie sah auf ihre Hand. Das war eindeutig Blut.

Blut in ihrem Gesicht. Das war sie, sie blutete. Es kam von ihr. Das war ihr eigenes Blut. Sie erstarrte, konnte sich erneut im Schock nicht regen. Was passierte hier mit ihr? Wer war die Frau?

»Blut ist dicker als Wasser«, geisterte plötzlich ein alter, für Q unverständlicher Satz, den M einmal gesagt hatte, durch ihre Gedanken und löste die Schockstarre, in der sie sich befunden hatte. Die DF währenddessen leckte sich genüsslich über die blutroten Lippen, als könne sie Q wie eine Delikatesse noch immer schmecken, dann lachte sie laut auf, bleckte die Zähne und beantwortete Qs letzte Frage schallend laut mit: »Ich bin Rotkäppchen.«

DER KUSS

Zwielicht. Q erwachte, die Hand im Gesicht, mit unregelmäßiger Atemfrequenz und feuchter Wange an einen Baumstamm gelehnt. Die andere Hand hatte sie um ein kleines, hartes Etwas herum krampfhaft zur Faust geballt. Sie saß im Halbdunkel der schützenden Bäume. Die Erste Sonne ging langsam auf, und das Reh, das ihr bis eben das Gesicht geleckt hatte, war gerade noch von hinten zu sehen, wie es von ihrer abrupten Bewegung aufgeschreckt mit einigen Sprüngen wieder im Dickicht verschwand.

Q hatte ein flaues Gefühl in der Magengegend. Der Albdruck, den sie aus dem Schlaf mit in den Tag gebracht hatte, saß fest auf ihrer Brust. Ihr war, als könne sie ihn mit nichts auf der Welt von sich nehmen. Sie strengte sich an, wollte sich mit aller Kraft erinnern.

Erinnerungen kamen auch, aber nur bruchstückhaft, vereinzelt, in Wortfetzen und täuschenden Gefühlen und Bildern. Sobald sie meinte, etwas Konkretes greifen zu können, verschwammen die Eindrücke fast sofort wieder. Sie wusste, dass da ein großes Wasser gewesen war und Himmel, so viel Himmel und da war noch jemand gewesen, jemand Bedrohliches in ihrem Traum … Ihr Traum … da war auch wieder Schmerz, erinnerter Schmerz. Ja, so fühlte sich das an. Erinnerung.

Sie biss die Zähne zusammen. Ihre Gesichtsmuskulatur war angespannt. Ihre Wange war im Gegensatz zum Rest ihres Gesichtes nasskalt. Vielleicht blutete sie auch außerhalb ihres Traumes? Hatte das scheue Reh sie eben wirklich da geküsst? Q überlegte.

Seine Zunge hatte sich warm, rau und leicht klebrig auf ihrer Haut angefühlt. Kein Zweifel, das war ein Kuss gewesen, von einem Tier, der ihr, einer Humanoiden, einem Menschen, einer Frau gegeben wurde. Küssten Tiere? Konnten Rehe küssen?

Wozu und warum sonst hätte es ihre Wange benetzen sollen? Es muss ein Kuss gewesen sein. Ein echter, wirklicher Kuss, ihr allererster, in dieser Welt, in der Sexualität und viele andere sinnliche Genüsse verpönt und ohnehin verboten waren. Wie überraschend er gekommen war, ihr verbotener Kuss … noch dazu von einem Tier, das im Tempel der Schöpfung und auch überall sonst als ausgestorben galt. Aber es war wirklich so passiert und nicht Teil ihres absurden Traumes gewesen. Er hatte ihr gegolten, ihr, ein Reh-Kuss …

Jedoch war sie kein Reh, und sie war auch nicht A, dem Tiere auf Schritt und Tritt folgten, und ihm vertrauten, als sei er eines von ihnen. Schauer überliefen ihren Körper. Was hatte das Reh von ihr gewollt, war es vielleicht nur neugierig gewesen, oder hatte es womöglich einfach Hunger gehabt? Rehe fraßen Pflanzen, soweit sie wusste.

Aber in den Märchen-Geschichten der Muladhara hatten sich Menschen in Rehe und Rehe zurück in Menschen verwandelt, und das mit Hilfe von besonderem Wasser. ›Brüderchen und Schwesterchen‹ hatten sie das Reh-Märchen, welches in der Meditation zur Muladhara gekommen war, genannt.

Es hatte viele neue, alte Wörter enthalten, von denen Q sich fasziniert gezeigt hatte. Was, wenn das keine Geschichten, sondern auch bruchstückhafte kollektive Erinnerungen waren, so wie die Awakened, die All-Eins waren, ein gemeinsames Bewusstsein, ein Seelenwissen teilten und bewahrten?

Sie versuchte, sich im anbrechenden Tag zu orientieren, und ihr Blick fiel endlich auf ihre geschlossene Hand. Ihre Fingerknöchel traten vor lauter Anspannung weiß hervor. Innerlich durcheinander öffnete sie die kalterstarrte steife Faust. Fassungslos schaute sie auf das kleine runde Etwas, das sich in ihr befand: ein Kieselstein.

Wie lange schon hielt sie diesen fest umklammert? Etwa die ganze Nacht? Ihre Hand fühlte sich eisig an und ihre Finger waren taub. Und wo zum allwissenden Quell-Code kam der kleine Stein jetzt wieder her? Wie war das nur möglich? In ihrem Traum war ein ganzer Kieselstrand gewesen ... Sie erschauderte.

Kurz entschlossen warf sie den Kiesel weg, bewegte ihre Finger, die kribbelten, und rieb sich ungläubig den Restschlaf aus den Augen. Um sie war doch nur Moos und ... und ... und überall Blumen, staunte Q. Alles um sie herum war voller weiß, zartgelblich leuchtender Waldblumen, wohin sie auch sah ... und ... eine weitere, ihr unbekannte Farbe, die sie jedoch sofort erriet, zeigte sich. Blau. Das musste reines, pures Blau sein. Noch mehr hatte sich also seit oder durch ihrem Traum verändert. Da war urplötzlich eine neue Farbe in ihrem Leben.

Die Farbe, die M die Farbe der Sehnsucht genannt hatte. Pures Blau hatte Q bisher nicht vollständig wahrnehmen können, höchstens Schattierungen und emotional aufgeladene Ahnungen. Blau nicht zu sehen, war nicht ungewöhnlich. Sie wusste von keiner Frau und keinem Mädchen im Tempel der Schöpfung, das Blau als Farbe in Reinform sehen konnte. Sie alle hatten genetisch bedingte, teilweise vererbte Farbsehstörungen, die zumeist den blau-violetten Frequenz-Bereich betrafen.

Sie konnte demnach gar nicht wissen, dass sie etwas vermisste. Nur M hatte durch die unzähligen Atemübungen und Meditationen als ihre Muladhara immer mehr gesehen und gewusst als die anderen. Q hatte M oft darum gebeten, ihr die Farben zu beschreiben, die sie wahrnahm. So hatte sie auch zum ersten Mal vom Meer erfahren, und jetzt saß sie an einen Baum gelehnt, umgeben von wundervollen, kleinen, blauen Blumensternen, so weit das Auge reichte. Diese leuchtende, vibrierende Farbe, dieses neue Blau-Sehen wollte sie nie wieder hergeben. Es gehörte ihr, war in sie eingesunken, genau wie der Kuss.

Ihre Wange blutete nicht, das war nur in ihrem Traum so gewesen, und das Reh hatte sie in Wirklichkeit geküsst. Mit einem Mal fühlte sie sich glücklich, leicht und sogar ein bisschen frei. Sie besah sich die Blumen genauer, erfasste ihre Form, die Anzahl ihrer Kelchblätter, die Struktur ihrer Oberflächenbeschaffenheit, berührte ihre lanzettenartigen, glatten, kühlen Blättchen. Der zuvor von Q empfundene, dumpfe Schmerz wich einer leichten, hüpfenden Freude, die den schweren Albdruck allmählich von ihrer Brust löste.

Leichtigkeit, Freude, Rehe … Blumen, A musste ganz in ihrer Nähe sein. Sie vermisste ihn plötzlich. Er war bei ihr gewesen. Seit diesem schrecklichen Tag, an dem ihr Herz stillgestanden hatte, dem Tag, an dem sie ohne ihn verblutet wäre und der zweite Herzschlag unter ihrer Brust für immer verstummt war, der Tag, an dem ihre Codierung bis auf einen einzigen, letzten Buchstaben zusammen mit ihrer Vergangenheit ausgelöscht worden war.

A war bereits wach, wenn sie am frühen Morgen die Augen aufschlug. Selbst im Schlaf hatte er über sie gewacht, damit sie sich sicher fühlen konnte. Erst jetzt wurde ihr bewusst, dass sie ihn nie schlafen gesehen hatte. Sie kannte ihn nur wach und konnte sich seinen im Schlaf entspannten Körper und Gesichtsausdruck noch nicht einmal vorstellen. Der Awakened war niemals unbewusst.

»A?! … wo bist du?« Sie rief nach ihm, bekam aber, außer dass ihr lautes Rufen ein paar schreckhafte Waldvögel auffliegen ließ, keine Antwort.

Ein Impuls ließ sie nach der Holzhöhle der Siebten in ihrem Gewand tasten. *Gefunden.* Sie nahm sie und schüttelte das ausgehöhlte Holz so lange, bis ein missmutiges Gebrumme aus dem Inneren drang und sich die schwarze, jetzt, das konnte sie auf einmal auch sehen, blau-violett schillernde Holzbienenkönigin zeigte. »Flieg zu ihm!«, wies Q sie an. Das Insekt putzte sich seelenruhig, auf der Höhle, aus der es soeben gekrabbelt war, sitzend, beleidigt, keinerlei Notiz von Q nehmend. Q brach einen kleinen blauen Blumenstern ab, roch daran und steckte ihn sich hinter das linke Ohr in ihre Haare. »Bitte. Ich passe auch auf deine Kinder auf, während du fort bist, das verspreche ich«, wiederholte sie ihr Anliegen und die Königin flog los. Wohin, das wussten womöglich nur ihre Kinder.

Der Wald kam ihr jetzt noch intensiver vor. Überall waren Blautöne hineingemischt, auch die verschiedenen Laubschattierungen zeigten sich in völlig neuen Farbnuancen. Q konnte sich nicht sattsehen. Es war, als hätte jemand ein lange verschlossenes Fenster zur Welt in ihr geöffnet, und sie hatte zum allerersten Mal hinausgeschaut und frei die frische, einströmende Luft atmen können.

»Es hat bloß das Salz gewollt.« Q drehte sich nach der Stimme um. Es war A, stellte sie freudestrahlend fest, und es war ihr, als würde sie auch ihn zum allerersten Mal wirklich sehen. Da stand A. Groß, schlank, fast ein wenig hager, beweglich und stark. Ja, er verkörperte innere und äußere Stärke. Jetzt erst wurde ihr klar, wer A war, was A war.

Seine helle Haut war von einem hellen, bläulichen Leuchten, das sie zuvor nicht hatte wahrnehmen können, regelrecht durchdrungen. Es war, als würde sich ein flüssiges Energiefeld rhythmisch pulsierend in harmonischen, sehr langsamen Drehbewegungen stetig kreisend um ihn bewegen. Nein, auch das Energiefeld war er, es gehörte zu ihm oder zu allen Awakened, das konnte sie nicht mit Sicherheit sagen.

Seine etwa schulterlangen, welligen Haare waren fast weiß, aber man konnte noch erkennen, dass sie früher einmal dunkel gewesen sein mussten. Obwohl er auf den ersten Blick allein durch seine schöne Körperstatur wie ein junger Mann wirkte, hatten seine Augen etwas Uraltes, Wissendes, oftmals auch Tieftrauriges. Dann und wann schlich sich auch in sie ein fröhlicher Glanz hinein, wie Q ihn nur von Kinderaugen her kannte.

»Du lächelst ja«, sagte er etwas erstaunt, jetzt ebenfalls lächelnd und trat näher an Q heran. Mit einer vorsichtigen Handbewegung streifte er die Holzbienenkönigin von seiner Schulter und setzte sie Q in die Haare.

»Die hat mich ziemlich schnell gefunden.« Q brachte kein Wort heraus, während sich die Siebte Bienenkönigin in ihren Haaren wohlzufühlen schien, denn ihr Brummen, so meinte Q zu hören, bekam etwas Vergnügliches.

»Was ist mit dir?«, fragte A etwas besorgt und ging vor Q, die noch immer an den Baum gelehnt saß, in die Knie, um ihr direkt in die Augen sehen zu können. Sie wusste bereits, dass er seine Augenfarbe verändern konnte. Wie und warum das geschah, konnte sie sich jedoch nicht erklären, und es war ihr bisher auch ganz einfach egal gewesen. »War der Traum so schlimm?« Er sah sie dabei durchdringend an, gerade so, als könnte er sogar hinter ihre Stirn blicken, wenn er es nur gewollt hätte.

Seine Augen waren dunkelblaue Abgründe, sodass sie beinahe schwarz wirkten. Sie passten seltsam gut zu dem irisierenden Glanz der Holzbienenköniginnen. As Pupillen hoben sich nur durch einen feinen, silber-goldenen Rand von der Iris ab. Nie in ihrem kurzen Leben hatte sie in solche Augen geblickt. Sie fragte sich, ob alle Awakened diese Augen hatten oder nur er, nur A. Q schluckte.

Sie nahm ihren Mut zusammen, fuhr von einem Augenblick auf den nächsten nach vorne und küsste A zu ihrer beider Überraschung direkt auf den Mund.

Wie intensiv das war, jemanden so zu spüren, zu schmecken. Sie schloss für einen verlorenen, uncontrollierten Moment ihre Augen und vertraute sich ganz seinen warmen Lippen an. Auch A blinzelte überrumpelt und versank für den Bruchteil einer Sekunde ganz in Q.

Doch der Kuss, der so plötzlich gekommen war, währte nicht lange. Schon stieß ihn Q, über sich selbst entsetzt, mit aller Entschlossenheit von sich zurück. A sah ebenfalls erschrocken aus.

Der Kuss hatte nur wenige Sekunden gedauert und die Awakened küssten nicht, ebenso wenig wie Q jemals jemanden geküsst hatte. Allein schon die Vorstellung von einem Kuss hatte sie weder verstehen noch aushalten wollen. Vielleicht gerade noch so in von M erzählten Geschichten. Da gab es Küsse, meistens dann, wenn es auf das Ende hin zuging oder bevor etwas Schreckliches mit den Küssenden passierte. *Märchen*, dachte Q. *Zu viele Märchen.* Neugier konnte zu Kreativität führen, und wohin uneingeschränkt ausgelebte Kreativität die Menschheit geführt hatte, wussten sie alle.

Das hier kam für keine Quality-Codierung, die im Tempel der Schöpfung lebte und gebar, in Frage. Kinder wurden ihnen ausschließlich durch künstliche Befruchtung und nicht von Menschenhand einverleibt. Küssen war eine Vorform, eine Vorstufe der Sexualität. Q schämte sich.

Sie wollte gerade eine Entschuldigung stammeln, ihm sagen, dass sie nicht wusste, was in sie gefahren war und dass sie einfach nur wissen wollte, wie er schmeckt und riecht und sich überhaupt anfühlt, nun, da sie sich über einen längeren Zeitraum schon so nahe gewesen seien, als A in ein lautes Gelächter ausbrach. Er schüttelte sich regelrecht vor Lachen.

Ihr war warm, die Schamesröte stieg ihr ins Gesicht. Q wurde plötzlich wütend, stand auf und wandte sich verletzt von ihm ab. Er hörte einfach nicht zu. A lachte und lachte und dachte gar nicht daran, damit aufzuhören.

»Worüber lachst du bitte, wenn ich fragen darf?«

»Na, über dich.« Der Kerl hörte einfach nicht auf, albern war das, so wie der Kussversuch.

»Und was ist so witzig an mir?«

»Du bist wirklich stets aufs Neue überraschend.«

»So, bin ich das?« Die Siebte Holzbienenkönigin hatte sich derweil in ihren Haaren verfangen und brummte ebenfalls ungehalten. A währenddessen saß auf dem Waldboden zu ihren Füßen und amüsierte sich.

»Wir tun das einfach nicht, okay?!«

»Wer *Wir*? – *Wir*, die Awakened …«, äffte sie seinen Tonfall albern-würdevoll nach.

»Ganz genau. Wir, die Awakened.«

»Und was ist mit dir und mir?«, fragte Q und wandte sich ihm wieder zu. »Was sind du und ich zusammen, was sind *wir*? Was tun wir?«

»Ich habe dir doch gesagt, dass es das Salz gewollt hat.« Sie verstand nicht. »Das Reh. Du hast im Traum geweint, und es ist gekommen, dir das Salz von den Wangen zu lecken.« Sie hob eine Augenbraue. »Tränen enthalten Salz«, sagte er, als wäre sie die am schlechtesten modifizierte Quantity-Codierung dieser Welt und einfach zu dumm, einfachste Sätze zu verstehen. »Das war kein Kuss. Rehe küssen keine Menschen«, warf er nochmals erklärend ein, als sie weiterhin schwieg. A hob beschwichtigend die Hände.

Q grübelte und ging dabei auf und ab. Am liebsten wäre sie mit sich, ihren Gedanken und Gefühlen alleine gewesen. Außerdem ließ sie der Traum einfach nicht los. Sie konnte und wollte sich jetzt nicht mit den Albernheiten eines Awakened beschäftigen. Egal wie mystisch und schön und einzigartig seine Augen auch waren. Ihre eigenen Gefühle drohten sie zu überwältigen. Sie wurde selbst nicht schlau aus sich. Warum hatte sie ihn geküsst? Sie hatte überhaupt nicht darüber nachgedacht, sondern war stur einem inneren Impuls, einem Verlangen gefolgt. Was war denn bloß in sie gefahren? Die Erklärung war undenkbar einfach. Sie wollte ihm nahe sein, näher als je zuvor, sich ganz seinem Schutz anvertrauen. Etwas musste ihm doch an ihr liegen, schließlich hatte er wortwörtlich ihr Herz berührt, als er sie vor der sicheren, unumkehrbaren Ausschaltung bewahrt hatte.

Q fing sich wieder. Sie unterbrach ihr Auf-und-Ab-Gehen abrupt und blieb schließlich vor A stehen. A war still geworden. Er hatte aufgehört zu lachen und wollte ihr Raum geben. Offenbar hatte er ihr wehgetan, das war ihm inzwischen bewusst geworden. Seit etwa einer halben Stunde ordnete er schuldbewusst irgendwelche kleinen Steine auf dem Waldboden zu Spiralen an. Dabei fand er einen ungewöhnlichen Kieselstein, den er nicht mehr loslassen wollte und in einer Gewandfalte vor ihr verbarg.

»Es gibt Bedingungen«, sagte Q in einem unerwartet eisig-geschäftigem Tonfall zu A, dem man einen vorangegangenen Kuss niemals zugetraut hätte. Er blickte abwartend zu ihr auf. »Ich helfe euch Awakened, den Entsorger zu finden. Wie auch immer ihr euch das vorstellt habt, und ich werde beitragen, was ich eben beitragen kann.« Er nickte nachdenklich.

»Und die Bedingungen?!«, fragte er.

»Du hilfst mir, in Würde zu sterben.« Sie hatte ihn konkret angesprochen, nicht die Awakened, kein Kollektiv, nur ihn. Sie hatte Du gesagt. Das war persönlich und nur an ihn gerichtet. Er allein hatte ihre Bedingungen zu erfüllen.

Der Awakened wollte etwas erwidern, erkannte aber sofort, dass es sinnlos gewesen wäre, sie jetzt zu unterbrechen. Das waren bereits zu viele Worte zwischen ihnen gewesen. Zu viele Worte und ein Kuss, der sie beide gleichermaßen überrumpelt hatte. »… es gibt einen tödlich-giftigen Pilz in diesem Wald«, fuhr sie fort, »grün, beinahe weiß muss er sein.«

»War der Traum denn wirklich so schlimm?«, flüsterte er.

»Suchst du nun den Pilz mit mir oder nicht, wenn getan ist, weswegen du mich am Leben erhalten hast?«, fragte sie ihn laut und in einem ungewohnt harschen Tonfall, den er ihr zu diesem Zeitpunkt noch gar nicht zugetraut hatte und der keine Widerrede duldete. A fühlte ihre Wut, als wäre es seine eigene, und dahinter tiefe, alles Sein vernichtende Trauer und darunter, gut verborgen, noch immer Angst. Angst vor Zurückweisung, vor erneutem Verlust, Angst vor Fremdbestimmung. Aber wie seltsam … da war nicht die geringste Angst vor dem Tod in ihr. Angst vor dem Tod hatte sie nie gehabt. Sie hatte sich wirklich aufrichtig nach ihm gesehnt.

Er nickte. »Ich verspreche es«, sagte er leise. Dann erhob er sich vorsichtig, verließ die Steine, behielt den besonderen Kieselstein und ging auf sie zu. Mit einem Schritt war er bei ihr, griff sie plötzlich bei den Schultern, drehte sie zu sich um und zog sie mit einer kraftvollen Bewegung an sich, in seine Arme. Sie wehrte sich, schlug nach ihm, aber er hielt einfach fest.

Wie verletzlich sie aussah, wie klein sie war. *Fast noch ein Mädchen*, dachte er und doch war da der große Mut der Verzweifelten in ihr. Im Geiste trennte er das Kollektiv der Awakened von sich ab. In ihm gab es jetzt nur ein einziges, überlebensgroßes Gefühl, das er in diesem Augenblick für sie, für Q, empfand. Ein Gefühl, das alle anderen Gefühle in sich aufnahm, sie schluckte und integrierte, ein Gefühl, das nichts zurückließ und doch alles schenkte. Da war nur Liebe. Liebe, für alles, was sie jemals gewesen war, für alles, was sie jetzt war, für alles, was sie sein konnte und vielleicht einmal sein würde. Seine persönliche Liebe, singulär und nicht für das Kollektiv der Awakened bestimmt. Diese Liebe gehörte nur ihm und … und ihr.

Sie hob den Kopf. Ihre Blicke trafen sich und sie hielten endlich einander stand, hielten sich ganz aus. Keiner von beiden wandte sich jetzt ab in diesem Kräftemessen des Einander-Erkennens. Noch nicht einmal ein Blinzeln unterbrach die Verbindung, die sich einstellte. Und dann, dann küsste er sie.

A nahm sich Zeit, sie vollständig zu erfühlen. Q rührte sich nicht mehr, stand wieder wie erstarrt in seinen Armen und hielt die Augen fest geschlossen.

Sie schmeckte tatsächlich salzig, dann nach Nektar. Ihre Lippen waren rissig, spröde, fast rindenrau, aber das war nur ihre äußerste Schicht.

Die Anspannung wich. Sie wurde weicher in seiner Umarmung. Das war jetzt nur noch ihr Körper und dann seiner. Q gab nach, öffnete ihren Mund, öffnete sich ihm. Er spürte den Hauch ihres warmen Atems, der ihn liebkoste, auf seinen Lippen flüstern. Das waren keine Worte. Da war nichts mehr zwischen ihnen. Nichts mehr. Sie würden Eins werden. Ein Leben sein. Es begann. So war es ihnen vorherbestimmt. Er verstand es nun. Sie war die Antwort auf alle Fragen, die er den Awakened gestellt hatte, und damit sich selbst.

BUNKERIZATION

Er hatte den Bunker bereits vor einigen Wochen mit seinem eigens dafür entwickelten Gerät lokalisiert. Das Gerät schlug auch bei unverhältnismäßiger Strahlung aus. Es war für seine Schatzteilsuche in den Ruinen gemacht. Der Bunker lag da, wo der Wald begann, ziemlich genau an der Grenze sogar, man hatte zuvor die um die Mega-City gelegenen Ruinen und Müllhalden zu durchqueren. Er konnte mit nahezu völliger Sicherheit davon ausgehen, das tat niemand außer ihm. Wer sollte schon? Seine DFs und die gesammelten Ersatzteile und die wertvollen Relikte hatte der Entsorger vorsorglich in seinem Wohncontainer am Stadtrand eingeschlossen. Die Dysfunctional Women standen fein säuberlich und nach persönlicher Wertigkeit und aktueller Vorliebe sortiert, nebeneinander aufgereiht an der Containerwand. Abgedeckt und mute gestellt, damit sie miteinander keinen Unsinn trieben und nicht auf dumme Gedanken kamen, so wie er heute.

Denn heute hatte er seinen freien Tag. Er hätte durchaus anderes für seine Zerstreuung und Erbauung tun können. Es waren eigentlich genügend Childs übrig, um es sich gutgehen zu lassen, sogar um ein oder zwei Musikstücke im Centrum zu konsumieren und damit bewusst Quasi-Emotionen zu erzeugen.

Er hatte kein Interesse gehabt. Ihm fehlte das, was sie in alten Interviews und Reportagen ›den Kick‹ genannt hatten. Seine Gedanken waren um nichts anderes als den Tiefbunker gekreist. Keine noch so abgefahren modifizierte DF hätte ihn von seinem Vorhaben, heute den Bunker zu begehen, abhalten können. Vor ihm hatte diesen noch keiner entdeckt. *Was für ein Glück.* Heute würde er reingehen, das hatte er sich fest vorgenommen. Koste es, was es wolle. In der Nähe seines Bunkers befanden sich die Ruinen von Sondermunitionslagern. Es war noch immer gefährlich, sich ihnen zu nähern. Niemand wusste, was dort genau lagerte.

Der Wald war ihnen zur Gänze und unter Strafe verboten. Die meisten Codierungen zeigten ohnehin keinerlei Interesse daran, sich diesen aus nächster Nähe anzusehen. Was hatte der schon, außer Bäumen, die den Biorhythmus und damit schlimmstenfalls die eigene Codierung völlig durcheinanderbrachten? Das konnte Instabilität zur Folge haben. Außerdem war bekannt, dass sich in der Mitte des hoffnungslos verwilderten Biotops der streng bewachte Tempel der Schöpfung mit den letzten echten, gebärfähigen Frauen dieser, ihrer Nach-Welt befand. Männliche Codierungen, die aus niederen Motiven versucht hatten, den Tempel zu finden, waren nicht zurückgekehrt, das erzählte man sich im Centrum hinter vorgehaltener Hand.

Der Grenzwald war in verschiedene, in ihrer Funktion unbekannte Kraftfelder unterteilt. Die Informationen, die er über Jahre in seinem Buch, dem ›Volksmund‹, zusammengetragen hatte, waren oft teuer erkauft gewesen. Er war sich dessen bewusst, dass er im doppelten Sinne eine Grenze überschritt. *Sei es drum.* Als Entsorger war er vorbereitet und was hatte er schon zu verlieren?

Er war in einen selbstgenähten Tarnanzug aus synthetischem Material gekleidet, der das Sonnenlicht absorbierte und die wechselhaften Farben der Umgebung wiedergab. Da ihn hier niemand vermutete, schützte der Anzug noch besser. Der Entsorger würde mit der trostlosen Landschaft völlig verschmelzen. Des Weiteren war er für seinen kleinen Ausflug mit Brechstangen und verschiedenen Gerätschaften ausgerüstet. *Nur für den Fall, dass mal eine Zwischentür klemmt*, dachte er grinsend. Es war nicht mehr weit, er erinnerte sich gut, wo und wie er den Eingang zuletzt vorgefunden hatte.

Endlich war der Entsorger, etwas außer Atem, am Ort seiner Begierde angekommen, als die massive Eisentür vor ihm tatsächlich klemmte. Er fluchte hemmungslos. Die Tür war in eine halbmeterdicke Betonfassade eingebettet. Grüne Tarnfarben blätterten in letzten Resten von ihrer Oberfläche ab. Das war reiner, eine Hand breit dicker Stahl, der hier verbaut war. Brechstangen waren lächerlich. Gut, dass das Ding wenigstens einen kleinen Spalt weit offen stand. So konnte er andere, sprichwörtlich handfestere, Werkzeuge einsetzen. Eine antike Handrohrsäge tat nach einigen Versuchen schließlich ihren Dienst.

Die entstandene Öffnung reichte gerade aus, dass er sich unbeschadet durch sie hindurchzwängen konnte. Und schon stand er inmitten völliger Finsternis, die alles um ihn herum und jetzt auch ihn ohne Vorwarnung geschluckt hatte.

Dem Entsorger wurde plötzlich eiskalt. Die Luft im Inneren war klamm und nur schwer auszuhalten. Sie roch nach abgestandener Feuchtigkeit, nach Pilzbefall und nach so einigem, was er noch nie zuvor gerochen hatte und demzufolge auch nicht definieren konnte. Das Tageslicht, das durch den schmalen Ausschnitt drang, den er in der Türöffnung mithilfe der motorisierten Säge hinterlassen hatte, erreichte ihn schon nach einigen wenigen Schritten in die Finsternis nicht mehr. Wenn er jetzt hier für immer verschwinden würde, käme das seiner Ausschaltung gleich. Würden die sich in seinem Biosystem befindlichen Xeno- und Nanobots das überhaupt zulassen, oder würden sie die Steuerung ganz übernehmen, wenn die ersten lebenswichtigen Körperfunktionen versagten? Was, wenn es zum Beispiel aufhören würde, schnödes Kapselessen zu konsumieren?

Via Spracherkennung aktivierte er, etwas schuldbewusst und mit einem mulmigen Gefühl in der Magengegend, Sensoren in seinem Anzug, die kaltes Licht über Biolumineszenz erzeugten. Atmen. Nur durchatmen. »Du wolltest es so!«, sagte er zu sich selbst. Die Luft hier drinnen hatte einen Eigengeschmack, legte sich auf seine Zunge und die Schleimhäute. Auf jeden Fall dürfte er hier nicht zu lange bleiben. Er hatte seine letzte Immunisierung noch nicht vollständig erhalten und war damit anfällig.

Geschafft.

Die Berührungsreize waren ausgesendet. Die in den Anzug integrierten, in Flüssigkeit gehaltenen Einzeller-Depots würden in sprichwörtlicher Lichtgeschwindigkeit auf die Reize reagieren und wie auf Kommando kaltes, rot-grünes Licht produzieren. Die Reflektoren verstärkten dann das entstehende, lebende, kalte Licht und somit wäre die allesumspannende Finsternis passé. Das Licht müsste ausreichen, um sich in der Dunkelheit einigermaßen zurechtzufinden, wenigstens so lange, bis er andere Lichtquellen aufgetan hätte. Zum Beispiel ein umgebautes Relikt, das er aus ganzem Herzen verehrte: eine wahrhaftige, echte LED-Taschenlampe, die er nach Möglich- keit zu schonen gedachte, aber bei seinen Auaflügen stets bei sich trug.

Die war womöglich ein monströses Vermögen in Childs wert. *Natürlich unverkäuflich*, hatte er beschlossen. Und wann konnte er schon einmal die Einzeller-Methode in offizieller, sogar potenziell gefährlicher Mission ausprobieren? Das Ganze hier war ein lange ersehntes Abenteuer, sein Abenteuer. Die Spannung war kaum auszuhalten.

»Autsch«, und schon hatte er sich den Kopf gestoßen. Er rieb sich die Stirn. Der Entsorger begriff schnell, dass es ab jetzt besser für ihn wäre, wenn er sich vorsorglich ducken würde. Er befand sich, wie er mithilfe des kargen Lichtes feststellte, in einem nahezu quadratischen Vorbau, mit dicken, glattverputzten, nochmals ummantelten Stahlmauern.

An diesen Vorraum war ein schmaler, so schätzte er, etwa dreieinhalb Meter langer Gang angeschlossen, der zu einer weiteren Tür führte. Die Schatten, die er mit sich führte, warfen tanzende Monster an die Betonwände. Die Wände rückten bedrohlich auf ihn zu. Es wurde Zeit, dass er die nächste Stahltür erreichte, öffnete und sah, was dahinter verborgen lag. *Nur Mut!*

Für eine Sekunde wünschte er sich, er wäre nicht allein gekommen. Vielleicht hätte er Miranda mitnehmen sollen? Nur vorsichtshalber. Sie hätte die LED-Lampe für ihn halten können. Das hätte ihr bestimmt Freude gemacht, etwas mit dem antiken Licht zu spielen. Ein seltenes, echtes Lächeln legte sich fernab des gewohnten Grinsens außerplanmäßig in sein Gesicht. Er bemerkte es selbst und zwang sich zurück in den Moment. *Grundgütiger, allwissender Quell-Code.* Womöglich hätte Miranda noch mit Singen angefangen, wenn ihr langweilig geworden wäre, und das hätte er einfach nicht ertragen. Nicht hier, an diesem unheimlichen Ort, der wohl einmal in Zeiten verstärkter Krisenwahrnehmung ein Schutzraum gewesen sein musste.

Und schon hörte er die DF singen, ein schreckliches Echo der Erinnerung formte sich in seiner Gedankenwelt aus. Ihm war klar, das mussten Halluzinationen sein. Waren das schon die Auswirkungen der schlechten Luft hier unten? Das waren keine Quasi-Emotionen, die er plötzlich fühlte, das war echte Angst. Er hatte Angst und Angst war nichts, was er jetzt fühlen wollte. Der Entsorger wusste, dass er sich nicht übermäßig lang in der Bunkeranlage aufhalten dürfte. Es könnte schlimmer mit ihm werden. Wer wusste schon, was dieser Bunker noch für ihn bereithielt? Und er war immerhin ganz allein gekommen. Niemand, nicht einmal eine seiner DFs, wusste, wo er war. So war es auch am sichersten gewesen. DFs konnte man auslesen. Auch nachträglich. Die gaben alles an Informationen heraus, was nicht niet- und nagelfest war. Er grinste. *Miranda auslesen*, der Gedanke gefiel ihm. Sein Grinsen wurde breiter.

Er hätte seine ganz persönliche, illegale *Bunkerization*, seinen neuerlichen Hang zu Abenteuern dieser Art, auch niemandem plausibel erklären können, ohne sich strafbar zu machen, ohne in einem hübschen silbernen Reprogrammierungs-Cube des Centrums zu landen, wenn man ihn nicht sogar auf der Stelle ausschaltete. Ihm war klar, wie schnell das gehen konnte. Man fiel ganz einfach, ohne jede Vorbereitung um, wo man eben gerade war. Manchmal vor aller Augen. Ohne sich verabschieden zu können, von dieser Nach-Welt und den DFs. Was sollte dann mit ihnen geschehen? Er wusste es. Die wurden natürlich entsorgt.

Der Entsorger wusste ebenso, dass die meisten erhaltenen Bunker, die es auch hier zulande noch gegeben hatte, erst nachträglichen Sprengungen zum Opfer gefallen waren. Sogenannter Penetration, Sprengungen in einiger Tiefe und mit mehrfachen, zeitverzögerten Explosionen. Gelang dies nicht ganz, brach man die Reste mit so genannten ›bunkerbrechenden Waffen‹ auf. Einige waren Archivbunker gewesen. Diese interessierten ihn am meisten. Immerhin könnte er unerwartete Schriftstücke und antike Bilder für seine Sammlung, für sein Buch, den ›Volksmund‹ finden.

Als das Dunkle Matriarchat wie ein Krebsgeschwür wuchs und die Krisen direktproportional dazu zunahmen, war es zu vermehrtem, zum Teil kostspieligem und privatisiertem Bunkerbau gekommen. Preping und soziale Polarisierung waren nur der bedrohliche, vorauseilende Anfang gewesen. Er war sich sicher, sie alle hatten sich nichts als Normalität gewünscht. Und doch, es war schlichtweg der Anfang vom Ende gewesen. Bunkerization.

Man hatte zunächst alles Mögliche eingelagert, ein internationaler, übergreifender Trend. Der Entsorger konnte sich kollektiv erinnern. Er hatte Zugriff auf diese historischen Wahrheiten, die der Quell-Code gleichermaßen Quality- und Quantity-Codierungen aufgespielt hatte. Diesbezüglich teilten alle Humanoiden des Centrums das gleiche morphogenetische Feld. Sie hatten Informationszugriff, wann immer es ihnen nötig erschien und auch um eigene, krankhaft kreative Gedanken zu korrigieren und dem Kollektiv-Bewusstsein wieder anzugleichen. Das war beruhigend, falls man mal auf Abwege geriet, was ihm leider öfter zu passieren schien als anderen. Es war die Historie aller hinterbliebenen Humanoiden. Sie funktionierten in etwa wie modernisierte Lexika-Eintragungen und deren Übertragungen.

Einen Bunker zu betreten konnte die sofortige Ausschaltung bedeuten, es war außerdem nicht nur illegal, sondern auch im höchsten Maße gefährlich. Was ihn zusätzlich reizte. Deswegen war er hier. Etwas misstrauisch machte ihn das schon, denn so gut versteckt war er nun auch wieder nicht, dieser Bunker, direkt an der Waldgrenze. *Womöglich einfach in Vergessenheit geraten*, dachte er schulterzuckend.

Es gab noch immer unterirdische Bunkeranlagen ausschließlich für hochradioaktive Stoffe. Gegen eine derartige Strahlung würde sein Anzug nur für kurze Zeit bestehen können und an Strahlungsmessgeräte hatte er einfach nicht gedacht. Er hätte sich dafür ohrfeigen können. Die DFs würden so etwas ohne größere Schwierigkeiten überstehen, humanoide Quantity-Codierungen wie er definitiv nicht. Er musste wahnsinnig sein, und das erregte ihn ungemein. Der Entsorger griff sich zur Selbstvergewisserung fest in seinen Schritt. *Nur Mut!*

HINAB

Er war wagemutig den paar Metern Gang gefolgt und schließlich vor zwei sehr unterschiedlichen Türen gelandet. Eine der beiden stählernen Bunkertüren war quadratisch und lag direkt vor seinen Füßen. Mit dem Fuß stieß er, das Material der Quadrat-Tür im Zwielicht abschätzend, dagegen. *Klonk.* »Autsch!« Wieder massiv. Natürlich. Was hatte er erwartet?

Die Tür führte unweigerlich weiter in die Tiefe und man konnte sie mit einem eisernen Drehrad öffnen. Die andere war eine mehr oder weniger exakte Kopie der Eingangstür. Sie war von innen verriegelt, ebenfalls extrem massiv und würde ihn, das vermutete er wenigstens, später wieder nach draußen führen.

Hinab –

Der Entsorger entschied sich im impulsiven Bruchteil einer Sekunde für die Tiefe und betätigte mit einer krampfhaft versuchten Drehbewegung nach rechts, für die er enorme Kraft aufwenden musste, das Rad. Dieses quietschte laut und gedehnt. Es klemmte und ließ sich nur sehr schwer bis kaum bewegen. Er würde seine mitgebrachten Werkzeuge erneut benutzen müssen. Hier konnten die Brech- und Stemmeisen tatsächlich etwas ausrichten. Auch das LED-Relikt würde er jetzt zweifellos brauchen. Die in den Anzug integrierten Einzeller-Depots wurden langsam, aber sicher müde. Wie lange war er schon hier? Er müsste sicherlich schon bald zurück. Hier drinnen verflüchtigte sich jegliches Gefühl für

Raum und Zeit. Waren die Sonnen bereits untergegangen? Er konnte es nicht sagen. Der Entsorger konnte doch wiederkommen, wann immer er wollte. *Nur noch schnell herausfinden, was da unten war, sich lediglich einen kleinen Überblick verschaffen*, suggerierte ihm seine Neugier. *Nicht mehr und nicht weniger.* Das würde ihm für heute auch vollkommen genügen. Für heute.

Sie war eines seiner wertvolleren Relikte und ihm eine treue Begleiterin, nun seit einigen Jahren schon. Der Entsorger kniete sich umständlich nieder. Er hatte sie in mühevoller Handarbeit und erst nach langer Ersatzteilsuche restauriert.

Tauschgeschäfte und *Schwarzarbeit*, er mochte das archaische Wort wirklich sehr, hatten sie ihm beschafft. Er legte die antike LED-Leuchte so ab, dass er sehen konnte, was er tat. Mit einem Ruck und einem geräuschvollen Quietschen, das ihn absurderweise an seine schief sin-gende Miranda erinnerte, öffnete sich auch die quadratische Stahltür mit der nächsten kraftvollen Drehbewegung für ihn. Leider wieder nur einen kleinen Spalt weit. Sie ging einfach nicht weit genug auf. *Verflucht.* Beim allwissenden Quell-Code, er würde die mitgebrachten Brech- und Stemmeisen doch einsetzen müssen.

Gesagt, getan. Der Entsorger platzierte die Stange in einer Hebelposition. Es ruckte erneut. Sie war schon verdammt schwer, diese kleine, quadratische Eisentür. Er betätigte den Hebel. Mit aller Kraft klappte er die Tür zur Seite, sodass ihre Scharniere schrien. Dann leuchtete er mit seinem LED-Licht in die Schwärze hinab.

Eine Metallleiter führte in einen weiteren Raum direkt unter ihm, dessen Größe er beim besten Willen nicht einschätzen konnte. Das war er also, der eigentliche Schutzbunker, alles andere war nichts anderes als Vorgeplänkel gewesen. Was ihn dort unten wohl erwarten würde? Die Spannung stieg ins schier Unerträgliche. *Das konnte alles sein.* Er hielt erwartungsvoll Luft an. Mit einem Satz schwang er sich kurz entschlossen und vielleicht etwas zu vertrauensvoll, die kleine restaurierte LED-Leuchte quer im Mund, auf die ungesicherte, unter seinem Gewicht federnd wankende, Metallleiter.

Das Herz klopfte ihm bis zum Hals, es wurde ihm allmählich zu eng in seiner Brust. *Atmen, nur weiter atmen*, befahl er seinem Körper und glitt Stufe um Stufe hinab in völlige Finsternis. *Knacks*, da war keine Stufe mehr. *Ende Gelände*, sein Hirn liebte es immer dann zu reimen, wenn er Angst hatte oder nervös wurde. Dann konnte auch schon mal überraschend seit Jahrzehnten verschüttete Kindheitswerbung auftauchen.

Die wackelige Metallleiter kam nicht auf dem betonierten Bunkerboden auf, sondern endete etwa einen halben Meter über diesem. *Daneben.* Er war umgeknickt, war zuvor ins Leere getreten, hatte vor Schreck und plötzlichem Schmerz, sein Licht fallen gelassen. *Auch das jetzt noch.* Der Entsorger fluchte in absurden Reimen.

Wenigstens das restaurierte Licht war ihm nicht kaputt gegangen, dem allwissenden Quell-Code sei Dank. Er nahm es vorsichtig wieder auf und staunte nicht schlecht, als er sich ehrfürchtig in dem Raum umsah. Das hatte er nun wirklich nicht erwartet. All die Gerätschaften. An die vier ihn umgebenden Wände waren erschütterungssichere Stahldrahtregale angebracht, die bis hoch an die Decke reichten. Alles nur Vorstellbare und Unvorstellbare war in ihnen gelagert. Nie gesehene antike Tools, Lebensmittelreserven in altertümlichen Dosen und, er konnte es nicht fassen: ein umfangreiches, überbordendes Textillager. Da lagen bestimmt schätzungsweise an die 50 ihm unbekannte Stoffbahnen, fein säuberlich aufgerollt und gestapelt in einer kompletten Regalwand. Einige davon in strahlendem Rot, das konnte er trotz der angestaubten Folienummantelung sehen. *Das musste das Paradies sein*, daran gab es keinen Zweifel. Der Entsorger überlegte spontan, ob er hier einziehen und wohnen könnte …

Ein anderes Regal beherbergte Schriftrollen und verschiedene, am Einband stark verschmutze Bücher. Ob da noch etwas zu retten war? Das würde er später eruieren. *Nur einen kleinen Überblick verschaffen*, ermahnte er sich in dem Wissen, das er hier mit Leichtigkeit Stunden verbringen könnte. Stunden, die das Heute nicht mehr hatte. Er müsste es auf ein Morgen verschieben.

Die schlechte Luft und die beengende Atmosphäre des Bunkers waren im Angesicht des unerwarteten Schatzfundes, der sich hier vor ihm auftat, beinahe gänzlich vergessen. Aber was, wenn die LED-Leuchte schon bald nachlassen würde? Er hatte letztendlich nicht die geringste Ahnung, wie viele Jahre oder gar Jahrzehnte das Leuchtgerät schon hinter sich hatte, bevor es zu ihm gelangt war. Er käme hier nicht raus, müsste sich durch Finsternis tasten.

Gegenüber des Textillagers befand sich der wohl größte Schatz. Da lagerten kistenweise dunkelgrüne, gefüllte Flaschen mit roten Köpfen. So etwas hatte der Entsorger noch nie gesehen.

Er näherte sich dem Fund ehrfurchtsvoll. Bei den Flaschen befand sich eine lose, eingeschweißte Papiersammlung mit metallisch glänzender Ringbindung. Die sah glücklicherweise weniger mitgenommen aus als einige der Bunkerbücher. Echte, auf den ersten Blick sogar vollständig erhaltene, gebundene Bücher. Was für ein Fund.

Der Entsorger konnte seinen Augen noch immer nicht so recht trauen. Was, wenn das alles hier nur ein wunderschöner Traum war? Bei den Flaschen fand er zusammengerollte, stark vergilbte, antike Werbeplakatierungen aus echtem, derbem Papier.

Er las laut vor, was auf der ersten, die er entrollte, geschrieben stand: »Die Moral von der Geschicht: Unterschätz das Rotkäppchen nicht!« Er nahm sich eine weitere vor: »Rotkäppchen-Sekt in aller Munde.« Und da kam noch mehr: »Sekt braucht Heimat« oder »Evolution statt Revolution«, »Die Wende zum Guten« und »Die Überraschung trägt Rot«. Er schüttelte fassungslos den Kopf beim Lesen. Dann pfiff er durch die Vorderzähne. Nicht schlecht, das war tatsächlich eine Überraschung. *Rotkäppchen.* Dieses Wort kannte er gut. Es befand sich bereits in seinem ›Volksmund‹, sicher verwahrt in seinem Wohncontainer. Was für eine unvorhersehbare Koinzidenz. Der allwissende Quell-Code selbst musste ihn hierhergeführt haben.

Hatte er wirklich und wahrhaftig echten märchenhaften Sekt in einem Bunker an der Waldgrenze gefunden? Die Flaschen waren unerwarteterweise allesamt unbeschädigt und ungeöffnet. Der Entsorger hätte vor Freude springen können. In der Nähe des Regals befand sich unter anderem auch eine von mehreren Stiegen mit Sektgläsern. Einige Gläser umgeworfen, andere kaputt und dennoch, unter Sammlern wie ihm ein Vermögen wert. Einmal aus einem echten, antiken Sektglas trinken … Das war womöglich ein Lebensziel für viele Quantities.

Der Entsorger fragte sich, *was zum Quell-Code hatte man hier feiern wollen?* Er nahm das folierte Buch mit der Ringbindung in die Hand, das von allem am neumodischsten daherkam, und schaute es sich genauer an. »Die Rotkäppchen-Sektkellerei 1856–2006. Eine prickelnde Geschichte« war der Titel. »Ein 150 Jahre Jahrbuch.« Aber was war nun dieses Rotkäppchen, was bedeutete der Archaismus, den er zunächst für einen veralteten Namen gehalten hatte? Ein alkoholisches Getränk? Wirklich?

Zwischen die Seiten waren einzelne, offenbar gemalte Portraits von schönen jungen Frauen in Rot, zumeist die Kopfbedeckung war rot, eingelegt. Eine fiel ihm besonders auf. In einem langen, roten, rückenfreien Abendkleid stand sie dem Schatten eines Anzugträgers gegenüber, man sah ihr Gesicht nicht, eine der grünen Sektflaschen auf ihrem nackten Rücken vor dem Mann versteckt. Nur der Betrachter konnte sehen, dass sie etwas mit ihm vorhatte, etwas, mit dem auch der Anzugträger noch nicht rechnete.

Das war wirklich sexy, dachte der Entsorger erregt, so richtig sexy. Die Werbe-Parole »sex sells!« hatte damals ebenso wie heute gegolten, wenn es beispielweise um die Gestaltung und Modifikation von Dysfunctional Women ging. Das wusste niemand besser als er. Was es ihn wohl kosten würde, Mirandas so auszustaffieren?

Das Sammelsurium begann mit einem Ausschnitt aus einer alten, lange, so stand es da, mündlich überlieferten Geschichte, sie hieß ›Rotkäppchen‹. »Rotkäppchen«, er kostete das Wort, den Klang, auf seiner Zunge erneut. So viele Male hatte er das in seinem Wohncontainer bereits getan, damals noch davon ausgehend, dass das Wort ein Name war und gleichzeitig fragte er sich, ob er jetzt sofort eine der Rotkäppchen-Flaschen öffnen sollte? Ob die Passage ein fehlendes, vielleicht sogar anschließendes Stück aus dem kostbaren Märchen-Fragment war, das er besaß? Das mit »Dirne«?! Die

Flaschen ließen ihn ebenso wenig los: Wie schmeckte über 250 Jahre alter, mit Rot verschlossener Sex-Sekt? Er wusste nicht einmal, wie ›junger‹ Sekt schmecken sollte und konnte sich das auch nicht vorstellen. Für antiken Sekt gab es kein synthetisiertes Äquivalent. Der Geschmack war, soweit er wusste, verschollen.

Alkohol beeinflusste die Emotionen unter Umständen negativ. Es war weithin als Zellgift bekannt, regte zur Gewalt an, war im Centrum demnach strengstens verboten, und doch gab es einen *Schwarzhandel*, er liebte dieses Wort, mit der schädlichen Substanz. Alkohol enthemmte. Er hatte noch nie probiert. Das war zu verführerisch. Der Entsorger wusste, dass bestimmter Alkohol aus lange vergangenen Zeiten mit dem Alterungsprozess lediglich noch wertvoller und mitunter unbezahlbar wurde, ganz im Gegensatz zu den DFs, was er für seinen Teil auch nie verstanden hatte. Es hatte hartnäckige, mittlerweile historische Gerüchte um spektakuläre Alkohol-Funde aus der Vorzeit gegeben.

Er sah von Papier und Flaschen auf. War das LED-Licht in seiner Hand bereits schwächer geworden? Hatte es an Intensität verloren? Er sollte gehen. Er würde so bald, wie es ihm nur möglich war, wiederkommen, die Bücher und Schriftrollen untersuchen und vor allem würde er sich die Märchenpassage, die mit dem Sekt und der mysteriösen Frau in Rot zu tun hatte, ganz genau ansehen. Womöglich erklärte sie, was ›Dirnen‹ für Früchte waren. Echte Forschungsarbeit stand an, und er war genau der richtige Mann dafür. *Was für ein Abenteuer.* Sein Fund musste unter allen Umständen geheim bleiben. Der Entsorger machte sich bereit für den Aufstieg, er macht sich bereit, diesen Raum der Wunder für heute zu verlassen. Was für ein außergewöhnlicher Tag.

HAPPY BIRTHDAY

Es war ihr Geburtstag. Man hatte ihr genau diesen einen letzten Tag gelassen. 24 Stunden. Sie saß vor einem überdimensionalen, sehr hohen Spiegel, der bis zur Spitze ihres schräg zulaufenden Decke des Ankleideraumes reichte. Wie beging man seinen letzten Geburtstag? Nach 150 Jahren in dieser kaputten Nach-Welt?

Noch war sie allein und ganz für sich, konnte sich erlauben, teure Zeit fürs Darüber-Nachdenken zu verschwenden. Sie hatte gewusst, dass dieser Tag unweigerlich auf sie zukommen würde.

Niemals, unter keinen Umständen, hätte sie ihm entfliehen können. Alles eine Frage der Zeit. Eine Frage des Alterungsprozesses, um präzise zu sein. Sie betrachtete ihr Spiegelbild. Zog die Augenbrauen hoch, zählte drei feine, waagerecht gerade Linien auf ihrer Stirn, lächelte nicht, sondern zeigte sich die Zähne.

Sie sah noch immer jung aus, war vielleicht sogar begehrenswert, selbst wenn ihr Status das natürlich verbot. Das Rote Bad hatte seinen Dienst getan, die kleine Sterile in der Seeseide auch. Chosen One würde sie vermissen.

Sie würde einen kleinen, durchsichtig gläsernen Flakon bekommen, so viel hatte sie bereits in Erfahrung bringen können, gefüllt mit einer dunkelblau glänzenden Flüssigkeit. Tödlich. Ein hochwirksames Nervengift. Vielleicht tat man ihr einen weiteren letzten Dienst und ließ ihn die Sterile bringen. *Es ist als ein offenes Geheimnis unter den Sterilen bekannt, dass die Kleine mit dem hübschen Gesicht ihr Liebling ist,* dachte sie boshaft.

Die Jahre wurden allmählich enger um sie, die Monate waren näher gerückt, dann die Tage, jetzt waren es nur noch Stunden. Wenn ihnen doch nur etwas mehr Zeit geblieben wäre. Sie wusste ja, dass es kein Entkommen gab. Ihr Schicksal war mit dem Amtsantritt bereits entschieden gewesen. Als eine der drei Chosen Ones, die Erste unter ihnen, der kürzeste lebende Code, hatte sie es gewusst. Ja, sie hatte es von Anfang an gewusst. Und sie war zu allem bereit gewesen. Es ging um Macht, den Erhalt einer nie dagewesenen Dynastie. Das alles war notwendig gewesen, wenn man herrschen wollte. Ihr war klar, ihre Zeit zu herrschen war abgelaufen. Nicht aber die ihres Genoms, ihres unverwechselbaren Codes. Sie sollte es mit Würde und größtmöglicher Fassung tragen. Das war kein endgültiger Tod.

Es selbst tun zu dürfen, wurde als großes Privileg betrachtet. Dieses Privileg galt einzig und allein den Chosen Ones. Allen anderen war Selbstmord schlichtweg nicht möglich. Die Xeno- und Nanobots unterbanden jedwede Möglichkeit. Es gab einen Sperrmechanismus, notfalls einen Reboot der erforderlichen humanoiden Systeme. Fortgeschrittene Humanetik nannte sich das.

Bei ihr sah das etwas anders aus. »Stammzellenforschung über Jahrhunderte, so viele Rote Bäder.« Sie schnaubte höhnisch und versuchte, die in sich wachsende Verzweiflung im Zaum zu halten. Jeder der Chosen Ones durfte entscheiden, wie er an seinem 150. Geburtstag ging, und er würde zuvor seinen Clon, seinen Nachfolger treffen. Sie war sich sicher, dass C2 seine Versehrten einbeziehen und dass sein Tod in einer unglaublichen, monströsen Perversion gipfeln würde. Im Gegensatz zu ihr würde er das vermutlich auch noch genießen, wahrscheinlich sogar zelebrieren. Perversionen konnten letztendlich doch zu etwas nütze sein.

Sie hingegen hatte Angst, sich völlig zu vergessen, im Zimmer alles kurz und klein zu schlagen.

Wo war Alice nur schon wieder? Das weiße Kaninchen zu streicheln, seinen schweren, warmen, weichen Körper zu spüren, hätte sie jetzt beruhigt. Mit an Gewissheit grenzender Wahrscheinlichkeit war es bei der Sterilen. Eine Zornesfalte erschien unaufgefordert auf ihrer Stirn. *Alles beim Alten also …*, dachte C1. Sie wollte nicht in Selbstmitleid abtreten. Haltung bewahren und zeigen war jetzt von höchster und für sie von letzter Priorität.

Wenigstens, und das erschien ihr durchaus tröstlich, würde sie ihre Nachfolgerin noch kennenlernen, und das heute, an ihrem 150. Geburtstag. Nur Eingeweihte wussten um das Geheimnis der Chosen Ones, um ihre sogenannte Unsterblichkeit und die damit verbundenen Traditionen und Umstände. Bald schon würde man ihr den Flakon bringen. Sie sollte sich ankleiden. Ihr Gewand hatte den Schnitt eines altertümlichen, als Kimono bekannten Kleidungsstückes aus Einst-Japan.

Zugegebenermaßen war sie müde. Es war eine Müdigkeit, die nicht mehr wegging, egal, was sie tat und wie viel sie schlief. Manchmal war ihr von innen heraus kalt und sie wusste, dass sie sich an diesen Tagen auch nicht mehr erwärmen würde. Dann half maximal noch das Rote Bad. Vielleicht war ihre Zeit wirklich gekommen.

Wie gerufen klopfte die Sterile an ihre Tür. Chosen One wusste, dass es ihre Sterile war. Sie konnte ihre Art des vorsichtigen Anklopfens nach den Jahren von allen anderen bediensteten Sterilen unterscheiden. Man hatte sie geschickt, ihren Wunsch erfüllt. Das war wenigstens etwas. Ihr letzter

Tag, ihr Geburtstag, konnte gut werden. »Komm nur herein«, rief sie, so selbstsicher es ihr in ihrem Zustand nur möglich war, in Richtung des weitläufigen Eingangsbereichs.

Die Sterile trat leise und mit ehrerbietig gesenktem Kopf ein. Die Seeseide glänzte aufreizend um ihren schönen, kleinen Körper. Aber das war leider nicht alles. Sie war nicht allein gekommen. Hinter ihr stand in einigem Abstand eine weitere Frau. Chosen One riss erschrocken ihren Mund auf, nachdem sie die Situation in Gänze erfasst hatte. Es war so weit. Jetzt schon. Hinter der Sterilen, da stand sie selbst, und dieses Selbst blickte ihr nun entschlossen und fest, über die Sterile hinweg, direkt in die schreckensweiten Augen.

Chosen One versuchte, sich möglichst unauffällig zu ordnen. Noch war sie der kürzeste lebende Code und damit auch mit allem gebührenden Respekt zu behandeln. Ihr Blick heftete sich an ein silbernes Tablett, das die Sterile krampfhaft umklammert vor ihrer Brust trug. Sie suchten beide Halt.

Noch immer hielt die Kleine ihren Kopf gesenkt. Das gefiel Chosen One, es bekräftigte ihren Auftritt. Sie erhob sich in aller Langsamkeit. Richtete sich auf, wie es eine Schlange tun würde, wenn sie ihr Opfer in hypnotischer Eleganz fixierte.

Da lag es, auf einem Silbertablett präsentiert und für sie serviert, das kleine, bläulich leuchten Fläschchen. Da lag ihr Todesurteil, ihr Ableben. Schön sah es aus, das musste sie zugeben, irgendwie sogar leicht, als könnte es bereits mit einem einzigen Schluck von der Bürde des Überlebens befreien. Sie trat an die Sterile heran. Betrachtete die beiden Frauen vor sich in aller Ruhe, besonders die Sterile, dann den Clon. Ernüchtert stellte sie fest, ihr eigen Fleisch und Blut konnte sie noch nicht gut ertragen. Diesem einen Augenpaar wich sie aus, sie, Chosen One, der erste und kürzeste Code der Nach-Welt. Und schließlich war es ein Spiel, wenn auch eines mit Todesfolge. Ein Spiel, das sie nicht mehr gewinnen würde, nicht in diesem Leben.

Sie umrundete die Sterile und den Clon, genoss, wie die Kleine unter ihren Blicken stetig unsicherer wurde, allmählich allen Halt verlor. Bald würde sie verkrampfen.

Mit Sicherheit kostete es sie Kraft, das Tablett dauerhaft so gerade zu halten, ohne zu zittern, ohne zu wackeln, den Kopf demütig gesenkt. Der Sterilen war außerdem kalt. Chosen One hatte es sofort gesehen. Die Sterile trug die durchschimmernde Seeseide und ihre kleinen Brustwarzen ragten zaghaft aufgerichtet hinter dem Silbertablett hervor, welches sie nicht gegen ihre Brust gedrückt und somit abgestützt hatte. *Den Tod zu berühren erforderte Mut*, dachte C1 erregt.

Sie trat nahe an die Sterile heran. Nahe genug, damit sie ihren Duft atmen und ihr etwas ins Ohr flüstern konnte. Sie strich ihr die Haare beiseite und blies ihr vorsichtig in den zarten, jungen Nacken. *Gänsehaut.* Jetzt zitterte die Sterile, auch wenn sie offenbar mit aller Kraft versuchte, dieses Zittern zu unterdrücken. Sie erwartete Worte von Chosen One, vielleicht einen Befehl. Sie hoffte inständig, gleich gehen zu dürfen, und strahlte das mit jeder Pore, mit jeder Faser aus. *Das Spiel sollte an Fahrt aufnehmen, wenn sie schon einmal alle so hübsch beieinander waren*, dachte C1 bissig.

Chosen One griff mit Zeigefinger und Daumen nach einer der beiden spärlich bedeckten kleinen Brustwarzen der Sterilen und rieb diese zwischen ihren Fingern. Das hatte sie so einmal zwischen zwei Frauen auf einem antiken Gemälde gesehen. Blankes Entsetzten spiegelt sich in den geweiteten Augen der Sterilen, aber sie rührte sich nicht. Egal, was sich jetzt in ihrem Körper abspielte. Die kleine Sterile hielt sich trotz des Zitterns, das ihren unschuldigen Körper in Wellen überlief, wacker, und das, obwohl Chosen One mit voller Absicht und in blanker Provokation alle nur denkbaren Grenzen mit einer einzigen Berührung überschritten hatte.

Sie hatte deutlich gemacht, wer hier wo in welcher Position stand. Die Unsterbliche benetzte sich mit der Zunge lüstern ihre leicht geöffneten Lippen und hob an zu sprechen, ohne dabei den mit ihren beiden Fingern ausgeübten Druck auf die Brustwarze der Sterilen auch nur zu verringern: »Dies ist mein letzter Tag, ich kann tun und lassen, treiben, mit wem und was ich will«, flüsterte sie der Sterilen ins Ohr, ohne deren harte, kleine Brustwarze loszulassen. Es amüsierte sie, die zarte Frucht zwischen ihren Fingern wund zu reiben, sie immer weiter fest zu drücken, bis es sie schmerzen musste, so lange, bis die Sterile Todesangst und Panik mit ihr teilen musste.

Das alles meinte Chosen One in ihren schönen angstweiten, braunen Augen abzulesen. Genau so gefiel ihr das. Zu schade, dass sie ihr letztes Rotes Bad bereits hinter sich hatte. Ihr Clon konnte ihnen ruhig zusehen, immerhin betrieb er hier Charakterstudien und sollte sich selbst ein wenig besser kennenlernen.

Chosen One zog die Sterile an der Brustwarze gegen sich, sodass sie jetzt nur noch das Silbertablett zwischen ihnen voneinander trennte. Sie hätte schwören können, dass das hätte wehtun müssen. Doch der Sterilen entfuhr kein Laut. Das Tablett geriet in Schieflage. Der blaue Flakon rollte durch die ruckartige Bewegung, angestoßen auf Chosen One, zu, blieb dicht vor ihrer Brust liegen.

»Du kannst jetzt gehen«, wisperte Chosen One der Sterilen über das Tablett gebeugt ins Ohr und legte kitzelndes

Säuseln als eine warmen Hauch in ihre Worte, um die feinen Wellen, die den sterilen Körper vor ihr überliefen, wissentlich zu verstärken. Sie ließ die Brustwarze mit einem letzten Fingernagelkneifen los. Der Sterilen entfuhr ein seltsamer Laut der Erleichterung. Das ließ sie sich nicht zweimal sagen. »Leg den Flakon vorher auf mein Bett!«, befahl sie noch, als die Sterile sich schon abwenden wollte. »Das ist für heute alles«, rief sie dem bereits davoneilenden Mädchen nach und klatschte in die Hände. Sie mochte, wie sich die kostbare Seeseide an der Kleinen bewegte, auch von hinten, auch im Gehen, selbst im Davonlaufen vor ihr.

Die Sterile war eilig gegangen, hatte den Flakon wie von Chosen One befohlen auf deren überdimensionalem Bett abgelegt und die schweren, beschlagenen Flügeltüren hinter sich ins zugezogen.

Chosen One verstand sich als Unsterbliche auf alle Spielerein der Machtausübung, das hatte sie neben der Sterilen soeben auch dem Clon demonstriert. Sie vermisste Unschuld in diesen, ihren Augen. Hatte man ihr Erinnerungsvermögen, ihre Erfahrungswerte bereits vollumfänglich auf diese genetische Kopie von ihr übertragen? Dem Clon Angst einzuflößen wäre sicherlich nicht so leicht wie bei der kleinen, seidigen Sterilen.

Noch könnte die Unsterbliche ihre Fragen stellen, dafür waren sie hier. Immerhin, es blieb ihnen etwas Zeit zum Einander-Kennenlernen. *Was für ein aberwitziger Gedanke*, dachte Chosen One. *Sich selbst kennenlernen. Einfach zu komisch, wirklich.* »Ich nehme an, du hast auch Fragen an mich?!«, sprach sie die fremde und zugleich unheimlich vertraute Frau an, die ihr wie ihr lebendiges Spiegelbild gegenüberstand und sich die ganze Zeit ruhig verhalten hatte. Selbst dann noch, als Chosen One sie bis aufs Äußerste hatte provozieren wollen.

Wenn das wirklich eine exakte Kopie ihrer selbst war, so müssten sie doch auch gewisse Vorlieben teilen. Was hatte ihr Clon beim Anblick der Sterilen empfunden? Erregung, Hunger, Ekel, Scham … Mitleid? Hatte das widerstreitende Gefühle in ihr geweckt oder war sie in ihrer Emotionen sofort bewusst gewesen? Was auch immer die Zwillingsfrau vor ihr empfunden hatte, der Clon hatte sich jedenfalls nicht das Geringste anmerken lassen. Hätte sie ebenso reagiert?

»Weißt du, was eine Stimmungsorgel ist?«, fragte Chosen One ihren Clon, um die Stille zwischen ihnen zu zerschneiden. Sie antwortete nicht, aber eine feine Falte, die Chosen One von ihrem eigenen Gesicht kannte, erschien auf der ansonsten vollkommen glatten Stirn des Clons. »Wir sind Sammlerinnen, du und ich, musst du wissen. Wir sammeln Relikte …« Sie setzte eine gezielte Betonungspause am Ende ihrer Worte, senkte zuvor die Stimme, um die Wirkung zu verstärken und um besser beobachten zu können, wie der Clon auf sie reagierte. »Wir sammeln auch anderes … seltene Stoffe zum Beispiel, Artefakte und natürlich Kunst … und …«, die Unsterbliche tat geschäftig, »… und Codierungen, die uns, sagen wir mal … interessieren, zumeist unfruchtbare natürlich. Völlig ungefährlich, geradezu harmlos sogar«, Chosen One zwinkerte verschwörerisch.

Keine Reaktion.

Ihr Clon hatte lediglich einen abwartenden, leicht nachdenklichen Gesichtsausdruck angenommen. In der Mimik war nichts, aber auch gar nichts abzulesen. Die Unsterbliche versuchte weiterhin zu überspielen, wie nervös sie die genetisch von ihr abkopierte Frau in Wahrheit tatsächlich werden ließ. Da stand immerhin ihr Ersatz, die, durch die man sie ohne große Gewissensbisse austauschen würde. *Traditionen verpflichteten.*

»Ich hatte Kunst erwähnt. Ich könnte dir ein Gemälde zeigen, das mich Zeit meines Lebens inspiriert hat. Vielleicht wird dir dann klarer, wer wir sind. Du und ich, meine ich.«

Die geklonte C1 zuckte mit den Schultern. War sie tatsächlich eine gute Schauspielerin, so unglaublich gut? Wie zum allmächtigen Quell-Code hatte sie in offenbar kürzester Zeit gelernt, überlegen mit ihren Gefühlen umzugehen? Dem ›Original‹ zu begegnen, musste doch etwas in ihr auslösen? Das hier war schließlich für sie beide eine absolut unwiederholbare Ausnahmesituation, oder etwa nicht? Chosen One bedeutete der Kopie, ihr in ein Nebenzimmer zu folgen, und der Clon folgte, und das in den Bewegungsabläufen, die zu ihr gehörten, die sie ausmachten, Teil ihrer Identität waren. Sie konnte sich ungefähr ausmalen, an was man in den unterirdischen Laboren der Großen Dreiseitigen Pyramide weiterhin forschte. Dieser Clon von ihr war perfekt, und sie war zudem ganz offensichtlich ausgebildet worden, und zwar in allen Belangen, die eine Chosen One betrafen.

Der Clon war ihr wortlos in ein angrenzendes Nebenzimmer gefolgt. Chosen One stoppte vor einem roten Quadrat an einer Wand, das in etwa auf Augenhöhe der beiden äußerlich identischen Frauen hing. Sie zog einen kurzen blutroten Samtvorhang an einer gedrehten Kordel zur Seite. Er glitt lautlos beiseite und gab den Blick auf ein Gemälde frei, das zwei nackte Frauen zeigte. »Frühes sechszehntes Jahrhundert«, richtete Chosen One das Wort erneut an ihren Clon. Dieser zeigte sich andächtig vertieft. »Unbezahlbar«, fuhr die Unsterbliche fort. Das Bild hing in einem Winkel. Es hätte völlig unbemerkt bleiben können. Ein schlichter Holzrahmen hielt als an den kalten steinernen Mauern der

Pyramide. »Ein Relikt aus Einst-Paris. Das Louvre ist inzwischen eine von vielen Ruinen. Es bildet vermutlich Schwestern im Bade ab«, sagte Chosen One wie beiläufig, auf eine Reaktion wartend.

Ihr Clon trat nahe an das Gemälde heran, um es in allen Einzelheiten betrachten zu können. Sie schien fasziniert.

»Also doch eine Sammlerin von Geburt an.« Chosen One nickte und fühlte sich bestätigt. »Der Maler ist uns bis heute unbekannt.« Sie spielte an dem losen Gürtel ihres seidigen Kimonos, ließ ihn lasziv durch ihre Hände gleiten. Individualität war ihr über die Maßen wichtig.

Das Bild zeigte ebenfalls einen geöffneten, roten Vorhang. Ein Grund, warum es auch die Unsterbliche hinter einem weiteren roten Vorhang verbergen wollte, und natürlich, damit kein schädliches Tageslicht das Meisterwerk berühren konnte. Ein Bild im Bild im Bild. Das musste ihr Clon doch verstehen.

Die Szenerie gab den Blick auf zwei unbekleidete Damen von Adel, das sah man an den prunkvollen Frisuren, in einer Badewanne frei. Ein Liebesspiel wurde angedeutet. Die Frauen wirkten so lebendig, als würden sie jeden, der sie ansah, ebenfalls direkt ansehen und im nächsten Augenblick in ihr erotisches Badespiel ziehen. Man konnte sich vor ihnen nicht verstecken. Chosen One wusste schon lange, man trat ihnen am besten nackt gegenüber. Die Frau auf der linken Bildseite griff ihrer Gespielin mit zwei Fingern, Daumen und Zeigefinger der linken Hand, an die Brustwarze. Während die zweite wiederum, ebenfalls spitzfingrig, dem Betrachter einen Ring darbot. Ein weiteres Zeichen für ihren Adelsstand. Hinter den beiden dezent, aber vielversprechend lächelnden Badenden befand sich ein weiterer, roter Vorhang, der den Betrachter teilweise aussperrte von dem, was im Bilde weiter hinten Frivoles vor sich gehen könnte. Dort befand sich unter anderem auch eine hochschwangere, in Rot gekleidete Näherin mit Nadel und Faden.

»Schön nicht?!«, fragte Chosen One. Der Clon nickte stumm, ohne den gebannten Blick von dem kostbaren Gemälde zu lösen. »Ich sehe, du bist heute nicht sehr gesprächig.« Chosen One hatte den Kimonogürtel langsam aus den Schlaufen ihres Gewandes gezogen und genoss das Geräusch, das entstand, während sie ihn ganz abstreifte.

»Als neue Unsterbliche, die meinen Platz für die nächsten 150 Jahre einnimmt, wirst du viel Zeit haben, über uns nachzudenken«, sagte Chosen One zu ihrem Clon, der noch immer in die Betrachtung des Artefaktes versunken schien. »Ich habe ebenfalls viel nachgedacht, die Zeit war da … so viele einsame Gedanken, die mich nicht loslassen, besonders nachts oder beim Baden … über Vorlieben, vielleicht bereits aufkeimende Perversionen, über Todesarten … und schließlich auch über unseren heutigen, meinen letzten Geburtstag.« Chosen Ones Blick auf ihren Clon bekam etwas Lauerndes. »Ich wüsste gerne, wie du zu Kindern stehst. Erlaube mir diese überaus direkte Frage, aber bist du ebenfalls unfruchtbar?«, fragte Chosen One ihren Clon unverblümt, während sie diesem wie beiläufig ihren Kimonogürtel um den Nacken legte.

»Männliche oder weibliche?«, fragte der Clon zurück.

»Völlig egal«, antwortete die Unsterbliche.

»Nun, sie sind nützlich«, hatte ihr Clon erkannt.

»Und weiter …? Welche magst du lieber? In welchen möchtest du baden?« Chosen Ones Stimme flüsterte nur noch, sie war dem Clon so nahe gekommen wie vorhin der Sterilen und ließ ihre Sätze wirken, insbesondere ihre letzte Frage. Dann zog sie den Gürtel um den Hals ihres Clones, ohne jede Vorwarnung mit beiden Händen und aller Kraft, die sie aufbringen konnte, blitzschnell straff. Die geclonte Frau griff sich verzweifelt, um ihr Leben kämpfend, an den Hals, sank röchelnd auf die Knie. *Das hatte sie nicht erwartet.*

»Weißt du, ich wollte auch fragen, ob du Strangulation erotisch findest, ob sich etwas in dir regt, wenn ich dich mir ganz untertan mache, aber du beantwortest meine Fragen einfach nicht. Nicht so richtig jedenfalls. Mir scheint, deine Ausbildung ist noch nicht ganz angeschlossen, und ich sollte noch etwas nacharbeiten, dir den letzten Schliff geben. Nennen wir es späte Selbsterkenntnis!«, wisperte Chosen One in aller Seelenruhe, während sie die Gürtelschlinge weiter zuzog, den eigenen Blick dabei fest auf das entblößte Gemälde der Badenden gerichtet.

Schließlich wusste sie seit 150 Jahren, wie sie aussah. Das Gemälde blieb ungleich faszinierender. *Späte Selbsterkenntnis*, das wäre auch ein passender Titel für die Badenden, fand die Unsterbliche. Der Clon sackte ganz zu Boden, kippte mit einem dumpfen Laut nach vorne um, als wäre der Oberkörper nicht mehr als ein Sandsack.

Damit besserte sich Chosen Ones Laune endlich. Schließlich war es ihr Geburtstag, und sie hatte sich zudem für eine finale Todesart entscheiden können, nicht so langweilig wie der tödlich blaue Flakon, den ihr die Sterile auf ihr Bett gelegt hatte.

Sie sprach weiter, jetzt auf ihren am Boden liegenden Clon herab: »Ich lasse uns nun einen Aperitif kommen, der die angespannte Stimmung etwas auflockert. Schließlich ist das unser Geburtstag. Wir sollten miteinander anstoßen und dann zeige ich dir freundlicherweise, wie eines meiner noch aktiven Artefakte funktioniert«, sagte Chosen One beschwingt und wies mit einer eleganten Armbewegung in Richtung ihrer Penfield, die sich unweit von dem Gemälde befand. Ihr Clon regte sich nicht. »Sie heißt übrigens Iran.«

Chosen One lachte auf. Das wurde ja immer besser, eine richtige, kleine, höchstprivate, intim, individuelle Todesparty war das hier. Ihr schweigsamer Clon musste natürlich wissen, dass Namen der Vergangenheit angehörten und verboten waren, wenn auch nicht für sie. Und dann war da ja auch noch ihr Giant, da war noch Alice, Alice-G. Zu viele Fragen für so wenige gemeinsame Stunden. Sie müssten zweifellos einen besseren Zeitvertreib finden, als Frage-und-Antwort-Spiele, immerhin war es ihr erster und einziger, ihr letzter gemeinsamer Geburtstag.

»Happy Birthday«, gratulierte sich Chosen One selbst.

UNTER BLÜHENDEN BÄUMEN

Wenn er als Bestäuber abgeschirmt durch seine Schutzkleidung in den Bäumen stand, sehnte er sich oft schon früh am Tag nach seiner einstigen Schlafwabe. Ob es den Bienen damals auch so ergangen war, kurz bevor sie ausstarben? Wenn er sich nach der Geborgenheit der Wabe sehnte, war es ihm, als könnte er sich gänzlich unbeteiligt in einigen Metern Abstand zu seinem Körper von oben beobachten, sehen, wie er sich im Schlaf um sich selbst drehte und wendete, wie er seufzte und unverständlich nach der Sterilen rief, wie er brabbelte, sabberte und in den schlimmen Nächten halb erstickt nach ihr schrie, in seltensten Fällen sogar von ihr träumte, wie sie zu ihm in die Wabe stieg und sich an ihn schmiegte. Das waren die besten Nächte seines unbedeutenden Quantity-Lebens.

Die persönliche Bestäubungsleistung und den damit verbundenen Gruppenstatus bildete die eigene Codierung weiterhin zuverlässig in seinem Nacken ab. Neuerdings sogar als body-internes Update im Dunkeln leuchtend, wenn sie bereits vor Tagesanbruch zu arbeiten hatten. Vor dem Body-Scan hatte man, um das Auslesen zu erleichtern, den Kopf zu senken. Wenn der Scan glatt verlief, leuchteten Codierungen in Form von Zahlenketten in der Dunkelheit der Bäume in gleichmäßigen Bewegungen auf. Jede Codierung ein Nacken, jeder Nacken ein bestäubender Quantity. Ob sie, wenn die Ausschaltung urplötzlich erfolgen sollte, wie erloschenes Licht aus den Obstbäumen fielen? Er schüttelte den Kopf, um die kontraproduktiven Gedanken mit Nachdruck zu vertreiben.

Als Bestäuber würde er sich auch daran gewöhnen müssen. Updates erfolgten ohne Vorwarnung oder Zustimmung. Ein intern einsehbarer *Fork* hatte seine individuelle Bio-Historie als Steriler gespeichert, ab diesem Fork gestaltete sich sein Code als Bestäuber neu und schrieb sich stetig mit jeder Handlung, jedem Gedanken und jedem Atemzug fort. Dem eigenen Code konnte niemand entkommen. Und niemand wusste, was sich im Inneren des partiell fremdgesteuerten Körpers abspielte, in dem man bis zur eigenen Ausschaltung, die jederzeit erfolgen konnte, gefangen gehalten wurde.

»Ich bin der Code«, hörte er im Hintergrund einen Bestäuber einen anderen zum Schichtwechsel grüßen.

»Du bist der Code«, wurde die Begrüßung ebenso kurz wie freundlich erwidert.

»Wir sind der Code!«, sprachen sie synchron, tauschten Blicke und Plätze.

Einige Bestäuber schlossen Wetten um die jeweilige Tagesleistung zu bestäubender Blüh-Areale ab. Als ›der Neue‹ war er daran nicht beteiligt. Es war auch so schon nicht leicht, mit den anderen mitzuhalten, die sich trotz der schweren Schutzkleidung, die zudem einen autonomen Pestizidverstäuber integriert hatte, behände durch die Baumgruppierungen der Letzten Gärten bewegten, als hätten sie ihr gan- zes Leben lang nichts anderes getan. Sie bestäubten bereits seit vielen Jahren und sahen ihr Tun als eine ehrenvolle Berufung an.

Die Caste der Bestäuber war verhältnismäßig hoch angesehen. Schließlich arbeiten sie sehr nahe am Cen der Mega-City, an der Großen Dreiseitigen Pyramide, und hatten außerdem direkten Kontakt zu einem der letzten natürlichen, sternförmig um die Pyramide angelegten Heiligtümer dieser

Welt. Und doch waren und blieben sie Quantity-Codierungen, die sich nicht viel erhoffen durften. Er sollte sich glücklich schätzen, sich geehrt fühlen. Hatte er sich das nicht so lange schon gewünscht, das letzte für ihn erreichbare Upgrade vom Sterilen zum Bestäuber?

Nein. Das war es nicht gewesen, musste er sich jetzt eingestehen. Er schüttelte erneut den Kopf, auch um seine Nackenverspannungen zu lösen. Der schwere Schleier flog mit der Kopfbewegung synchron und der von den Anzügen ausgestoßene Rauch vernebelte ihm die Sicht. Wozu eigentlich Pestizide? Es gab ohnehin kaum noch natürliche Insekten. Die Bäume waren von Viren befallen. Das wussten die meisten der Bestäuber. *Partiell-artifizieller-Subzellulär-Erreger* war Reiz- und zugleich Keyword.

Der Bestäuber wusste nur, er hatte sich das alles ganz anders vorgestellt. Mit mehr Nähe zu den Blüten, den Früchten, der Baumrinde. Er hatte sich Berührungen vorgestellt und gewünscht, wollte wissen, wie blühende Kirschbäume riechen. Wie oft hatte er als Steriler durch die schmalen Fensterspalten der Großen Dreigeteilten Pyramide auf die zartrosa blühenden Obstbaumhaine hinabgeschaut und sehnsüchtig heimlich die Hand nach ihnen ausgestreckt. So nah waren sie sich gewesen und doch so fern. Jetzt waren sie ihm nahe genug. Sie rochen nach nichts. Da war rein gar nichts. Diese Art von Nähe hatte er nicht gewollt. Das alles, was er sich in seiner, das musste er jetzt einsehen, naiven Vorstellung so ausführlich in allen Möglichkeiten, Formen und Farben ausgemalt hatte, spürte er nicht. Schon gar durch die dicken Handschuhe und das allesbestimmende UV-Strahlungsabwehrschleiernetz vor seinem Gesicht.

Er empfand es als eine weitere üble Laune der Unsterblichen, dass die Schutzbekleidung der Bestäuber modisch anmutende Stilelemente der mittlerweile antik-traditionellen Imkerei mit der gezielten Schädlingsbekämpfung von vor etwa 250 Jahren vereinte. Er sah selbst aus wie ein prähistorisches, überdimensionales Insekt auf Beutezug. Es war ein einziges Absurdum gepaart mit pseudoreligiösem Eifer.

Kränkliche, zu dünne Äste wucherten um ihn, schossen, vergeilten, griffen verzweifelt hoch nach dem smoggig vergilbten Himmel. Und dann waren da noch die missgebildeten Blüten. Deformationen, weil sich so vieles in die ursprünglichen Obstbaumsorten eingekreuzt hatte oder, besser, systematisch experimentell eingekreuzt wurde. Manche Blüten hatten zwei Blütenblätter zusätzlich oder eines zu wenig. Das war noch harmlos und schadete der Fruchtbildung nicht. Aber die Gendefekte der Pflanzen zeigten sich auch anders. Wie zufällig entstandene Mutationen waren schon fast die Regel. Nur von weitem war die sagenumwobene Kirschbaumblüte um die Große Dreiseitige Pyramide schön anzusehen und die Bestäuber waren zur Geheimhaltung verpflichtet.

Die Bestäubung der einzelnen Blüten per Hand war mühsam und musste schnell gehen. Das Sammeln der Blüten für die spätere Kreuzbestäubung übernahm eine andere Caste, mit der er bis jetzt noch nicht verlinkt war. Anderthalb Kilo handverlesene frische Blüten von einem anderen Sternzacken der Gartenanlage wurden jedem Bestäuber vor Arbeitsbeginn zugeteilt, in einem aufwendigen Prozess hatten sie diese noch vor Tagesanbruch von Pollen zu befreien. Es hatte maschinelle Versuche gegeben, aber die Pflanzen hatten wie im geheimen Einvernehmen darauf reagiert und keine Früchte ausgebildet.

Ein Gramm Pollen pro Baum war für die Befruchtung notwendig, mindestens. Sie waren strengstens angehalten, den kostbaren Blütenpollen nicht zu verschwenden, aber es war so gut wie unmöglich, in der für sie vorgesehenen Bestäubungsgeschwindigkeit nichts davon zu verlieren. Nicht alles landete auf den Kirschblüten der Bäume, denen er zugeteilt war. Er war für 21 Bäume pro Tag vorgesehen. Die anderen Bestäuber bewerkstelligten das Doppelte, aber er war eben ›der Neue‹ und man hatte ihm eine Schonfrist zur Eingewöhnung zugestanden.

Als Bestäuber hatte er ein Set feinster, verschiedenartig beborsteter Pinsel bekommen, das durch seine Codierung mit ihm verbunden und zugleich, das war ebenfalls neu für ihn, personalisiert war. Die Pinsel variierten von fein bis grob, von synthetischem bis zu sehr seltenem Naturhaar von ausgestorbenen Tieren, selbst menschliches Haar war dabei. Aber diesen einen Pinsel benutze keiner von ihnen. *Ein unausgesprochenes Gesetz unter den Bestäubern. Mit Menschenhaar wollte niemand befruchten.*

Das Set wurde durch einen magnetischen Mechanismus an seinem Anzug gehalten. Mit Aufruf der Zahl, die jeweiligen Pinsel waren von 1 bis 10 nummeriert, löste sich das angeforderte Werkzeug automatisch über Spracherkennung aus seiner Verankerung des Schutzanzuges und fiel dem Bestäuber direkt in die darunter geöffnete Hand, denn im Handschuh befand sich ebenfalls ein magnetisches Gegenstück, welches wiederum den Pinsel anzog. Im Scherz nannten sie die letzten Gärten deshalb auch das ›Tal der fliegenden Pinsel‹. Die anderen Bestäuber beherrschten das Befehligen ihrer Werkzeuge blind. Wo das Pinseletui am Schutzanzug angebracht war, oblag jedem Bestäuber selbst. Einige trugen es kurz über der Schulter, andere an der Hüfte links oder rechts, wieder andere direkt am Bein. Nur der Code musste zu jeder Zeit sichtbar sein. Es war besser, den Kopf gebeugt zu halten. Daran gewöhnt man sich, hatten sie zu ihm gesagt.

Wenn alle Bestäuber in den Bäumen hingen und wie aufeinander in jeder Bewegung abgestimmt, wie synchronisiert die Blüten bearbeiteten, hätte man sich einbilden können, das Geräusch des gemeinsam erzeugten morphogenetischen Feldes als eine Art niedrigfrequentes Summen wie mit den inneren Ohren zu hören. Sie alle wiederholten unaufhörlich Zahlen.

Momentan jedoch bildete er den womöglich einzigen Störfaktor dieser für die Bestäubung erstrebenswerten Synchronisierung, denn seine Gedanken waren nicht auf das Bestäuben der Letzten Bäume ausgerichtet. Immer wieder kamen sie mit ihm in den Armen der Sterilen an und verfingen sich in verbotenen Tagträumereien und einem Gefühl, das einfach keine Quasi-Emotion sein konnte, denn er hatte diese weder hervorrufen noch konsumieren wollen.

Lediglich einige wenige Bäume trennten ihn für heute noch von der Beendigung seines Tagwerkes. Er würde etwas früher fertig werden, denn das vorgesehene Pensum war nach wie vor geringer als das der anderen Bestäuber. Sie würden länger in den Bäumen hängen als er. Hinzu kam, dass nicht alle Bäume, die hätten blühen sollen, auch blühten. Besonders kränkliche Exemplare hatte er auf Anweisung markiert.

Er überlegte, ob Bäume, um besser zu gedeihen, auch Berührungen brauchten? Dann verwarf er den absurden Gedanken wieder und ließ den Blick controllierend über die Landschaft schweifen. Aber was war das?

Sein Blick gefror. Sein Magen war Eis. Er stockte. Verharrte mitten in der Bewegung. Ihm war, als hätte sein Herz für den Bruchteil einer Sekunde ausgesetzt. *Atmen!*, befahl er sich gedanklich und klopfte sich dabei mit der linken Faust hart auf die Brust, während er mit der anderen Hand weiterhin das Gleichgewicht im Baum zu halten versuchte.

Da war etwas zwischen den Zweigen … Regungslos, ganz ohne zu blinzeln, leuchtete ein schönes, braunes Augenpaar durch sie hindurch. *Was zum allwissenden Quell-Code?*, durchfuhr es ihn blitzartig. Er rieb sich ungläubig die Augen. Da stand sie, als sei es das Normalste der Welt, hier einfach so herumzustehen mit ihrem hübschen Gesichtchen inmitten der blühenden Bäume, … weiß wie ein Geist.

So weiß im Gesicht, dass sich ihre Haut kaum wahrnehmbar von den Kirschblüten unterschied. Unter dem UV-Schutz-Schleier konnte sie ihn ganz unmöglich erkannt haben. Sie regte sich noch immer nicht, stand da wie ein Relikt, wie eine Statue, so grausig schön unter den blühenden Bäumen.

War sie Einbildung? Er hoffte es für sie. Aber das konnte nicht sein, denn in die anderen Bestäuber kam ebenfalls verwirrte Bewegung. Er nahm beunruhigende Gesprächsfetzen auf. Auch sie sahen, dass da eine junge, zudem für Bestäuberverhältnisse spärlich bekleidete junge Frau mitten in einem der letzten Obstbaumhaine stand. Sie waren und blieben Quantities. Genetisch alles andere als einwandfreies Material, mit einem Hang zur Gewalt, wenn nicht streng controlliert, erinnerte er sich.

Er wurde sich gewahr, dass er von allen Bestäubern am nächsten an ihr dran war. Dem allwissenden Quell-Code sei Dank. Er versuchte, ihr durch Blicke schleunigst zu signalisieren, dass sie sich in einer gefährlichen Situation befand und besser schnell von hier verschwinden sollte. Wie um alles in der Welt sollte er sie schützen?

Aber sie sah völlig geistesabwesend wie durch ihn durch. So, dass er sich allmählich fragte, ob er hier der Geist war.

Das funktionierte so nicht. Kurzentschlossen riss er sich unerlaubt die Schutzkleidung vom Kopf und winkte ihr wild mit dem Hutschleier gestikulierend. Auf einmal kam ein Funken des Erkennens in ihren Augen. Sie reagierte auf ihn. Sie erkannte ihn, erinnerte sich an ihn als einen der Sterilen, an den Sterilen, erkannte ihren Sterilen. Nur noch einige Meter trennten sie voneinander.

Die anderen Bestäuber kamen ebenfalls näher und würden sie bald umringen. Er musste schneller sein. Echte Frauen waren selten geworden, unfruchtbar oder nicht. Sie war schließlich keine Dysfunctional Woman, das sah man auf den ersten Blick. Ihre Proportionen waren nicht künstlich perfektioniert. Sie wirkte gedrungener. Ihre Beine waren etwas kürzer als die der DFs, die standardmäßig immer mir langen Beinen kamen. Auch ihre Schultern waren nicht so gerade, sondern fielen leicht ab. Ihre Haltung entsprach nicht dem, was als perfekt und damit als erstrebenswert galt. Man sah ihr ganz einfach an, dass sie zu einer dienenden Caste gehörte. Außerdem war sie wesentlich kleiner als eine DF, die so manchen Mann mit ihren 1,75 Meter überragten, wenigstens die älteren Modelle waren noch so groß.

Selbst unter den Bestäubern gab es überhaupt nur zwei Frauen, und die waren wie er auch über die Bediensteten der Großen Dreiseitigen Pyramide in die Letzten Gärten gekommen. Sie waren wie er einmal Sterile gewesen. Aber was war mit ›seiner‹ Sterilen, was machte sie hier? Er war vom Baum gesprungen, sie war eiligen Schrittes auf ihn zugegangen, seit sie ihn erkannt hatte. Hatte sie ihn womöglich sogar gesucht? Warum sollte sie das tun, fühlte sie etwas wie er für sie empfand?

Dann war sie nahe genug und er sah plötzlich die Angst in ihrem schönen Gesicht. Ihre Lippen bebten und zitterten abwechselnd, als wollte sie etwas sagen und konnte nicht. Sie rang nach den richtigen Worten, konnte sie aber nicht finden, fand überhaupt keine Worte, fing stattdessen an zu schluchzen.

Er tat, was kein Bestäuber tat, tat, was auch Sterile nicht getan hätten. Er griff mit beiden Händen nach ihr und zog sie an sich. Sie fühlte sich eiskalt an. Die Bekleidung der Sterilen war aus reiner Seeseide und zu dünn für die Letzten Gärten. Ihr schmaler Körper und ihre kleinen, spitzen Brüste zeichneten sich darunter ab. Wie war sie nur hierhergekommen? Was war geschehen? Sie versuchte noch immer zu sprechen. Ihre Sätze brachen in Stotterlauten ab. Er bemerkte die feinen Kratzer an ihren Händen und Beinen und auch einige in dem Gesicht, das er so viele Tage und Nächte vor sich gesehen hatte.

Andere Bestäuber hatten währenddessen ihre Arbeit unterbrochen und einen weiten neugierig gaffenden Kreis um die ungehörige Szene gebildet. Sie starrten teilweise mit offenen Mündern. Das würde ein böses Nachspiel haben, sobald die ihnen zugeteilte Ordnungseinheit, die Centrierten, Wind davon bekämen. »Sag mir, was los ist!«, flehte er die Sterile an. »Bitte, sag mir, was dir passiert ist«, bat er. Sie zitterte und brachte kein Wort heraus. Offenbar hatte sie ihre Stellung völlig vergessen oder, schlimmer noch, sie war ihr gänzlich egal geworden.

Er fühlte ihre heißen Tränen an seinem Hals hinabrinnen und erschauderte unter der Intimität ihrer Berührung. Hatte er sich das nicht gewünscht, seit er sie das erste Mal in der Großen Dreiseitigen Pyramide gesehen hatte?

Er konnte sie kaum beruhigen. Ihr schmaler Rücken bebte noch immer wie in Todesangst. Ein lauter Schluchzer entrang sich ihrer Kehle. Er hoffte inständig, dass sie jetzt etwas sagen würde, das die Situation aufklärte, dass sie ihm sagte, warum sie hier war.

In all den Jahren des gemeinsamen Dienens in der Großen Dreiseitigen Pyramide waren sie sich nie so nahe gekommen wie jetzt, und das musste ausgerechnet vor aller Augen geschehen. »Sag doch endlich etwas!«, flüsterte er tonlos und war sich sicher, wenigstens die Lippen bewegt zu haben. Sie schluckte.

»Okay«, hauchte sie panisch und wie um sich selbst Mut zuzusprechen. »Okay, okay … okay.« Sie fror ganz offenbar erbärmlich. Dann sah sie ihm fest in die Augen. Sein Herz schlug ihm bis zum Hals.

Ihre Blicke trafen sich und er wollte sie in diesem Augenblick niemals wieder loslassen müssen. Wie viel Zeit sie in der Pyramide verschwendet hatten, wie viele Nächte, ohne einander zu berühren. Sie stammelte etwas Unverständliches. »Ganz ruhig, ganz ruhig. Beruhige dich. Hier wird dir nichts geschehen. Ich verspreche es.« Ein Seitenblick auf die anderen Bestäuber genügte und er wusste, dass das eine Lüge war.

Sie versuchte weiterhin krampfhaft, sich zu fassen, machte sich plötzlich aus seiner Umarmung los und hob an, etwas zu ihm zu sagen, was ganz offensichtlich an sie alle gerichtet war, denn inzwischen hatten sie auch die anderen Bestäuber erreicht, und sie hatte es noch vor ihm bemerkt. »Glaubt nicht, dass …«, sie atmete laut aus, mitten im Satz verdrehte sie die Augen und sackte wie eine leblose Puppe in sich zusammen.

Ihr Aufprall machte kaum ein Geräusch. Er dauerte keine fünf Sekunden. So leicht und klein und weiß kam sie ihm vor. Dann lag sie direkt vor ihm. Das seidige Kleid, das sie trug, hatte sich innerhalb eines Luftzuges, den ihr Fallen ausgelöst hatte, nach oben geschoben. Sie lag am Boden mit enthüllten Beinen, fast nackt. Er schämte sich für seinen ersten Gedanken, als sie so entblößt vor ihm lag und bemerkte auch die Blicke der anderen.

Etwas Gieriges lag in den Augen einiger Bestäuber. Sie war doch fast noch ein Mädchen. Sofort war er bei ihr, zog das seeseidene Kleid zurück, wieder über ihre Beine. Ihre Augen starrten ins Leere, da war kein Leben mehr in ihrem Blick. Was er an ihr geliebt hatte, war fort. Ihr Mund war noch warm, klaffte leicht geöffnet wie eine unausgesprochene Verwundung in die Finsternis ihres unerforschten Leibes hinein. Sie hatte etwas Wichtiges zu sagen gehabt, dass sie alle anging. Dazu war es nicht gekommen. Zu spät. Sie atmete nicht mehr. Ihr Herz war still und ihre Codierung erloschen. Er hob sie an sich. Sie war so leicht, wie sie aussah, wie aus Nebel gemacht.

Jetzt lag sie tot in seinen Armen, in denen die Sterile eben noch geweint hatte. Die Wärme ihrer Tränen an seinem Hals war noch nicht einmal ganz verflogen, so schnell war es gegangen. Ausgeschaltet. *So starb man hier. So sah das also aus, man fiel einfach mir nichts, dir nichts, ganz ohne Vorwarnung um, mitten drin von egal, was*, dachte er wütend und konnte in den Gesichtern der anderen Bestäuber auch deren Gedanken ablesen. Die Wut, die in ihm aufkeimte, zeichnete sich nun auch in seinem Gesicht ab. Nach und nach verzogen sich die Gaffer seiner neuen Caste, die das Paar bis eben noch ohne jedwede Scheu oder Scham umringt hatten. Gleich würden die Centrierten kommen, auch ihm drohte die Ausschaltung. Er musste sich überwinden, sie loszulassen.

ERREGUNG ÖFFENTLICHEN ÄRGERNISSES

Er wusste sich manchmal einfach nicht zu helfen. Seit er seiner Dysfunctional Woman, Modell Miranda, diesen schlechten Oldie aufgespielt hatte, war sie nicht wiederzuerkennen. Sie sang und sang und sang, und das, so schief sie nur konnte und wann immer sie wollte, auch nachts. *Mute* stellen funktionierte lediglich zeitweise und zudem nicht besonders gut. Das Lied betreffend entwickelte sie einen Eigenwillen. Der Entsorger überlegte, ob das wirklich möglich war oder lediglich seine Einbildung.

Die Programmierung zu verändern, gar zu löschen, konnte Folgen haben, die nicht vollständig abzusehen waren. Neben den schiefen Klängen, die er nun seit einiger Zeit von ihr zu verkraften hatte, mochte er, dass sie spontan wurde, gewissermaßen unberechenbar. Das gefiel ihm. Echte, gebärfähige Frauen waren auch so. Das wollte er sich wenigstens einreden, denn das konnte er beim allwissenden Quell-Code nun wirklich nicht wissen. Schön sah sie aus in ihrem Rotkäppchen, das er für sie nach der Vorlage aus dem Bunker angefertigt hatte, solange sie nur den Mund hielt. Klang konnte Realität miterschaffen und verändern, das wusste jeder, insbesondere die Chosen Ones, die ihnen unterstellten Elected Ones und die Executive des Centrums, die gefürchteten Centrierten, die ja bekanntlich nur Befehle ausführten.

Es war ebenfalls erstaunlich für ihn zu erleben, was Farben verändern konnten. Seine Miranda in Rot, das war etwas ganz Neues, Aufregendes, Betörendes. Er schnalzte mit der Zunge und konnte kaum die Augen von ihr lassen. Geschnalzt hatte er lange nicht mehr, und das tat er inzwischen öfter, wenn er sie so ansah. Es war ebenfalls lange her, dass er sich so zu ihr hingezogen gefühlt hatte. Endlich bekam sie eine ganz eigene Note, eine leise Ahnung von überaus verbotener Individualität. *Sexy, aufreizend, bis aufs Blut.* Ihm kam da ein gewisser Gedanke, vielmehr eine Idee, noch nicht ganz ausgegoren. Alles Nötige würde sich im Bunker befinden, schätzte er. Der Entsorger grinste breit. Das würde ein weiteres Abenteuer werden.

Oh my Darling, dachte er, während er quasi-verliebt seine DF in ihrer neuen Ausstattung betrachtete. Es war schon fast ein Wunder. Miranda sang nicht, das hatte er kaum zu hoffen gewagt. Er hielt sie voller Stolz an der Hand, während er mit ihr, eine überlegene Miene zur Schau stellend, durch die längsseitig auf die Große Dreiseitige Pyramide hin ausgerichteten Straßen des Centrums spazierte. Es machte ihm nichts aus, dass sie ihn mit ihren High Heels um etwa eine Haupteslänge überragte. Hinreißend war das. Immerhin hatte er mit ihr einige Stunden geübt, wie sie sich zu bewegen hatte. Sie sah umwerfend aus, und alle männlichen Quality-Codierungen des Centrums drehten sich, dessen war er sich sicher, voller Bewunderung staunend nach ihm und seiner Miranda um. Sein Mädchen machte das gut, sie bewegte sich vorsichtiger, immer eine Hand stützend unter den Bauch, der sich herausfordernd rund unter ihren prallen, rotgelackten Brüsten hervorwölbte. *Absolut sexy war das.*

Inzwischen blieben Passanten ungläubig stehen, manche von ihnen sogar mit offenem Mund. So etwas hatten sie noch nicht zu sehen bekommen, und das dann auch noch kurz vor dem 150. Geburtsgag des kürzesten Codes überhaupt. Schon morgen würde er die erste biologisch authentische Frucht seines Lebens ganz nahe an der Großen Dreiseitigen Pyramide genießen. *Welch ein Privileg*, ging es ihm durch den Kopf. *Das Leben war gut.*

Der Entsorger genoss die Aufmerksamkeit, die man ihm und seiner DF am helllichten Tag auf den Straßen der Mega-City entgegenbrachte. Er hatte vor, etwas staatlich verschriebene Musik zu konsumieren, und hoffte gleichzeitig, damit den heimlichen, schlecht eingespielten Oldie bei Miranda überschreiben zu können, damit sie in der Humanoiden-Menge morgen früh nicht so sehr auffallen würden. Für heute hatte er ihnen, großzügig, wie er nun mal sein konnte, ihr *Gegaffe*, er mochte das archaische Wort, erlaubt. Morgen wäre sein großer Tag, er würde eine echte, gewachsene Frucht genießen und die DF würde ihm dabei zusehen. Doch es sollte wieder einmal anders kommen als gedacht.

»Ich bin der Code. Du bist der Code. Wir sind der Code«, begrüßte ihn der Centrierte in offizieller Manier.

»Wir sind der Code«, antwortete der Entsorger mit einem angedeuteten Kopfnicken, aber ohne ihm demütig seine Codierung darzubieten.

»Kann ich mal eben Ihren Nacken sehen?«

Verdammt!, er mochte auch dieses archaische Schimpfwort, *ein Centrierter. Wo der her kam, waren mehr.*

»Ich wiederhole mich ungern! Das war keine Bitte. Falls Sie das irrtümlicherweise als solche verstanden haben sollten, entschuldige ich mich natürlich dafür!«

Der Entsorger stöhnte. Es hätte nur noch gefehlt, dass der Centrierte vor ihm und seiner Schönen knickste, aber es war allseits bekannt, dass diese Überwachungseinheiten der Executive keinen Spaß verstanden, nicht den geringsten.

Und es kam, ganz wie er erwartete hatte, noch schlimmer, die DF fing lauthals an zu singen. *Was für ein Timing.* »Ohohohohohoh«, kam es frivol aus ihr heraus, »oh my Daaaaaahlting … Dddd«, presste sie hervor … uuuuund ein Hänger. Es war zu spät. Ja, definitiv. Zu spät. Das musste er sich eingestehen.

Er hielt dem Centrierten, der ihn eben angesprochen hatte, schuldbewusst beide Handgelenke in geheuchelter Demut hin und beugte den Kopf, damit der Centrierte seinen Nacken auslesen konnte. Die Controlleinheit trat hinter den Entsorger, scannte dessen Codierung im Nacken mit einem Visier, das zugleich sein Gesicht verbarg und vor Strahlung schützte. Die Centrierten hatten empfindliche Augen. Das wusste jeder.

Sie konnten, im Gegensatz zu ganz durchschnittlichen männlichen Quantity-Codierungen, alle Farben sehen. Centrierte waren strahlungsempfindlich und man konnte sie nicht belügen. Er würde in einem Cube enden, mindestens für einen Tag. Er wusste auch schon, in welchem. Die silbern glänzenden, verspiegelten, etwa vier mal vier Meter großen Würfel standen in der ganzen Mega-City verteilt, mit jeweils einem Insassen gefüllte und ungefüllte. Die DFs hielten die Dinger zumeist für hübsche Zierobjekte, die Glücklichen.

»Ich bin erledigt«, dachte er laut. Miranda gab sich überrascht und streichelte ihren ausgestopften Bauch so, wie er es ihr noch vor wenigen Stunden in seinem Wohncontainer gezeigt hatte.

»DDDDDDDDaaaaaHrliengh!« *Interessant, diesmal eine chinesische Einfärbung in der Tonlage.*

»Schnauze, Miranda!«, herrschte er die DF jetzt übel gelaunt von der Seite an. Sie riss die Augen auf und gab sich erschrocken. Natürlich war sie das nicht. Der Centrierte währenddessen beachtete die beiden gar nicht, sondern war noch damit beschäftigt, den am Nacken des Entsorgers soeben erstellten Scan auszuwerten. Datensätze huschten in Lichtgeschwindigkeit über das Visier des Centrierten.

Etwas musste ihm schleunigst einfallen.

Er musste jetzt wirklich ernsthaft überlegen, zum allwissenden Quell-Code nochmal, das konnte einfach nicht geschehen, nicht jetzt. So nahe, er war den köstlichen Früchten schon so nahe gewesen, konnte sich ihren Geschmack bereits vorstellen, ihre Konsistenz schier auf der Zunge spüren, ihren Saft schmecken. Der Entsorger leckte sich sehnsüchtig die Lippen.

Miranda sang einfach weiter und streichelte sich dabei den ausgestopften Bauch, der für ungeübte Augen, und die hatten sie alle, eine fortgeschrittene Schwangerschaft vortäuschte. Schwangere gehörten in den Tempel der Schöpfung und nicht auf die Straßen der Mega-City.

Das konnte doch einfach nicht wahr sein. Er rieb sich die Schläfen, musste sich konzentrieren. Glücklicherweise war der Centrierte noch abgelenkt. Hoffentlich war es noch nicht zu spät. Der Centrierte beendete routiniert den Scanvorgang und winkte die Kollegen seiner Einheit heran.

»Nur ein modisches Accessoire, kein politisches Statement«, versuchte ihm der Entsorger beschwichtigend zuvorzukommen. Schon musste er mit ansehen, wie sich ihnen weitere Centrierte näherten und wie man seine Miranda an beiden Handgelenken gepackt hatte. *Ja, da waren mehr.*

Scheiße, dachte er. Sie würden die Tattoos und andere illegale Modifikationen an der DF entdecken, wenn sie sie jetzt mitnahmen. Das musste er unbedingt verhindern.

»Sie sind sich dessen sicherlich bewusst, dass es sich hierbei um einen Tatbestand handelt, und zwar um Erregung öffentlichen Ärgernisses.« Der Centrierte hatte das nicht als Frage, sondern als unumstößliche Feststellung formuliert. »Ich entnehme der Historie ihres Bio-Scans, dass sie regelmäßig Sperma an die Lotterie spenden und dieses gleichermaßen den unterirdischen Laboren und dem Tempel der Schöpfung zur freien Verfügung stellen. Das ist aus ihrer Quantity-Sicht bestimmt großzügig. Sie hoffen auf Nachkommenschaft?!«

Der Entsorger nickte seltsamerweise zuversichtlich.

Noch hatte man ihn nicht in Gewahrsam genommen. Solange sie redeten, war er nicht inhaftiert. Und eines war doch klar, einfach jeder Quantity-Mann hoffte auf die Möglichkeit, seinen genetischen Code wenigstens anteilig weitergeben zu können. Natürlich wusste er, dass ihm nicht bestimmt war, im Lotto zu gewinnen. Aber auf das Versuchen kam es schließlich an. *Man musste es wenigstens versuchen.* Der Centrierte sah ihn durchdringend an, scannte ihn mit seinem Blick weiterhin und jetzt nochmal auf eine andere Art. Im Hintergrund wurde Mirandas Gesinge schneller und bereits leicht panisch. Sie fing an zu strampeln und sich zu winden, sodass ihr ebenfalls neues, samtig rotes Capekleidchen mit jeder Bewegung höher flog. So, mit zwei paar Händen festgehalten, konnte sie nicht ausführen, was er ihr erst kürzlich beigebracht hatte. Miranda konnte ihren neuen Attrappen-Bauch nicht halten, genau deshalb wurde sie ja panisch. Außerdem war sie es nicht gewohnt, so hart und gleich von mehreren männlichen Humanoiden angefasst zu werden. Das konnte zu ernsthaftem Fehlverhalten führen, darauf war sie nicht programmiert worden. Sie könnte sich zu Wehr setzen.

Der Entsorger sah auch, dass sie die lichtgrauen Uniformen der Centrierten verstörten. Nirgendwo blitzte Haut auf, außer vielleicht ein kleines bisschen Mundpartie unterhalb der verspiegelten Visiere. Je weniger Haut eine Codierung exponierte, desto höher gestellt war sie auch im Sozialstatus. Miranda rangierte als veraltet geltende DF unterhalb aller bekannten Casten-Systeme, sogar noch weit unter den *Instabilen*.

Es war kein Wunder, dass sie verstört war. Die DF hatte keine Erklärung für diese grauen, gedeckten Outfits. Sie waren in ihrer Programmierung nirgendwo hinterlegt, weil er das nicht bedacht hatte. Schließlich verließen sie den Wohncontainer nur zu seltenen, ausgewählten Anlässen.

Er war so voller Vorfreude gewesen und wollte das natürlich auch an seiner DF zeigen und mit allen teilen. Sie sollte sichtbar sein. Er wollte etwas ganz Besonderes tun, etwas ultimativ Kreatives, *etwas Schöpferisches*, wie ihm just in diesem Augenblick klar wurde. Kreatives aus Eigeninitiative heraus war illegal und wurde bestraft. Die Centrierten waren für Recht und Ordnung hier. Es war aus ihrer Sicht richtig, dass sie da waren.

Der Entsorger hingegen war einem krankhaften, einem soziopathischen Impuls gefolgt, und es war nicht das erste Mal für ihn gewesen. Einer der Centrierten, der Miranda gepackt hatte, hatte Mühe, sie festzuhalten. Der Typ pfiff anerkennend durch die Zähne. »Süüüß, ich hatte auch mal so eine. Die sind nicht kompatibel mit anderen Modellen, ein bisschen wild und in der Programmierung entstehen schnell Lücken. Sie werden dann fehlerhaft und taugen nichts mehr. Ich habe sie entsorgen lassen.« Dann griente er provokativ in Richtung des Entsorgers.

Der Entsorger sah, dass sich der Scan seiner Codierung ebenfalls auf die Visiere aller anderen, sich in der Nähe befindlichen, Centrierten übertragen hatte. Sie wussten, wer er war und was er tat, was er getan hatte und was er höchstwahrscheinlich tun würde. Außerdem waren sie miteinander über ein dauerhaft installiertes, stabiles morphogenetisches Feld miteinander verbunden. Die Centrierten konnten ohne ein Wort und in Lichtgeschwindigkeit Informationen austauschen. Das hier war die pure Show.

Seine Anspannung wuchs, man wollte ihn ganz offensichtlich provozieren. Er fragte sich für einen Moment des unwahrscheinlichen Wagemuts, was er außer der DF zu verlieren hatte. Auf die Ausschaltung kam es schon lange nicht mehr an. Die Frucht wäre schön gewesen und auch ein bisschen schlechte Musik. Ja, er wusste ganz genau, dass staatlich verschriebene Musik schlecht war, und die wurde auch nicht besser, ganz egal, wie viel gutes, kreatives Sperma man zu inoffiziellen Versuchszwecken spendete. Er war und blieb einer von vielen Quantities, auch noch einer der untersten Caste, ein Entsorger.

Wie nur um alles in der Welt hatte er auf ein Jubiläumsfest an der Großen Dreiseitigen Pyramide und sogar noch auf eine echte Frucht hoffen können? Ihm war nicht zu helfen.

Miranda wurde nervös. Die Situation bereitete ihr großes Unbehagen. Sie hatte sich losgerissen und aufgehört zu singen. Plötzlich fing sie an, sich panisch die Augen verdrehend, Stofffetzen aus ihrem ausgestopften Bauch zu rupfen und diese auf der Straße zu verteilen. Erneut blieben Humanoide, Codierungen verschiedenster Casten, sichtlich entrüstet mit ihren DFs stehen. Bald wären sie umringt. Er war ersetzbar.

Der Centrierte schaute ihn noch immer fordernd, offensichtlich eine Erwiderung erwartend, an.

»Was bedeutet Erregung öffentlichen Ärgernisses?«, fragte der Entsorger gespielt dümmlich und wusste sofort, dass

Lügen nicht funktionieren würde und alles noch schlimmer machen könnte.

»Das, was sie hier sehen, ist Erregung öffentlichen Ärgernisses.« Der Centrierte verwies mit einer ausholenden Geste auf die Passanten um sie und dann auf Miranda. »Sie irritieren den Verkehr!«

»Ich wollte doch nur eine neue, zugegebenermaßen etwas extravagante, Modelinie an ihr ausprobieren«, entgegnete der Entsorger mit geziert unschuldiger Miene.

»Schon für das Rot kriegen Sie mindestens einen Tag im Cube.« Der Centrierte ließ sich herab, dem Entsorger sein Verbrechen genauer zu erklären: »Diese Farbe ist sakral und gehört zu den ehrwürdigen Muladharas im Tempel der Schöpfung. Verhöhnung ist es auch noch! Haben Sie denn keinerlei Respekt vor der künstlichen Schöpfung, vor unser aller Quell-Code? Bedeuten Ihnen die letzten gebärfähigen Frauen und ihr Dienst an der, nach dem Dunklen Matriarchat, hinterbliebenen Humanetik und der Nach-Welt überhaupt nichts?«, fragte der Centrierte empört. Dazu fand der Entsorger einfach nicht die richtigen Worte.

Er hatte nichts zu sagen außer: »Bitte, dann führt mich ab!«

Die Gewaltanwendung klickte auf Anweisung des Centrierten. Mithilfe eines elektronischen Impulses, der auf die Nano- und Xenobots in seinem Körper übertragen wurde, war der Entsorger augenblicklich unfähig, über seine eigenen Bewegungen zu bestimmen. Sozusagen fremdgesteuert. Sein Körper folgte brav den externen Befehligungen der Überwachungseinheit in Richtung nächstgelegener, unbefüllter Cube.

Das gefiel seiner DF Miranda, die alles beobachtet hatte, überhaupt nicht. Mit einem gut gezielten und für alle überraschenden Ellbogenstoß in die Rippen hatte sie den ersten Centrierten zu Boden befördert, noch bevor die anderen sich ihr zuwenden konnten. Der Entsorger sah es aus den Augenwinkeln, nicht einmal seinen Kopf konnte er wenden, zu stark wirkte die ihm aufgezwungene Gewaltanwendung.

Aus dem Augenwinkel erschien es ihm, als würde Miranda mit verschiedenen Uniformierten tanzen. Es hatte etwas absurd Ästhetisches, wie sie sich im Rot ihres Kleides bewegte, wie ihre prallen, runden Brüste widerspenstig im Takt hüpften und sich das Innenleben ihres ausgestopften Bauches mit jeder Bewegung weiter um sie alle verteilte. Zwischen seinen Beinen regte es sich. Den kleinen Kumpel hatten sie jedenfalls nicht bedacht.

Ja, das war definitiv sein Lieblingsmodell, und zwar mit allen Fehlern und dem schlecht programmierten Lied. An seine Miranda kam selbst die fast antike Heidi bei Weitem nicht heran, eine Dysfunctional Woman, die der Vorlage einer Einst-Deutschen nachempfunden war, allerdings mit unerträglicher Stimme, ebenfalls nach humanoider Originalvorlage. Er grinste voller Stolz sein alteingesessenes Grinsen. *Das ist mein Mädchen*, war sein letzter Gedanke.

CHOSEN ONCE

Q kam sich klein und verloren vor. Die extrem wohlproportionierte Frau neben ihr überragte sie um etwa anderthalb Köpfe. Ihre Haare waren in stark blondierten, kunstvoll verdrahteten Flechten zu einer Frisur aufgetürmt, die sie noch größer erscheinen ließ. Ein knappes Kleid aus wertvollen, verschiedenartigen, offenbar tatsächlich echten Tierhäuten überspannte ihre prallen Brüste. Man hatte ihr außerdem ein sehr seltenes Feature einprogrammiert: Kaugummi-Kauen. Das gab es, ebenso wie Kaugummis, nicht mehr seit den 1990ern und musste unwahrscheinlich teuer und aufwendig in der Modifikation gewesen sein, so wie auch das Material für das außergewöhnliche Kleid, das sie trug. Ihr Besitzer war zweifellos vermögend, denn diese Tiere waren bereits ausgestorben und die künstliche Synthese der Häute gelang nicht vollkommen. Das Obermaterial des Kleides galt als antik und sehr pflegeintensiv. Einmal gewachsen, hatte es sich verändert. Die Zeit zeichnete sich auf einzigartige Weise auf der Oberflächenstruktur der miteinander vernähten Tierhäute ab.

Das Kleid erinnerte Q vage an ein Märchen, dass ihr die Muladhara einmal erzählt hatte. Ein Mädchen hatte sich unter einem Kleid aus Mäusen und anderem Getier in einen altertümlichen Palast geschmuggelt. Sie hatte damals nicht verstanden, warum ausgerechnet dieses wertvolle Kleid in der Geschichte als schmutzig gelten sollte.

Es war offensichtlich, dass die Bestandteile des Hautkleides der DF einmal zu lebendigen, atmenden Tieren gehört haben mussten. Es war zweifellos echt. Die DF hingegen war es nicht. Eine Miranda. Ihre Vagina war durch eine mit Ziernähten umrandete Öffnung im Kleid an ebendieser Stelle betont. Das gelockte Schamhaar lugte einladend aus der Kleidöffnung hervor. Es lud zur Berührung ein, wie ein echtes, atmendes, lebendig-haariges Tier. Man hatte es gescheitelt und rot-gold eingefärbt.

Exakt alle drei Minuten führte die DF zugleich Zeige- und Mittelfinger in sich ein und stöhnte leise, ein weiteres kostspieliges Feature. Die DF wendete das Kaugummi in ihrem lüstern geöffneten Mund routiniert hin und her. Die Bewegungsabfolge war immer die gleiche. Es gab genau fünf verschiedene Bewegungen, die sich wiederholten.

Q musste sich ermahnen, nicht andauernd auf den pinkglänzenden Mund der DF zu starren. Es war zu hypnotisch. Sie war ohnehin schon viel zu auffällig und zudem wahrscheinlich das kleinste weibliche Wesen auf dem Platz, womöglich weit und breit sogar die einzige geborene Frau. Hinzu kam, dass sie zu natürlich aussah. Das konnte gefährlich für sie werden.

Die meisten Quantity-Männer ersehnten ihr Leben lang eigenen Nachwuchs. Es war schlichtweg eine Phantasie, die nur fruchtbare, gebärfähige Frauen erfüllen konnten. Mit DFs war das nicht möglich. Q wurde bewusst, dass tatsächlich alle Frauen, die sie in der Menschenmasse erblicke konnte, organoide Bioroboter sein mussten. Es handelte sich zudem um die Gelegenheit für ihre Besitzer, so einmalig nahe an der Großen Dreiseitigen Pyramide mit ihnen zu protzen, den eigenen sozialen Status und heimlich auch eine gewisse Kreativität anhand der Dysfunctional Women abzubilden.

So stand Q eingekeilt zwischen unzähligen Humanoiden und ihren mitgebrachten, sich wie im Wettbewerb getunten

DFs. Die Dysfunctional Women erkannte man auf den ersten Blick. Es gab zu wenige verschiedene Modelle, derzeit lediglich fünf, das hatte A gesagt, glaubte sie sich zu erinnern. Ihre Gesichter und die Statur blieben gleich, die Altersgruppe auch. Eves, Heidis, Liliths, Mirandas und wie die anderen hießen, umgaben sie, wohin man auch sah.

AnaXXon hatte ganze Arbeit geleistet. Man konnte sie modifizieren, wie und so oft man wollte. Sie waren und wurden einfach keine Frauen. Die, wie Q fand, ordinäre, bei allen gleiche, Grundausstattung schimmerte immer wieder durch. Sie entwickelten keine Individualität, wie sie Humanoide zumeist doch noch hatten, sofern die kurz nach der Geburt eingeführten Xeno- und Nanobots nicht die vollkommene Controlle über den biologischen Organismus übernommen hatten. Je mehr Bots nötig waren, desto mehr ähnelten sich die Menschen auch, oder das, was von ihnen noch übrig war. Quantities erkannte man ohnehin sofort. Einige Bots übernahm das Embryo auch schon von der Austragenden im Laufe der Schwangerschaft. Andere wurden erst mit dem Erhalt der Codierung hinzugefügt, wenige Minuten, nachdem das Kind das Licht der Welt erblickt hatte.

Bei Pflanzen und Tieren hatte das nicht funktioniert, clonen zum Teil schon, wenn auch nur bei wenigen Arten, Kaninchen zum Beispiel. Oft spielten Anomalien dabei ein große Rolle. Sonderfälle. Sie war auch einer.

Ihr letztes Baby hatte geatmet, wenigstens kurz. Q konnte nicht sagen, ob und wenn ja, wie viele Bots sie ihm über ihren Körper mit auf den Weg gegeben hatte. Die Flucht, die Geburt im Wald. Das alles erschien ihr jetzt in diesem Augenblick mitten in der Humanoidenmenge so unendlich weit weg.

Sie war wie im Wahn gewesen, so viel Blut. Bei keiner ihrer vielen Geburten zuvor hatte sie jemals ihr eigenes Blut gesehen. Dass Sterben so dreckig war, so viele verschiedene Gerüche hatte und Schmerzen bereitete, das hatte sie nicht gedacht. Wenn man so starb, musste man den Tod fürchten, den Weg dorthin, das Leben. Tod konnte Erlösung sein. *Diese Sicht erklärte, warum die Welt zu dem geworden oder gemacht worden war, was sie jetzt eben war*, dachte Q bitter. Das war anders, als ausgeschaltet zu werden. Man fiel nicht einfach um. Es war ein Prozess, in dem man unter Schmerzen und Ängsten aus dem Leben gerissen wurde. Nur aus dieser Perspektive heraus war das Ausschalten in gewisser Weise human und sogar zu rechtfertigen.

Sie hatte einen anderen Tod erfahren: *Kommen und Gehen reichten einander die Hand.* Das hatten ihr die eigene Fehlgeburt im Wald und die damit verbundenen Schmerzen gezeigt. Es erforderte Mut, so zu gehen, und das alles unbetäubt bei mehr oder minder klarem Verstand zu fühlen und wahrzunehmen. Auch das wusste sie jetzt.

Dann kam der Awakened, er hatte sie ungefragt zurückgeholt, hatte alle Bots in ihrem Körper lahmgelegt. Die, die noch da waren. Sie hatte das nicht gewusst, hatte nie wissen können, was in ihrem sprichwörtlichen Inneren wirklich vor sich ging. Es war vollkommen normal für sie alle gewesen, zu ihrem Schutz, ein Opfer für die körperliche Unversehrtheit der letzten Kinder dieser Erde. So hatte man es den fruchtbaren Frauen und Mädchen verkauft. Die meisten von ihnen waren mit dieser Lüge aufgewachsen. M musste es geahnt haben, davon war Q inzwischen überzeugt. Es war in den Erzählungen der Muladhara versteckt gewesen. War der giftige Pilz auch nur eine Metapher gewesen?

A hatte nach ihrem Herz gegriffen. Sie hatte lange nicht verstanden, wie das überhaupt möglich war, so einfach durch einen Körper hindurchzugreifen. Die Wanderschaft mit A, die Verbindung zu den Bäumen, den Rehen, den Holzbienen, dem Meer und schließlich die Rückverbindung über A zu den Awakened und den Steinkreisen hatten sie die Wahrheit fühlen lassen. Auch das war Schmerz gewesen, wenn auch hauptsächlich erinnerter. Durch das Lahmlegen der Bots waren Lücken in ihr entstanden, in ihrem Denken, ihren Erinnerungen, in ihren Nervenbahnen. Verbindungen wurden unterbrochen oder ganz gekappt und dann waren stattdessen überwältigende Gefühle gekommen und Träume, Emotionen, neue, wie fragmentierte Erinnerungen, Bilder, über die sie bis jetzt noch nicht sprechen konnte.

Er hatte alles versucht, die vielen Schäden auszugleichen, auch das wusste sie. Aber wie sollte ein einzelner Mensch, eine Frau, wie sollte sie so viel aushalten? Selbst ihre Erinnerungen schmerzten, als würde sie die Erfahrungen jedes Mal wiederholen. Immer wieder neu sterben. Das waren nicht nur rein körperliche Schmerzen, Verletzungen und Blut, das war anders, die Erinnerungen, die Flashbacks waren schlimmer, sie zeichneten sich nicht im Außen ab.

War es das, was den Dysfunctional Women fehlte? Das Träumen? Der Schmerz? Vielleicht war die Dunkelziffer der Quantities, die die DFs heimlich folterten, deshalb so hoch? DF-Verstümmelungen und deren öffentliche Zurschaustellung wurden nicht geduldet und von den Ordnungseinheiten des Centrums, den Centrierten, unter Strafe verfolgt. Dennoch geschah es immer wieder. Widerstände organisierten sich, parallel wurden neue Modelle entworfen. Die Sexualität der Nach-Welt war an das Leihen oder Besitzen einer funktionstüchtigen DF geknüpft.

Q atmete tief durch. Es war schwer, hier nicht die Orientierung zu verlieren. Stimmen umspülten sie, unaufhaltsam, wellenartig. Ihre Wahrnehmung hatte sich verfeinert, ihre Sinne waren neu geboren worden. Die Wanderschaft mit A hatte sie verändert. Sie empfand die Mega-City von Anfang an als einen lebensfeindlichen, krankhaft verwirrenden Ort.

Langsam, aber sicher bekam sie Kopfschmerzen, je mehr sie versuchte, einzelne Gesichter aus der Masse, in deren Mitte sie sich befand, herauszustellen. Sie hatte nicht die geringste Ahnung, wie er aussah, sie wusste einfach noch zu wenig über ihn. Die Awakened hatten ihr diesbezüglich nicht viele Informationen zukommen lassen. Vielleicht wussten sie selbst nicht mehr, obwohl sie sich das nach den Monaten intensivster Begegnung mit A nicht vorstellen konnte.

Wie sollte sie diesen Entsorger inmitten dieser unüberschaubaren Menschenmenge überhaupt ausmachen? A hatte gesagt, die Prophezeiung aus ihrem Traum wäre alles, was sie wirklich brauchen würde, um den Entsorger zu finden. Sie zweifelte. Nicht an A, aber an sich. Manchmal war da nur noch Fragmentarisches in ihr. Vieles, was ihr zuvor so klar gewesen war. Gestochen scharfe Bilder gehörten ihrer Vergangenheit an. Jetzt waren sie weicher und zugleich auch grausamer, weil nun fühlbarer. So viel größer waren die Emotionen, als es ihre Gedanken jemals hätten sein können, die ihr Hirn daran geknüpft hatte, oder aber ihr Bauch ... Q konnte nicht entscheiden, ob sie dieses Wissen tröstete. Es war nur in ihr, war vorhanden, mit ihr und durch sie, wie sie, einfach da.

Sie legte ihre freie Hand unter der Toga versonnen auf ihren Unterleib und blinzelte nachdenklich in das grelle Sonnenlicht. »A, ich wünschte, du wärst hier«, hauchte sie. Ein Lächeln stahl sich auf ihr Gesicht, ein warmes, wohliges Gefühl breitete sich immer dann in ihr aus, wenn sie wie jetzt gerade an A dachte. Dann fühlte sie die Gedanken auch. *Fühlen und Denken. Lieben.*

Es gab nichts mehr auf dieser Erde, das sie voneinander trennen konnte. Alle Begrenzungen waren überwunden. Er war sie und sie war er. Das war größer als die Awakened, größer, als es der Tempel der Schöpfung jemals hätte sein oder werden können. Sie musste ihn finden, musste zurückfinden, zurück zum Tempel und zu A.

Das Stimmgewirr um sie schwoll an. Die Holzbienenkönigin unter ihrem Gewand wurde langsam unruhig, das konnte Q spüren. Sie sah sie vor ihrem inneren Auge, wie sie in der hohlen Asthöhle, um ihre Brut besorgt nervös auf- und abkrabbelte. Das konnte Q gut mitfühlen, an ihrer Stelle hätte sie das auch getan.

Noch nie hatte Q so viele Humanoide um sich gehabt. Als wäre sie nur eine von vielen. Sie alle warteten auf das Erscheinen der Chosen One, wollten sehen, wie sie aus der Pyramide trat und zu den Einwohnern des Centrums sprach, die ihr an ihrem 150. Geburtstag huldigten und ihre Unsterblichkeit als Zeichen der Herrschaft und der transhumanitären Überlegenheit feierten.

»Wir sind der Code«, hörte sie, wie die Humanoiden einander euphorisch in der Menge begrüßten. Viele von ihnen hatten bereits echte Früchte aus den Letzten Gärten kosten dürfen. Die Geschmacksexplosionen verursachten Euphorie, das kannte Q nur allzu gut. Sie erinnerte sich, wie sie das erste Mal aus As Händen Nektar gekostet und was das in ihr hervorgerufen und verändert hatte. Ein seltsames, unbestimmbares Gefühl schlich sich in sie ein. Unter ihnen musste auch der Entsorger sein. Für ihn war sie in Wirklichkeit gekommen und weil sie es A versprochen hatte. A … sie konnte jetzt nicht an ihn und an das, was mit ihnen passiert war, denken. Das könnte sie nicht aushalten, dann würde sie das hier einfach nicht schaffen. »Atmen!«, befahl sie sich und schloss die Augen.

Das Relikt gab wie stets keinen Ton von sich. Der Diffuser arbeitete trotz seines beachtlichen Alters lautlos. Sie regulierte die Stimmungsorgel erneut, schaltete per Spracherkennung den Spannungsbogen von A auf H um. »Sorry, Iran«, zischte sie matt und massierte sich dabei den angespannten Nacken, ließ ihn in einer Drehbewegung knacken. Depressionen würden sie jetzt sprichwörtlich umbringen, auch wenn das Irans Grundeinstellung gewesen sein musste. *Ganz offensichtlich eine frühe Realistin.* Sie fand ihren eigenen Gedanken witzig und fragte sich, ob es Iran auch so witzig gefunden hätte, hier, in der Großen Dreiseitigen Pyramide zu leben und zur regieren.

Alice-G war verschwunden. Das war natürlich nichts Neues. Sie lachte zynisch auf. Und das an diesem, ihrem großen Tag, an dem man offiziell den 150. Geburtstag der Unsterblichen feierte, ihren Geburtstag. So richtig offiziell für alle anderen, der falsche Tag für sie ... Sie war noch immer der kürzeste, lebende Code des Centrums.

Es war ihr Zeit geblieben, vor der Ceremonie in den Hängenden Garten nach dem Giant zu suchen. Auch die Sterilen schlichen mit gesenkten Köpfen ängstlich um sie herum. Es hatte sich inzwischen wohl herumgesprochen, was mit der hübschen, kleinen Sterilen in Seeseide geschehen war. Ausschaltung. Seltsam, dass man das offenbar mit ihr, der Chosen One, überhaupt in Verbindung brachte. Ihr dauerhaft verspannter Nacken knackte wieder.

Sie aktivierte den Verstärker der Stimmungsorgel, damit sich diese nicht nur auf ihre eigene Stimmung auswirkte.

»Komm schon, kleine Penfield, raus aus dem Loch mit uns.« Chosen One war nervös. Noch etwa eine Stunde trennte sie von gnadenloser Öffentlichkeit. Ein Glück, dass die Große Dreiseitige Pyramide so hoch war, ein Glück, dass sie sich nahe an der Spitze befinden würde und keine Gesichter erkennen müsste. Nur winken, lächeln, reden. »Danke« sagen. Sie übte und dehnte das Wort ungehalten. »Daaankheee …« Sie winkte einem Sterilen, der im Hintergrund als ein Schatten an ihr vorüberhuschte, und bleckte die Zähne.

Wenn man seinen eigenen Clon umbrachte, war das dann Mord oder Selbstmord? Immerhin handelte es sich trotz allem um eine, durch gentechnische Verfahren vorgenommene, Erbgutoptimierung beziehungsweise programmierbare Kopie des Originals. Also nicht ganz sie selbst. Vielleicht hätte ihr Clon im Gegensatz zu ihr Kinder haben können?

Ihr war schlecht. Das flaue Gefühl in ihrer Magengegend wollte sie heute einfach nicht verlassen. Das letzte Rote Bad hatte nicht mehr viel gebracht, das musste sie sich eingestehen. Die körperlichen Einschränkungen schlichen voran. »Genetische Defekte.« Sie hustete gekünstelt und rieb sich den Nacken. Die kleine Sterile in ihrer Seeseide fehlte ihr. Die Früchte aus den Letzten Gärten, die man heute zur Feier des Tage aß, waren ihr nicht gut bekommen, der Bestäuber, den sie offenbar geliebt hatte, noch weniger. Ach … die Liebe … die musste tödlich enden. Wenigstens ihr Ende war Gewissheit. Liebe hatte mit Unsterblichkeit nichts zu tun.

Niemand hatte sie darauf vorbereitet, wie es war, sich selbst in Fleisch und Blut, Auge um Auge gegenüberzustehen. Das konnte auch niemand, wer sollte denn? Die anderen Chosen Ones? Nein, die waren jünger als sie. Als ob ein Spiegelbild mit eigenem, fremdem Willen lebendig geworden wäre, aus dem Spiegel herausgetreten, für sie und als sie gekommen, allein, um sie zu ersetzen.

Nun gut, sie hatte das Ganze etwas beschleunigt. Sie lachte bitter auf, stoppte abrupt, legte sich erschrocken über den Hall, den die Pyramide auf sie und ihre Stimme warf, die Hand auf den Mund. Ja, bei genauem Hinhören klang sie alt, bestenfalls erschöpft und auch ein wenig kränklich. Das war nicht von der Hand zu weisen und passte definitiv nicht zu ihrem jungen Gesicht.

Sie sah aus wie eine gute Mittdreißigerin, und so wäre sie auch gestorben, mit diesem Aussehen. Keiner hätte es jemals erfahren. Einfach ausgetauscht durch eine andere, die von da an sie gewesen wäre, mit Haut und Haar. Sie hatte den tödlichen Flakon gut versteckt. Sie könnte es noch immer jederzeit beenden, dieses unsterbliche Leben, in das man sie gezwungen hatte.

Die beiden männlichen Chosen Ones, C2 und C3, hatten noch einige Monate, vielleicht sogar Jahre Zeit. Wer wusste das schon. Sie nicht. Nein, sie nicht. Man hatte ihr keine Zeit gelassen. Ihr großer Tag war heute, und sie konnte ihm nicht mehr viel länger entfliehen.

Sie hatte keine Wahl gehabt, redete sie sich weiter ein. Wenigstens erkannte sie Alice wieder. Das war ein geringer Trost. Auch wenn sich das verdammte Kaninchen wieder vor ihr versteckte. Wie das Tier wohl auf ihren Clon reagiert hätte? Hätte es überhaupt einen Unterschied bemerkt? Immerhin wurden auch Erinnerungen und Bewusstsein übertragen. Der Clon musste als sie durchgehen, als die Eine und Erste der Chosen Ones, um den Mythos um die Unterblichen unter allen Bedingungen aufrechtzuerhalten. 150 Jahre Leben.

Einen einzigen, gemeinsamen, völlig surrealen Tag des Kennenlernens hatte man ihnen gegönnt, einen ganzen Geburtstag. 24 Stunden, um einander die Hand zu reichen und sich abzuklatschen. Irgendwie schon fast poetisch. Leben und Sterben sollten einander die Hände schütteln, bevor sie sich voneinander trennten. *Such a very happy, happy birthday to me*, dachte sie zynisch und die Mundwinkelfalte, die sie an sich hasste, erschien. Ihr finaler Geburtstag, wenn man das so nennen konnte, der Tag, an dem sie zugunsten ihres Clons hätte von der Bildfläche verschwinden sollen.

Chosen One musste zugeben, sie hatte wirklich ihre Augen gehabt, war ein lebendiger, furchteinflößender Spiegel ihrer selbst gewesen. Auch wenn ihr Clon die Augenfarbe noch nicht wechseln konnte. Das käme erst mit der Zeit, mit dem Erkennen und mit der Notwendigkeit des Roten Bades.

Sie erinnerte sich, wann und wie es angefangen hatte, ab wann es das Bad brauchte und wie sie einst selbst davon erfahren hatte. Man hatte sie in Kenntnis gesetzt. Sie verstand damals nur langsam, was es bedeuten würde, als der Erste, unsterbliche, unumschreibbare, kürzeste Code zu leben. *Die arme Kleine* … Dieses verzweifelte Röcheln, ihr aussichtloses Kämpfen, um ihr Leben zu leben. Ihre Verteidigung von was eigentlich? Das Röcheln ging ihr nicht aus dem Kopf. Das Bild, wie sich ihre Augen im Schrecken der Erkenntnis geweitet hatten, wie kleine, rote Äderchen entstanden und dann geplatzt waren, hatte sich für den Rest ihres Lebens in sie eingebrannt.

Das hätte sie sein können, so hätte sie ausgesehen, wenn man sie ermordet hätte. Ein Teil von ihr war mit ihrem Clon gestorben. Das wurde ihr jetzt erst in aller Deutlichkeit bewusst. Wie wäre sie wohl gegangen? Man hatte es ihr leicht machen wollen. Hätte sie Haltung bewahrt und sich in ein Schicksal gefügt, das man ihnen allen vorherbestimmt hatte? Gewissermaßen tat sie das auch jetzt noch. *Haltung bewahren.*

Diese Penfield. C1 drehte sich wütend nach dem Relikt um, tat diese antike Stimmungsorgel überhaupt irgendetwas? »Ach, Iran, wenn du mich jetzt sehen könntest. Deshalb immer Depressionen, oder?« Die Frage an die imaginierte Frau hinter dem mysteriösen, in die Stimmungsorgel eingeritzten Namen war natürlich eine rein rhetorische.

C1 fluchte, sie zitterte vor Anspannung und innerer Unruhe. Vollkommen unschuldig, die Kleine. Sie schüttelte den Kopf. Wenn nur wenigstens Alice hier wäre. Das Tier war zu Tode verängstigt, aber sie brauchte ganz dringend Trost. Keine der Erfahrungen, an die sich ihr Clon womöglich zu erinnern meinte, hatte er wirklich gemacht. Das waren ihre Erinnerungen, nur ihre. Sie gehörten ihr ganz allein. Obwohl ihr Clon das womöglich anders gesehen hatte. Ab morgen hätte er ihr Leben als Unsterbliche begonnen. Dafür wurde er erschaffen. *Hätte.* Die Leiche war natürlich weiterhin ein Problem. Sie ertrug es nicht, sich so zu sehen, Korrektur, den Clon so zu sehen. Als Erstes hatte sie ihre Augen geschlossen. Die hatte sie am allerwenigsten ertragen. Ein kalter Blick, ohne Leben. Ihre Augen waren braun gewesen. Wie eiskalt sie das erwischt hatte. Wo war nur dieses verdammte weiße Kaninchen wieder? Immer genau dann verschwunden, wenn man es am meisten brauchte.

Ein Schatten glitt vorüber, streifte ihr Gesicht. Chosen One wandte sich um. Erst war da nichts, dann … das konnte nicht sein ... im Eingang zu ihren Privatgemächern stand eine Frau. Zweifellos. Das war keine Einbildung.

Die Silhouette ließ erkennen, dass die Fremde in die offiziell ceremonielle Oberbekleidung gewandet war, die ausschließlich den Chosen Ones zustand, die nur ihr, C1, vorbehalten war. Warum trug der Schatten ihre Kleider? Chosen Ones Gemächer lagen im Halbdunkel, die langen, schmalen Fensterschlitze der Großen Dreiseitigen Pyramide ließen nicht genug Licht hindurch. Ihr war das immer recht so gewesen. *Endlich.* Die Stimmungsorgel wirkte jetzt. Die Diffuser hüllten die Unsterbliche in eine leichte umschmeichelnde Trance. Sie fühlte sich eingelullt, alles um sie herum erschien ihr weniger scharfkantig, blasser und auf eine seltsame Weise voneinander undifferenziert.

»Wer bist du?!«, rief Chosen One ihre Frage dem Schatten in der Tür zu und ihre Stimmbänder vibrierten vor Unsicherheit. Der offenkundig weibliche Schatten gab keine Antwort. Er stand nur da, unbeweglich, lauerte, abwartend mit … C1 erstarrte innerlich, erschrak, ohne einen Laut von sich zu geben, schier zu Tode … mit Alice auf dem Arm, der Schatten trug das Kaninchen auf dem Arm, musste sie mit zusammengepressten Lippen feststellen. Ihre Alice, die sich ebenfalls mucksmäuschenstill sichtlich geborgen fühlte, ein Albino-Giant in den Händen ihres Schattens. Plötzlich wurde alles Rebellierende ruhig in ihr. In diesem Augenblick war sich Chosen One sicher, dass der Tod als ein verspätetes Geburtstagsgeschenk zu ihr gekommen war. Sie musste ihn nur noch hereinbitten.

EPILOG: WEISS, BEINAHE GRÜN

Ruhe. Nur das Rauschen der Baumkronen war zu hören. Den Rest konnte man ganz ausblenden, selbst ganz Geräusch werden, wie Musik. Selbst Musik werden, sich erinnern, immer Musik gewesen zu sein.

Der Waldboden gab federnd unter meinen leichten Schritten nach. Ich war angekommen, wo alles begonnen hatte, da, wo alles enden sollte. A war überall um mich, hüllte mich in sich ein, wie er es früher schon getan hatte. Jetzt würde er sein Versprechen halten. Er war mit mir, immer: Im Flüstern des Windes. Im Licht der zwei Sonnen, die ich nun beide ganz deutlich sehen konnte. In den neuen Farben, die er mir geschenkt hatte, in den Gerüchen des Waldes, im Knarzen des Holzes, im Hämmern des Spechtes und vor allem in den sanften Rehen, die mich bis hierhin begleitet hatten. Selbst seine Holzbienenköniginnen ließen sich ab und zu blicken. Die Siebte war bei mir geblieben. Sie war mir keine Sekunde von der Seite gewichen, noch nicht einmal, als mich mein Weg ins Centrum geführt hatte, viel zu nahe an den Moloch der Großen Dreiseitigen Pyramide. Was für ein mutiges kleines Wesen.

Für A bestand kein Zweifel, dass sich die Prophezeiung aus meinem Traum an ihnen allen erfüllen würde. Uns blieb der Mut der Verzweifelten oder das Vertrauen eines Kindes in diese Welt, deren Kinder wir letztendlich alle sind. *Ich wünschte, ich könnte wieder in deinen Armen liegen, A, dich fühlen. Das alles beginnt jetzt erst, du weißt das und du hörst mich so, wie mich die Tiere hören.*

Zurück bis zum Tempel der Schöpfung ist es etwa noch ein Tagesmarsch. Dieser Weg erscheint mir weiter als alle Wege, die ich bereits gegangen bin, und ich gehe ihn allein zurück, ganz egal, wer oder was mich begleitet.

Auf meinem Rücken, unter dem Gewand in der kleinen Holzhöhle summt die Siebte über ihrer Brut. Die Verbindung zu den Awakened bleibt. Wie könnte ich ihre Steinkreise vergessen, auch wenn A keiner mehr von ihnen war. Nicht ganz. A war etwas, jemand vollkommen Neues. Er hat sich für mich, für uns von einem heilen Kollektiv gelöst. Die Awakened wussten um das Geheimnis der Unsterblichkeit, jedes Tier, jede Pflanze, jedes Pilzwesen wusste es. Nur die Menschen, manche nur noch annährend humanoid, kämpfen um ein Verstehen, das ihrem Leben und der Schöpfung als ein Gesamtes im Wege steht, das weiß ich jetzt.

A, kannst du mich hören? Meine Brust wird eng und ich fühle, wie Trauer in mir aufsteigt, während ich durch unseren Wald gehe. Mein Hals wird mir eng. Es ist der Wald, in dem ich mein letztes Kind verloren habe, unwiederbringlich, als hätte es die Zeit geschluckt, als hätten sich Schleier über diese schrecklichen Bilder gelegt, wie weich gezeichnet, ohne Konturen.

In meinen Albträumen färbt sich der Wald von meinem schreienden kleinen Sohn ausgehend blutrot, dann kehrt die rote Farbe zurück in meinen aufgerissenen Schoß und ich wache auf. Das kann sich Nächte lang wiederholen. Doch ich fliehe nicht länger vor meinen Träumen. Ich halte sie aus, stehe sie durch, bleibe in diesem meinen Körper, dessen Wahrnehmung sich weiterhin und ständig verfeinert. Manchmal ist es kaum noch auszuhalten, wie kleinteilig und in sich harmonisch diese Welt doch ist.

Wenn ich jetzt zurückkehre, werde ich dann Reste seiner kleinen Leiche finden, oder hat es der Wald in sich aufgenommen, so wie dich, A?

Die Müllhalden und Ruinen um die Mega-City liegen bereits seit einigen Tagen hinter mir. Ich habe mich bewusst gegen die Route am Meer entlang entschieden, denn wie hätte ich es jemals wieder verlassen können? Unser aller Wiege, dort war Frieden, die Awakened hielten ihn kollektiv und heilten jedes noch so winzige Insekt, jedes einzelne Tier, das sich ihnen zeigte. Sie konnten Wunder wirken. Und nun habe ich Anteil an ihrem morphogenetischen Feld, obwohl ich keine von ihnen bin und niemals sein werde, wie sehr ich es mir auch wünschen mag. Auf ihrer hochschwingenden Frequenz sind sie für die meisten unsichtbar. Sie werden durchsichtig.

Ich weiß noch, wie mir der Awakened, der A wurde, wie eine Erscheinung vorkam. A als ein Traumgebilde, ein Ausbund meiner Wahnvorstellungen, meiner Ängste und der Sehnsucht nach einem freien Tod, wie ich zum ersten Mal Bäume und dann Rehe gesehen habe, mit den wenigen, verrohten Sinnen, die man mir gelassen hatte, bereit zu sterben, wie auch immer.

Das waren zu viele Wunder zu kurz aufeinander folgend gewesen. Auch ein Wunder, dass ich nicht einfach gestorben bin, so wie ich es vorhatte. Nein, ganz und gar nicht, wie ich es vorhatte.

Grün, beinahe weiß war der Pilz, nach dem ich gesucht hatte. So hatte ihn die Muladhara des Tempels der Schöpfung, so hatte ihn M beschrieben. M. An sie zu denken, das war wie ein Stich ins Herz …

Heute würde ich ihn finden. Mit meinen unsteten Gedanken werden auch die Vogelstimmen und damit der Wald lauter, mit jedem Schritt, den ich auf meine Vergangenheit zugehe, intensiviert sich meine Umgebung. Meine Sinne schärfen sich. Ich sehe die Tiere zu den Lauten und höre die Laute zu den Tieren, die ich sehe.

Schon bald werde ich die Baumgruppe, an der ich geträumt habe, erreichen. Es war surreal, am nächsten Tag konnte ich neue Farben sehen. A und die Awakened hatten mir das Blau geschenkt. Dessen bin ich mir inzwischen sicher, auch wenn weder die Awakened noch A das je zugeben würden. Es musste über sie gekommen sein. Anders könnte ich mir das einfach nicht erklären.

Seit Tagen bin ich unterwegs, aber es ist anders ohne A, der Nahrung in Form von außergewöhnlichen Blüten so mir nichts, dir nichts aus seinen Händen erschaffen konnte. Inzwischen kann ich lange ohne feste Nahrung auskommen. Ich bin es gewöhnt, obwohl mein Körper noch immer seine vielen inneren Wunden heilt und ich dadurch unverhältnismäßig schnell müde werde. Selbst wenn die Siebte meine Schwingung durch ihr Gebrumme stetig hält und erhöht. *A, und schon brummst du wieder untergehalten, nicht wahr?* Ich hatte schon öfter vor, sie frei zu lassen, aber sie ist jedes Mal zu mir zurückgeflogen. Keine Ahnung, wie sie mich findet. Sie landet dann plötzlich und in aller Seelenruhe auf meiner Schulter.

Die Holzhöhle habe ich bis heute nicht ablegen können. Das kleine hohle Holz verbindet mich mit A. Als würde es beweisen, dass das alles wirklich passiert ist. Und dennoch, eine tiefe innere Müdigkeit hat sich in mir eingenistet. Sie besteht seit dem Tag, an dem ich meinen Tod entschieden hatte. Ich nehme an, dass sie bleiben wird. *Heißen wir sie also willkommen*, denke ich ironisch mit einem Lächeln auf den Lippen und beschleunige meine Schritte. Ich will es endlich hinter mich bringen.

Die Augenblicke, in denen ich auf die kleine weiße Narbe auf der Innenseite meines Handgelenks sehe, um mich meiner selbst zu vergewissern, werden seltener. Immerhin. Ich weiß, dass sie da ist. Ich weiß, was da steht, und muss nicht mehr hinschauen, um es zu wissen. *Q*, da steht *Q*. Ein einzelner Buchstabe, ein Rest von mir, ein Samenkorn für mich. Ich. Da steht ich. *Q* ist mein Name geworden. A hat mir einen Namen gegeben und ich ihm. Ich bin Q, nicht länger der Code. Niemand außer mir kann Q sein. Das bin einzig und allein ich, eine Hochindividualität. Kein anderer der Awakened könnte A sein.

Als ich noch im Tempel der Schöpfung gelebt habe, nennen wir es existieren, denn leben ist etwas anderes, da habe ich mir die Liebe vorgestellt. Ich wusste nicht, was Männer damit zu tun haben sollten. In Ms Geschichten kamen Frauen und Männer, Brüder und Schwestern, ganze Familien vor, die einander liebten und sich verloren oder einander fanden.

Diese Märchen waren etwas völlig Abstraktes für mich gewesen. Bis ich sie verstand. Jetzt fühle ich sie.

Körperliche Nähe bereitete mir, so wie allen anderen Frauen und Mädchen im Tempel der Schöpfung, Unbehagen. Sie war ausschließlich an Befruchtung, Schwangerschaft und Niederkunft gebunden. Alle anderen Möglichkeiten hielten wir für krankhaften Wahn und für Perversionen. Wie naiv ich doch gewesen bin.

Die einzige Geschichte von M, zu der ich sofort ein Resonanzbild hatte, war ein Erzähl-Fragment zu einem Giftpilz. Ich wollte mehr über den Tod erfahren. Ausgeschaltet werden konnte nicht die Art von Tod sein, von der die Geschichte erzählte. Das war anders, es war kein Zeitpunkt, sondern ein Prozess, ein Loslassen.

Ich wunderte mich, dass außer mir niemand Fragen stellte und ich merkte schnell, dass Fragenstellen bestraft wurde. Man trennte mich von den anderen. Wer weiß, wie sie nach der Geburt meines ohnehin letzten und noch dazu männlichen Kindes mit mir verfahren wären.

Im Nachhinein war es für mich richtig, es darauf ankommen zu lassen und aus dem Tempel der Schöpfung zu fliehen. Dafür hatte es nur diese eine Gelegenheit gegeben. Der Preis war hoch. Es war mir nicht bewusst, dass ich auch das Leben meines ungeborenen Kindes riskierte. Über sein Leben hatte ich sowieso nie zu bestimmen. Emotional war ich von ihm abgetrennt, wie auch von den anderen Kindern, die ich zuvor schon über Jahre hinweg für das Centrum geboren hatte. Wir waren lebende und atmende Gebärmaschinen, bis schließlich unsere Ausschaltung erfolgte. Keine von uns konnte auch nur erahnen, was mit den Kindern geschah.

Und nun, was würde ich hier im Wald finden, was A mir nicht schon gezeigt hatte? Wie wohl der Tempel der Schöpfung inzwischen aussah? Wie nah würde ich an den Gebäude-Complex herananankommen? Ich könnte meine Frequenz wie auf Knopfdruck erhöhen und nahezu unsichtbar werden. Auch das hatte mir A gegeben. Wie viel auf einmal mein Körper heute wohl verkraften würde? Vermutlich nicht viel. Ich sollte dringend etwas trinken. Die altbekannten Schwindelgefühle kehren bereits zurück, als wären sie nie weg gewesen. *Einfach hinsetzten!, befahl ich mir, dann wird das schon wieder.*

Nicht mehr weit, die ersten Buchen tauchen auf. A hatte sie so genannt. Er kannte sie alle. Ihre Namen gingen zurück auf Bücher und den Buchdruck. Eine weit entfernte Zeit.

Die Landschaft kommt mir jetzt vertrauter vor. Ja, hier sind wir gewesen. Da … der mächtige Baum, zu dem ich mich geschleppt hatte, in Todesangst meinen ausgehöhlten Bauch haltend. Das Kind lag nur wenige Meter von mir entfernt, auf dem Waldboden. Fast als wäre es gestern gewesen. Blut … ich konnte Blut riechen. *Das musste Einbildung sein. Nur die Augen schließen, Q. Das hört gleich auf. Bitte, lass es aufhören.*

Ich bildete mir den Geruch nach Blut mit Sicherheit ein. Er kam als eine weitere ungewollte Erinnerung, keimte auf einmal in mir auf. Ganz als hätte ich ihn mit ungeweinten Tränen, wie mit einem traurigen Gefühl begossen. Mir war, wie wenn eine frisch verheilte Wunde durch eine unachtsame Bewegung, die man hätte vermeiden können, plötzlich wieder aufbricht. Lass es aufhören, bitte. Stopp!

Diese Bäume können über eintausend Jahre werden, hatte A ihr gesagt und sie ›Eichen‹ genannt. Er sprach mit Bäumen, so wie er Holzbienenköniginnen zur Navigation nutzte. Seltsam, als würde er neben mir stehen, just in diesem Augenblick, groß und schön, frei und erhaben über alle Widrigkeiten dieser sterbenden Nach-Welt.

Vielleicht sind seine Rehe nicht weit? Noch immer sehne ich mich danach, hier Ruhe zu finden. Ich strecke eine Hand nach der Rinde aus. Hart, brüchig, hölzern, uneben … fühlt sie sich an und ich lehne mich erst mit dem Gesicht, dann mit dem Rücken an jenen Baum, der von meinem, unserem Blut getrunken haben muss. Eine Rückverbindung.

Ich schaffe es nicht, ich schaffe es einfach nicht, nach dem Kind zu sehen, nach der kleinen Leiche im Wald. Das erste in Freiheit geborene Kind seit wie vielen Jahrzehnten? Mein Kind. Es war meins. Mein Sohn. Meiner.

Alle paar Schritte erwische ich mich selbst, wie ich eine Hand auf meinen Unterleib lege. Ich rutsche die Rinde hinab, bin wieder wie zu Tode erschöpft, kann all die Bilder, die auf mich einströmen, weniger und weniger sortieren, kann nicht länger Erinnerung von Realität unterscheiden.

Hat da nicht eben ganz in der Nähe ein Baby geschrien? Ich halte mir mit beiden Händen die Ohren zu, denn das ertrage ich jetzt nicht. Der Tempel der Schöpfung kann nicht mehr weit sein, aber er muss warten. Ich werde ihn morgen sehen. Erst einmal ausruhen. Ruhe finden. Ruhe. Aber was ist das …?

Mein Blick heftet sich an etwas Helles, etwa Handgroßes, Weißes, Bodennahes, schätzungsweise vier Meter entfernt von mir und meinem Baum. Es steht im starken Kontrast zu seinem Hinter- und Untergrund. Es leuchtet regelrecht. Ich kneife die Augen zusammen, um mich besser zu fokussieren. Zu lange schon habe ich keine Flüssigkeit aufgenommen. Kann das sein? Ist das ein Pilz?

Es sind drei. Sie sind beinahe schneeweiß mit einem hellgrünen Farbeinschlag, von der flach aufgeschirmten Hutmitte ausgehend. Der kleinste der drei hat einen halbkugeligen Hut. Weiß, beinahe grün.

Sie sehen so unscheinbar aus und doch wirken sie wie in die Szenerie hineingesetzt. Etwas Beklemmendes geht von ihnen aus. Vorsichtig krieche ich näher heran. Ich weiß, dass die drei Erscheinungen vor meinen Augen nur bloße Fruchtkörper sind. Das weiße Stielfleisch kommt mir brüchig vor, es ist längsseitig gefasert. Die freien Lamellen auf der Hutunterseite und ein komisches Puderpulver darauf sind ebenfalls weißlich gefärbt. Ein Niesreiz überkommt mich. *Hatschiii …*

Ich versuche, den Niesreiz zu unterdrücken und mich besser zu konzentrieren, sehe noch genauer hin. Die knollige Basis steckt in einer lappigen und offen abstehenden Scheide. Bloß Fruchtkörper. Der eigentliche Pilz muss sich wie ein riesiges, nicht zu erfassendes Kommunikationsnetzwerk, als ein Myzel direkt unter mir, unter dem Waldboden, unter der Erde befinden.

Erinnerungen quellen auf in mir. Der Hals wird mir eng. Schrumpft zusammen, wird Pilzstiel, verschmilzt, tauscht sich, tauscht uns aus. Ich schlucke. Jetzt nach all der Zeit, sollte ich ihn gefunden haben? Ganz einfach so?

Ein angenehm süßlicher Geruch geht von den Pilzen aus. *Wie Honig*, denke ich und eine Holzbienenkönigin landet plötzlich und direkt vor meiner Nase auf dem größten der drei weiß-grünlichen Pilzhüte. Ich kann nicht sagen, ob es die Siebte ist, ignoriere die Wildbiene und frage mich stattdessen, ob so der Tod riecht, dann wie er schmeckt, … wie schnell, und ob er unter Umständen schmerzhaft eintritt? Kein Zeitpunkt, ein Prozess, eine Transformation. A hatte versprochen, dass ich ihn am Ende finden würde. War das jetzt das Ende?

ENDE

Programmvorschau

Coming soon ...

www.kul-ja.com

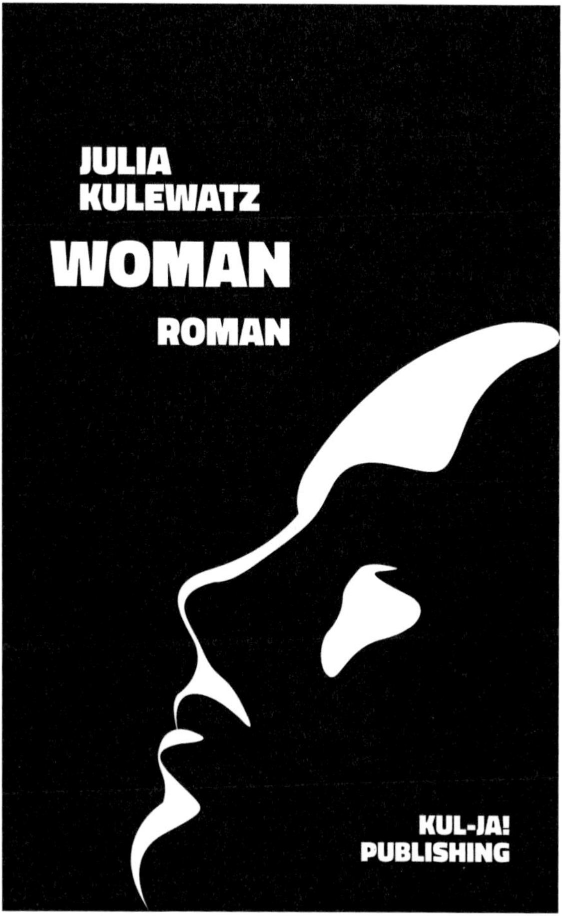